MOS 2016
Microsoft Office Specialist

Access

모스 2016 액세스

Information

MOS란?

MOS(Microsoft Office Specialist)는 마이크로소프트 오피스 프로그램 활용 능력을 검증하는 자격증으로 170여 개 국에서 인정하고, 마이크로소프트사가 인증하는 국제 인증 자격시험입니다. 실기시험으로만 시험이 진행되며 Word, Excel, Powerpoint, Access, Outlook에 대한 활용 능력을 평가합니다. 시작부터 종료까지 100% 컴퓨터 상에서 진행되는 CBT(Computer Based Test)로 평가 방식이 정확함은 물론 시험 종료 즉시 시험 결과를 알 수 있습니다.

MOS 활용

현재 170여 개 국, 9,500여 개 시험센터에서 시행되는 국제 자격증은 세계 어디서나 인정받을 수 있습니다. 미국에서는 이미 MOS 자격증이 보편화되었고, 국내에서는 취업 자격을 갖추고자 하는 대학생들과 직장인들의 승진 및 인사고과 자료로 적극 활용되고 있습니다.

MOS 시험 개요

- **응시자격** : 제한 없음
- **시험구성** : 과목당 15~40 문제로 구성되며, Core(일반), Expert(상급) 모두 50분간 진행/종료 후 결과 확인
- **시험진행** : 전국 시험센터에서 진행, 실기 100%
- **시험일정** : 상시 시험(월요일~일요일), 센터별 상이
- **시험접수** : 응시일 2일 전까지 접수 가능
- **시험연기** : 응시일 2일 전까지 횟수 제한 없이 무료 연기 가능 (단, 1일 1회만 가능, 응시일 1일 전, 응시일에는 변경이 불가능함)

MOS 2016의 특징

MOS 2016은 한 개의 프로젝트를 해결하는 MOS 2013과 달리 소규모 프로젝트 다수(5~8개)를 완료해야 합격이 가능하도록 변경되었습니다. 시험 시간 50분 동안 여러 가지 프로젝트를 완료해야 하며, 작업형 평가 방식으로 메뉴 이름을 사용하지 않습니다. 또한, 시험 종료 후 바로 시험 결과 확인 및 MOS 자격증 활용이 가능합니다. 성적표에는 취득 점수와 합격 여부는 물론 기능별 0~100% 성취도를 확인할 수 있어 취약 부분을 분석해 심화 학습할 수 있습니다.

합격 기준

1,000점 만점으로 과목별 Level별 각각 상이함 (보통 700점 이상)

자격증 Level

Level	설명	자격증
Master	MS Office 응용프로그램 전체를 완전히 터득한 전문가	필수 : Word(Expert), Excel(Expert), Powerpoint(Core) 선택 : Outlook(Core) or Access(Core)
Expert	특정 MS Office 응용프로그램 전문가 수준	Word (Expert) Excel (Expert)
Core	특정 MS Office 응용 프로그램을 능숙하게 다룰 수 있는 수준	Word (Core) Excel (Core) Powerpoint (Core) Outlook (Core) Access (Core)

평가항목

- **Word 2016 Expert (상급) 평가항목** (시험시간 50분 / 합격점수 1000점 중 700점 이상 합격)

Skill Set	시험 구성
문서 관리 및 공유	여러 문서 및 템플릿 관리 검토용 문서 준비 문서 변경 내용 관리
고급 문서 디자인	고급 서식 적용과 수정 고급 스타일 적용
고급 참조 만들기	색인 만들기 및 관리 참조 만들기 및 관리 양식, 필드 및 편지 병합 작업 관리
사용자 지정 WORD 요소 만들기	블록, 매크로, 콘텐츠 컨트롤 만들기와 수정 사용자 스타일 및 템플릿 만들기 국제화 및 접근성을 위한 문서 준비

- **PowerPoint 2016 Core (일반) 평가항목** (시험시간 50분 / 합격점수 1000점 중 700점 이상 합격)

Skill Set	시험 구성
프레젠테이션 만들기 및 관리	프레젠테이션 만들기 슬라이드 삽입과 서식 슬라이드, 핸드아웃, 노트 수정 슬라이드 정렬 및 그룹화 프레젠테이션 옵션과 보기 변경, 프레젠테이션 인쇄 프레젠테이션 슬라이드쇼 구성 및 표시
텍스트, 도형, 이미지 삽입 및 서식 지정	텍스트 삽입 및 서식 지정 도형 및 텍스트 박스 삽입 및 서식 지정 이미지 삽입 및 서식 지정, 개체 정렬 및 그룹화
테이블, 차트, 스마트아트, 미디어 삽입	테이블 삽입 및 서식 지정, 차트 삽입 및 서식 지정 스마트아트 삽입 및 서식 지정, 미디어 삽입 및 서식 지정
전환 및 애니메이션 적용	슬라이드 간 전환 적용 슬라이드 내용에 애니메이션 효과 주기 전환 및 애니메이션 타이밍 설정
여러 프레젠테이션 관리	여러 프레젠테이션 내용 병합 프레젠테이션 완성하기

- Excel 2016 Expert (상급) 평가항목 (시험시간 50분 / 합격점수 1000점 중 700점 이상 합격)

Skill Set	시험 구성
통합문서 옵션 및 설정 관리	통합문서 관리, 통합문서 검토
사용자 지정 서식 및 레이아웃 적용	사용자 지정 데이터 서식 적용 고급 조건부 서식 및 필터링 적용 사용자 통합문서 요소 만들기 및 수정 접근성을 위한 통합문서 준비
고급 수식 만들기	수식에 함수 적용 함수를 사용하여 데이터 찾기 고급 날짜 데이터 분석과 경영 정보 분석, 수식 검사 범위와 개체 정의
고급 차트와 테이블 작성	고급 차트 만들기 피벗 테이블 만들기 및 관리 피벗 차트 만들기 및 관리

- Access 2016 Core (일반) 평가항목 (시험시간 50분 / 합격점수 1000점 중 700점 이상 합격)

Skill Set	시험 구성
데이터베이스 작성 및 관리	데이터베이스 작성 및 수정 관계 및 키 관리 데이터베이스 탐색 데이터베이스 보호 및 유지 데이터베이스 인쇄 및 내보내기
테이블 구축	테이블 만들기, 테이블 관리 기록 관리 필드 만들기 및 수정
쿼리 작성	쿼리 작성 쿼리 수정 쿼리 내의 계산된 필드 및 그룹 활동
양식 작성	폼 작성, 폼 컨트롤 설정 폼 양식
보고서 작성	보고서 만들기 보고서 컨트롤 설정 보고서 형식

주요 화면 구성

MOS 시험 화면 구성

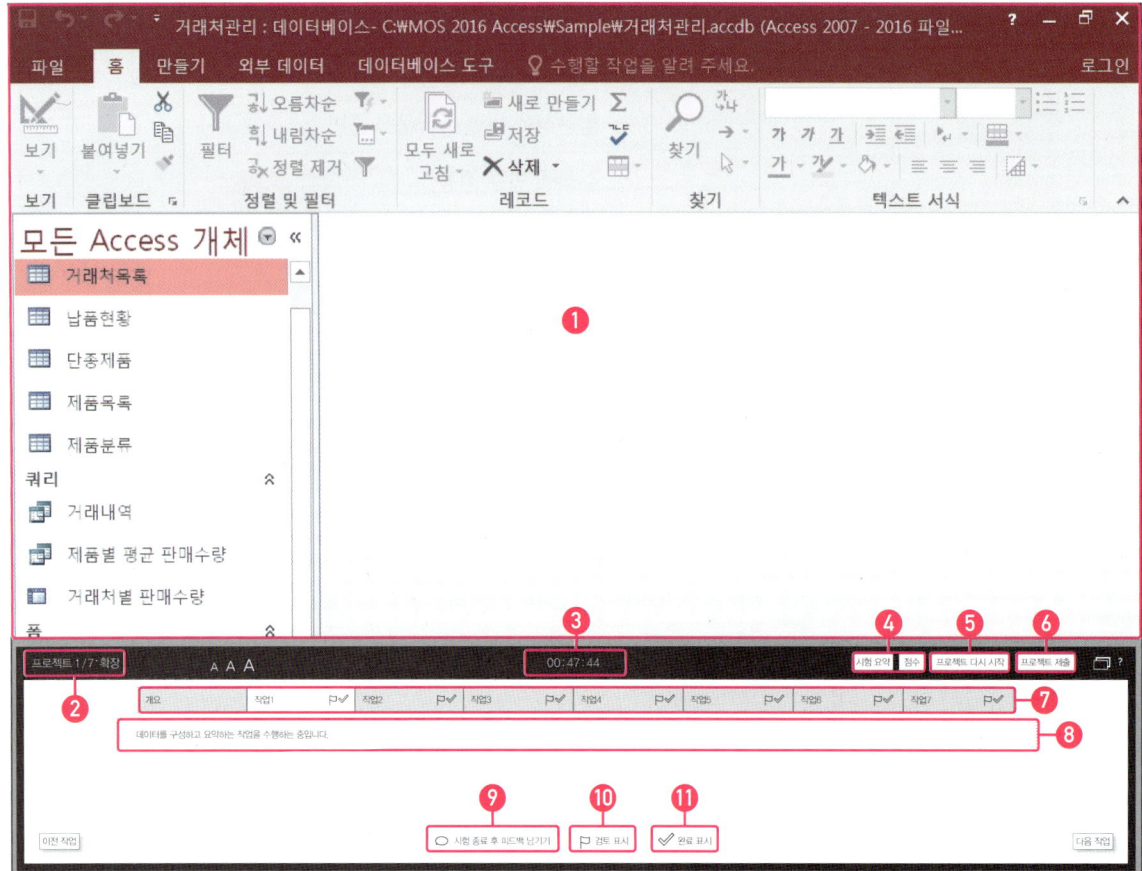

- ❶ **응용 프로그램** : 지시사항에 따라 작업하게 될 창입니다.
- ❷ **프로젝트 번호** : 현재 진행 중인 프로젝트를 나타내며, 프로젝트마다 다른 작업 문항이 존재합니다.
- ❸ **타이머** : 제한시간이 표시됩니다.
- ❹ **시험 요약/점수** : 모든 프로젝트를 제출하면 나타납니다. 작업 목록을 확인할 수 있습니다.
- ❺ **프로젝트 다시 시작** : 작업 중이던 프로젝트가 초기화됩니다.
- ❻ **프로젝트 제출** : 작업을 완료한 프로젝트를 제출합니다. 제출하면 다음 프로젝트로 이동할 수 있으며 제출한 프로젝트는 수정할 수 없습니다.
- ❼ **개요/작업** : 개요에서는 프로젝트의 배경을 설명하며, 작업 번호에서는 문제가 나타납니다.
- ❽ **문제(지시사항)** : 해결해야 할 문제(지시사항)입니다.
- ❾ **시험 종류 후 피드백 남기기** : 작업에 대한 피드백을 남길 수 있습니다.
- ❿ **검토 표시** : 작업을 한번 더 살펴볼 수 있습니다.
- ⓫ **완료 표시** : 완료를 표시하여 진행도를 파악할 수 있습니다.

Access 화면 구성

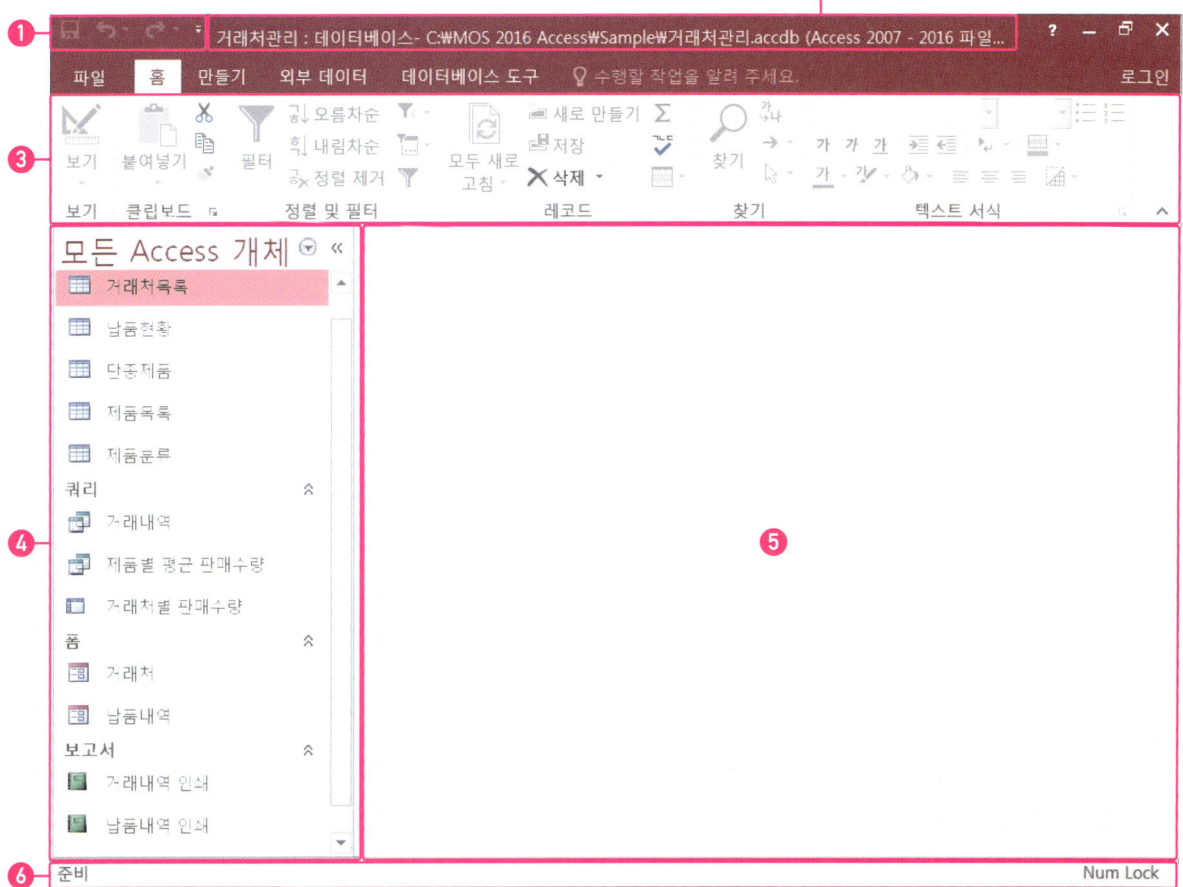

❶ **빠른 실행 도구 모음** : 저장, 실행 취소, 다시 실행 등이 기본적으로 제공되며, 자주 사용하는 명령을 등록하여 빠르게 사용할 수 있습니다.

❷ **제목 표시줄** : 현재 열려 있는 파일의 이름을 표시합니다.

❸ **리본 메뉴 표시 단추** : 리본 메뉴의 표시 여부를 설정할 수 있습니다(워크시트를 넓게 사용하고자 할 경우에는 리본 메뉴를 축소).

❹ **탐색 창** : 현재 데이터베이스에 포함되어 있는 테이블, 쿼리, 폼, 보고서 등 개체가 표시됩니다.

❺ **작업 창** : 테이블, 쿼리, 폼, 보고서 등의 개체를 편집 수정할 수 있게 표시되는 부분입니다.

❻ **상태 표시줄** : 현재 작업 중인 상태나 키보드의 상태를 보여 줍니다.

이 책의 구성

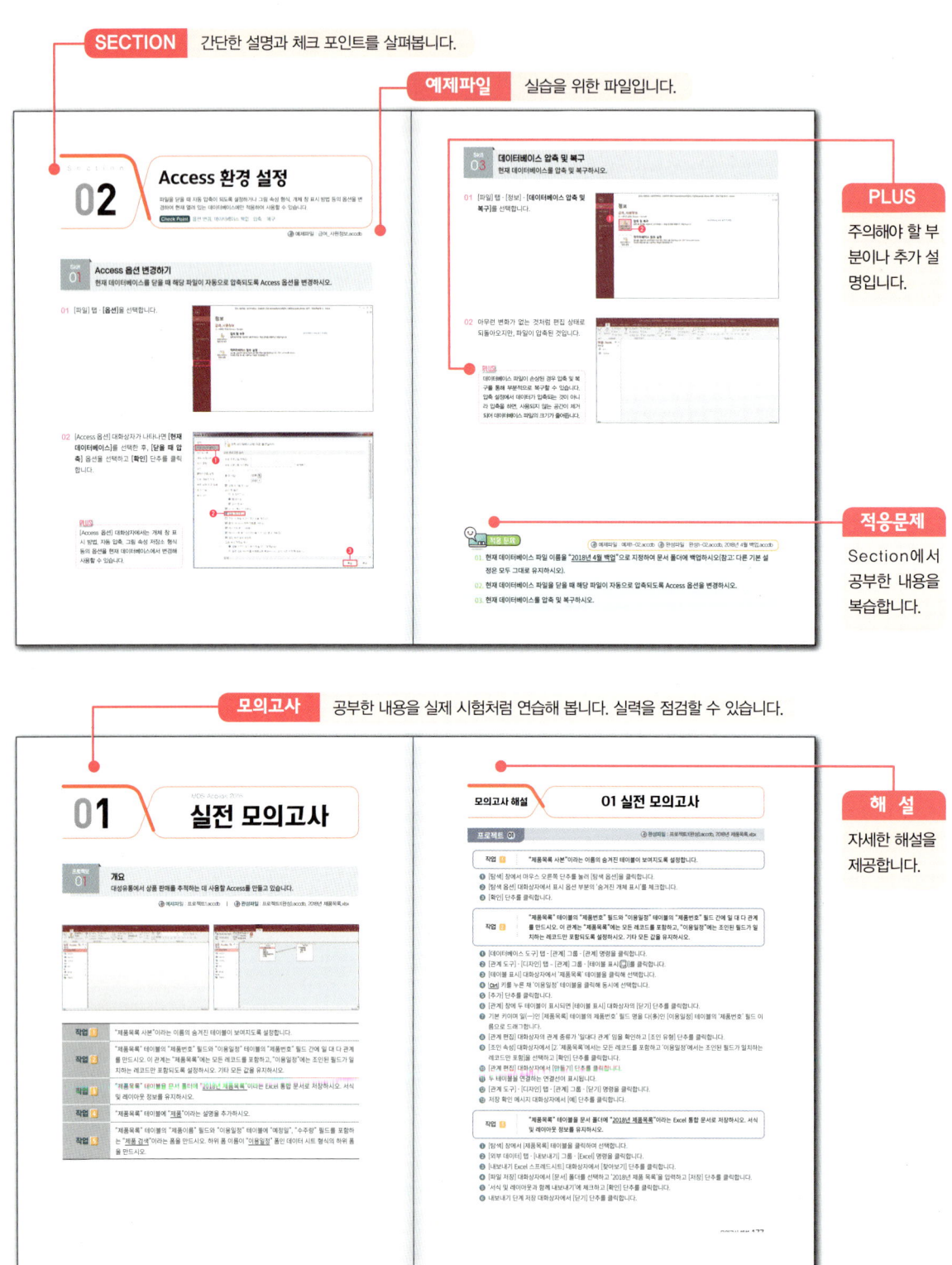

소스파일 다운로드

시대인 홈페이지(www.edusd.co.kr)에 접속하여 로그인을 합니다.

↓

화면 아래쪽에서 [자료실]을 클릭합니다.

↓

[프로그램 자료실]을 클릭합니다.

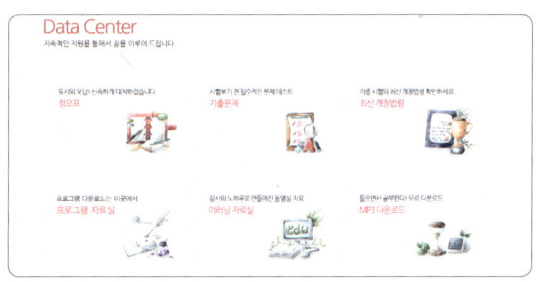

↓

도서명을 검색하고 첨부된 파일을 다운로드합니다.

Contents

| Part | 01 유형 분석

Chapter 1 데이터베이스 작성 및 관리

- Section 01 데이터베이스 만들기 및 관리 _ 14
- Section 02 Access 환경 설정 _ 20
- Section 03 탐색 창 사용하기 _ 23
- Section 04 응용 프로그램 요소 적용 _ 27

Chapter 2 테이블 구축

- Section 01 테이블 만들기 _ 32
- Section 02 필드 추가 및 삭제 _ 40
- Section 03 레코드 정렬 및 필터 _ 43
- Section 04 관계 설정 _ 52
- Section 05 외부 데이터 가져오기 _ 60

Chapter 3 쿼리 작성

- Section 01 쿼리 만들기 _ 74
- Section 02 쿼리 수정하기 _ 87
- Section 03 계산식을 이용한 쿼리 _ 94

Chapter 4 양식 작성

- Section 01 폼 만들기 _ 100
- Section 02 폼 디자인 옵션 적용 _ 114

Chapter 5 보고서 작성

- Section 01 보고서 만들기 _ 130
- Section 02 보고서 페이지 설정하기 _ 137

| Part | 02 실전 문제

Chapter 1 모의고사

        01 실전 모의고사 _ 152
        02 실전 모의고사 _ 157
        03 실전 모의고사 _ 162

| Part | 03 문제 해설

Chapter 1 적응문제 및 모의고사 해설

        적응문제 해설 _ 170
        모의고사 해설 _ 177

Part 01

유형 분석

Chapter 1

데이터베이스 작성 및 관리

Section 01 데이터베이스 만들기 및 관리
Section 02 Access 환경 설정
Section 03 탐색 창 사용하기
Section 04 응용 프로그램 요소 적용

Section 01 데이터베이스 만들기 및 관리

데이터베이스(Database)란 여러 사람에 의해 공유되어 사용될 목적으로 통합하여 관리되는 데이터 집합을 말합니다. 액세스는 데이터베이스를 관리하고, 개발하는 데 필요한 대표적인 도구입니다.

Check Point 데이터베이스 저장, 암호 설정

◉ 예제파일 : 거래처관리.accdb

Skill 01 데이터베이스 열기

액세스 2016을 실행해 문서 폴더에 "**Access연습.accdb**" 파일을 만드시오.

01 새 데이터베이스를 만들려면 [Access 2016 (圖)]을 실행합니다.

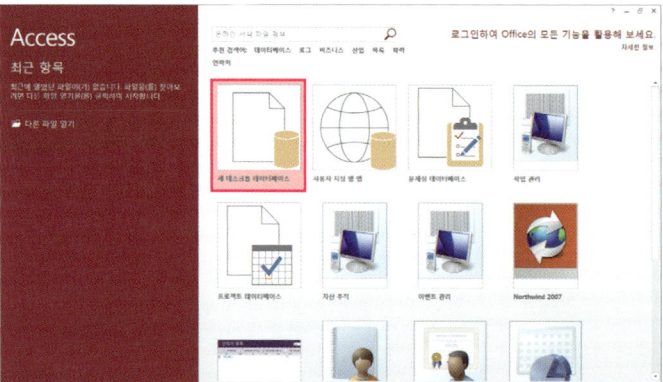

02 액세스가 실행되면 [새로 만들기] 창에서 **[새 데스크톱 데이터베이스]**를 클릭합니다.

03 [새 데스크톱 데이터베이스] 대화상자가 나오면 파일 이름을 '**Access연습**'으로 입력한 후 **[만들기]** 단추를 클릭합니다.

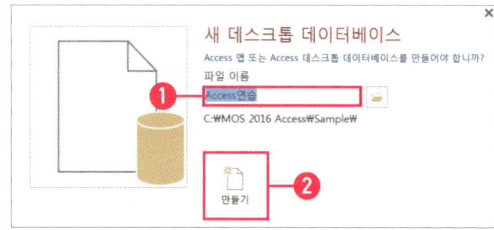

04 새로운 데이터베이스가 만들어지면서 빈 테이블이 만들어집니다.

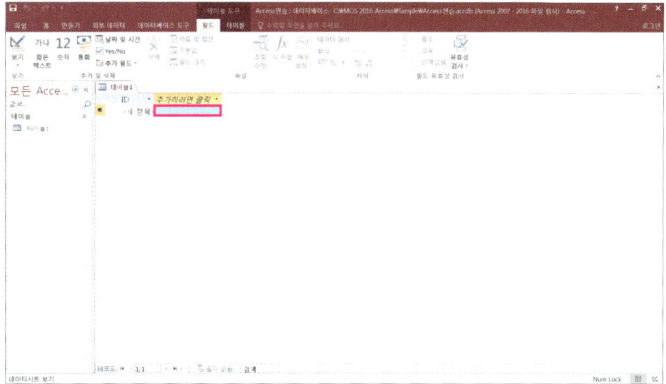

데이터베이스를 다른 형식으로 저장

Access연습.accdb 파일을 문서 폴더에 "**액세스파일.accdb**"이라는 이름으로 저장하시오.

01 데이터베이스 파일을 사본으로 지정하여 '문서' 폴더에 백업하기 위해 [파일] 탭 - [**다른 이름으로 저장**]을 선택합니다.

PLUS!
다른 이름으로 저장하거나 파일 형식을 변경하여 저장하려면 [다른 이름으로 데이터베이스 저장]에서 저장할 파일의 형식을 선택합니다.

02 파일 형식에서 [**다른 이름으로 데이터베이스 저장**]을 클릭한 후 [**다른 이름으로 저장**] 단추를 클릭합니다.

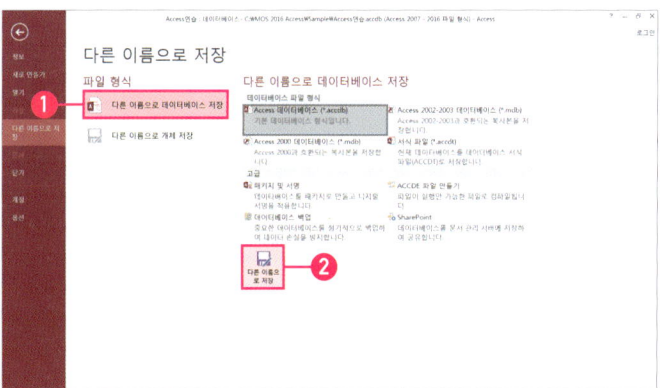

Chapter 1 • 데이터베이스 작성 및 관리 15

03 "이 작업을 계속하려면 열린 개체를 모두 닫아야 합니다."라는 대화상자의 메시지가 나타나면 [예] 단추를 클릭하여 모든 창을 닫습니다.

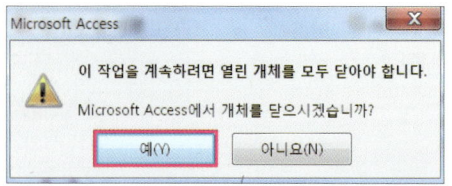

04 [다른 이름으로 저장] 대화상자가 나타나면 [문서] 폴더를 선택한 후 파일 이름은 '**액세스파일**'을 입력하고 [**저장**] 단추를 클릭합니다.

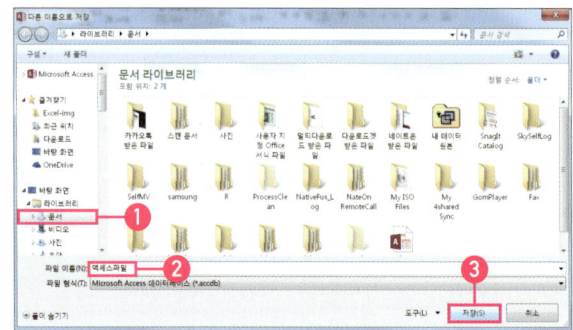

Skill 03 기존 데이터베이스 파일 열기
액세스 2016을 실행해 Sample 폴더에 있는 *거래처관리.accdb* 파일을 여시오.

01 기존 데이터베이스 파일을 열기 위해 [파일] 탭 - [열기] – [**찾아보기**]를 선택합니다.

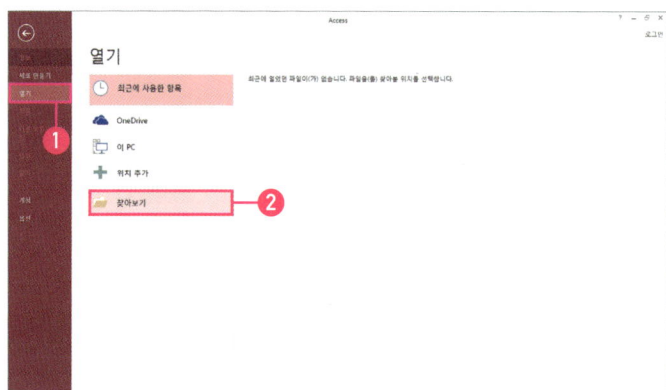

02 [열기] 대화상자가 나타나면 파일이 저장된 위치를 선택한 후 '**거래처관리**' 파일을 선택하고 [**열기**] 단추를 클릭합니다.

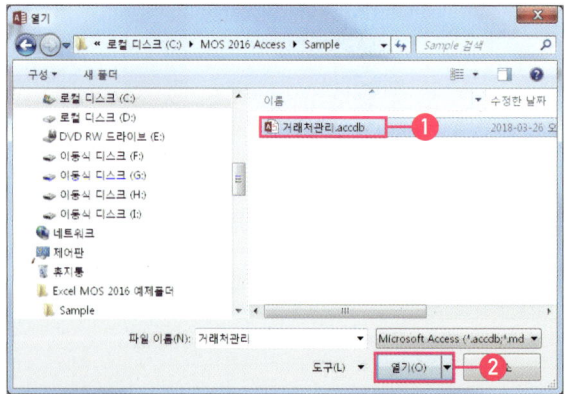

03 그림과 같이 "거래처관리" 파일이 열립니다.

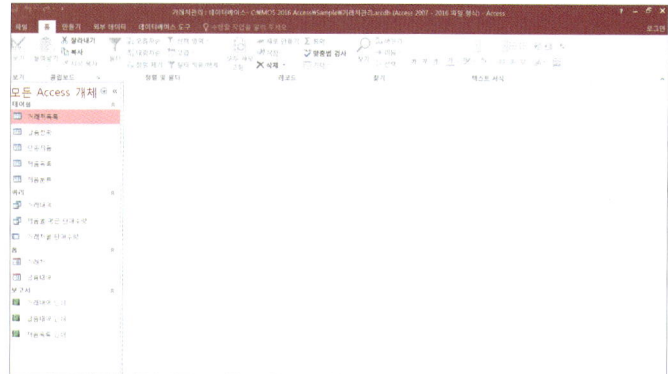

PLUS
리본 메뉴 바로 아래의 '보안 경고' 메시지 표시줄이 나타나면 [콘텐츠 사용] 단추를 클릭하여 파일을 사용합니다.

데이터베이스 파일 닫기
현재 열려 있는 모든 데이터베이스 파일을 닫으시오.

01 데이터베이스 파일을 닫으려면 [파일] 탭 - [닫기]를 클릭합니다.

02 데이터베이스 파일이 닫힙니다.

PLUS
데이터베이스를 만들 때 파일 이름을 입력하여 저장하기 때문에 파일을 닫아도 [다른 이름으로 저장] 대화상자가 나타나지 않습니다.

Skill 05 데이터베이스에 암호 설정하기

거래처관리.accdb 파일을 열어 "<u>1234</u>"로 암호를 지정하고 닫으시오.

01 새로운 데이터베이스를 열기 위해 [파일] 탭 - [열기] – **[찾아보기]**를 클릭합니다.

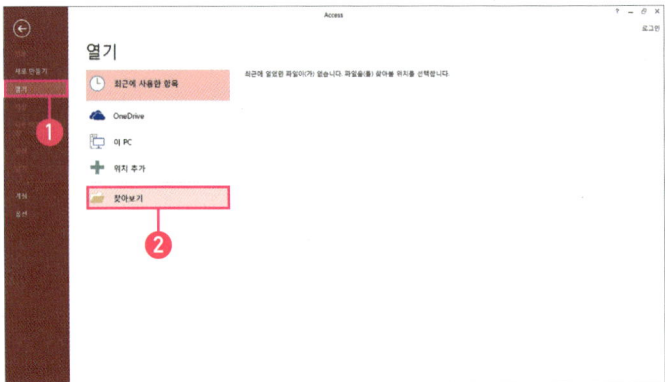

02 [열기] 대화상자에서 '**거래처관리**' 파일을 선택한 후 **[열기]**의 **목록 단추(▼)**를 클릭해서 **[단독으로 열기]**를 선택합니다.

PLUS
데이터베이스 암호를 설정하기 전에 데이터베이스는 단독 모드로 엽니다.

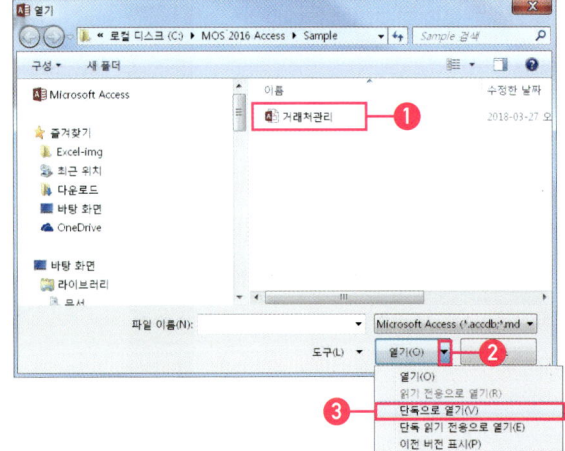

03 데이터베이스가 열립니다.

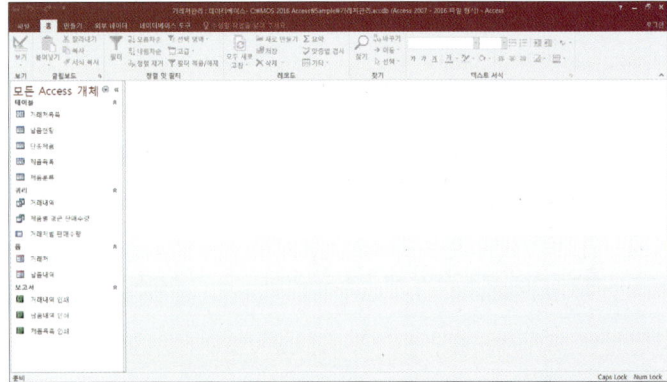

04 데이터베이스에 암호를 설정하기 위해 [파일] 탭 - [정보] - **[데이터베이스 암호 설정]**을 선택합니다.

05 [데이터베이스 암호 설정] 대화상자에서 [암호]와 [확인]에 암호 '**1234**'를 입력하고 **[확인]** 단추를 클릭합니다.

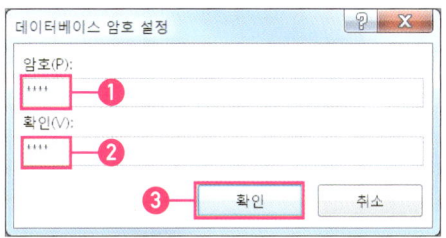

06 "블록 암호화를 통한 암호화는 행 수준 잠금과 호환되지 않습니다. 행 수준 잠금이 무시됩니다."라는 대화상자가 나타나면 **[확인]** 단추를 클릭합니다.

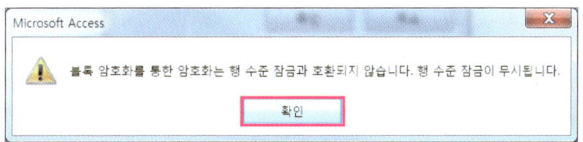

07 암호를 지정했으면 데이터베이스 파일을 닫기 위해 [파일] 탭 - **[닫기]**를 클릭합니다.

> **PLUS**
> 암호화된 데이터베이스의 암호를 해제하기 전에 암호화된 문서를 단독 모드로 엽니다. 암호를 모르는 경우에는 데이터베이스 암호를 해독할 수 없습니다.

적응 문제

◉ 완성파일 : 완성1-01.accdb

01. 액세스 2016을 실행하여 문서 폴더에 "<u>완성1-01.accdb</u>" 파일을 만드시오.

02. *완성1-01.accdb* 파일에 "<u>1234</u>" 암호를 지정하시오.

Chapter 1 • 데이터베이스 작성 및 관리   19

Section 02

Access 환경 설정

파일을 닫을 때 자동 압축이 되도록 설정하거나 그림 속성 형식, 개체 창 표시 방법 등의 옵션을 변경하여 현재 열려 있는 데이터베이스에만 적용할 수 있습니다.

Check Point 옵션 변경, 데이터베이스 백업 · 압축 · 복구

⊙ 예제파일 : 급여_사원정보.accdb

Skill 01 Access 옵션 변경하기

현재 데이터베이스를 닫을 때 해당 파일이 자동으로 압축되도록 Access 옵션을 변경하시오.

01 [파일] 탭 - [옵션]을 선택합니다.

02 [Access 옵션] 대화상자가 나타나면 [현재 데이터베이스]를 선택한 후 [닫을 때 압축] 옵션을 선택하고 [확인] 단추를 클릭합니다.

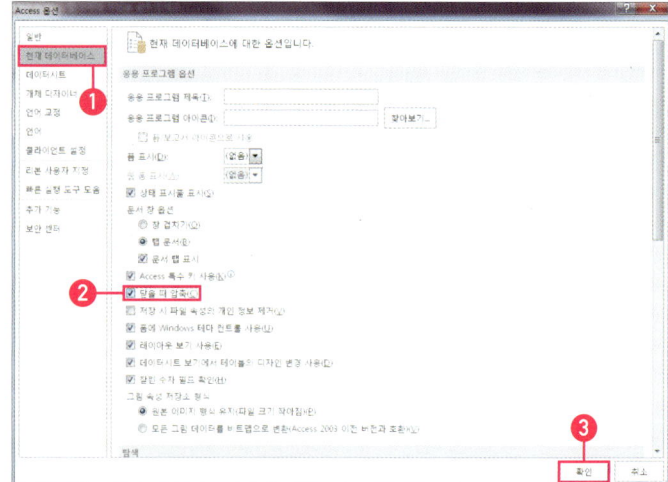

PLUS

[Access 옵션] 대화상자에서는 개체 창 표시 방법, 자동 압축, 그림 속성 저장소 형식 등의 옵션을 현재 데이터베이스에서 변경해 사용할 수 있습니다.

03 "지정한 옵션을 적용하려면 현재 데이터 베이스를 닫았다가 다시 열어야 합니다." 라는 대화상자가 나타나면 [확인] 단추를 클릭합니다.

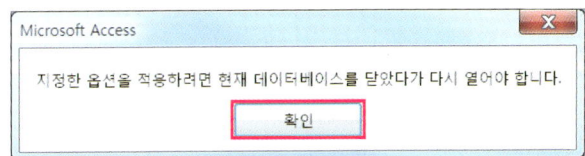

데이터베이스 백업하기

현재 데이터베이스를 "2018년 4월 백업"으로 지정하여 문서 폴더에 백업하시오(참고 : 다른 기본 설정은 모두 그대로 적용하시오).

01 현재 데이터베이스를 백업하려면 [파일] 탭 - [다른 이름으로 저장]을 선택합니다.

02 파일 형식은 [다른 이름으로 데이터베이스 저장]을 선택한 후 데이터베이스 파일 형식 항목에서 [데이터베이스 백업]을 선택하고 [다른 이름으로 저장] 단추를 클릭합니다.

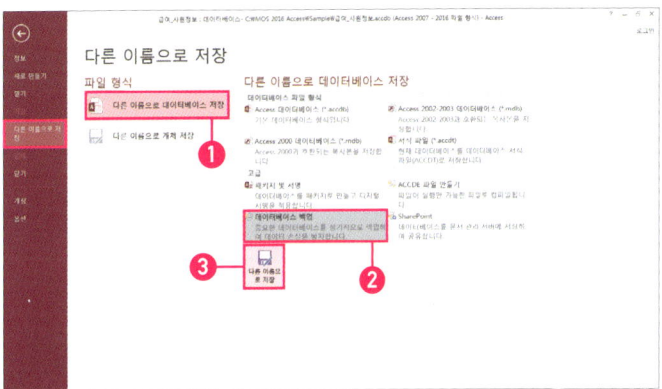

03 [다른 이름으로 저장] 대화상자가 나타나면 저장 위치는 [문서]로 지정하고 파일 이름은 '2018년 4월 백업'으로 입력하고 [저장] 단추를 클릭합니다.

PLUS!
데이터베이스의 백업 복사본이 있는 경우에만 데이터베이스를 복원할 수 있습니다.

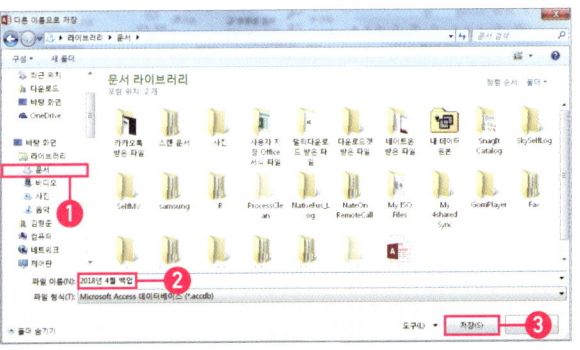

Skill 03 데이터베이스 압축 및 복구

현재 데이터베이스를 압축 및 복구하시오.

01. [파일] 탭 - [정보] - [**데이터베이스 압축 및 복구**]를 클릭합니다.

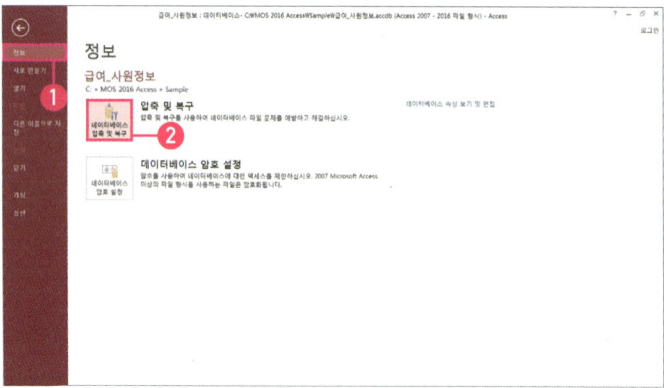

02. 아무런 변화가 없는 것처럼 편집 상태로 되돌아오지만 파일이 압축된 상태입니다.

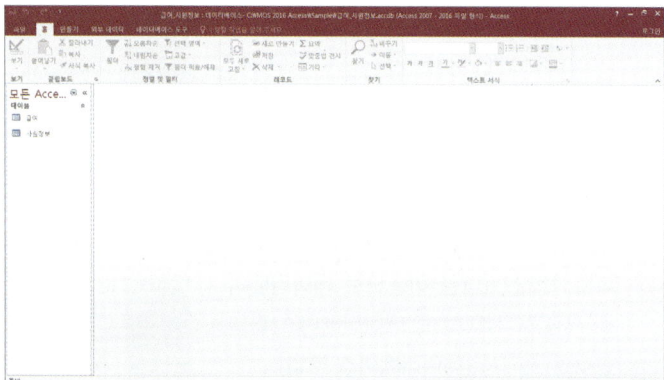

PLUS
데이터베이스 파일이 손상된 경우 압축 및 복구를 통해 부분적으로 복구할 수 있습니다. 압축 설정에서 데이터가 압축되는 것이 아니라 압축을 하면 사용되지 않는 공간이 제거되어 데이터베이스 파일의 크기가 줄어듭니다.

 적응 문제

⊙ 예제파일 : 예제1-02.accdb   ⊙ 완성파일 : 완성1-02.accdb, 2018년 4월 백업.accdb

01. 현재 데이터베이스 파일 이름을 "2018년 4월 백업"으로 지정하여 문서 폴더에 백업하시오(참고: 다른 기본 설정은 모두 그대로 유지하시오).

02. 현재 데이터베이스 파일을 닫을 때 해당 파일이 자동으로 압축되도록 Access 옵션을 변경하시오.

03. 현재 데이터베이스를 압축 및 복구하시오.

Section 03

탐색 창 사용하기

[탐색] 창에는 Access에서 생성한 테이블, 폼, 쿼리, 보고서 등의 개체가 표시되며, 개체를 숨김 속성을 이용하여 설정하거나, 개체의 이름을 변경하거나 필요 없는 개체를 삭제할 수 있습니다.

Check Point 탐색 창 옵션, 개체 이름 변경 · 삭제

예제파일 : 판매관리.accdb

Skill 01 테이블 이름 바꾸기

"판매" 테이블의 이름을 "판매 내역"으로 변경하시오.

01 이름을 변경할 개체에서 마우스 오른쪽 단추를 클릭한 후 [이름 바꾸기]를 선택합니다.

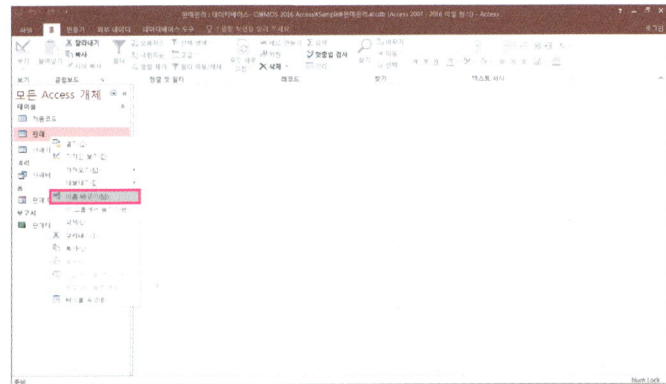

02 새로운 테이블 이름을 '**판매내역**'으로 입력한 후 Enter 키를 누릅니다.

Chapter 1 · 데이터베이스 작성 및 관리   23

03 [탐색] 창의 개체 이름이 변경됩니다.

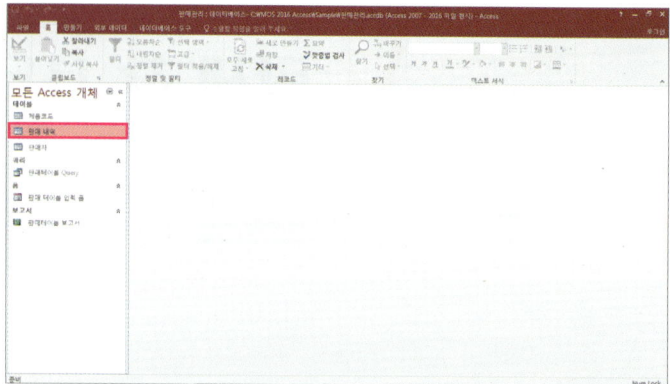

PLUS

01 [탐색] 창에서 이름을 변경할 [판매] 테이블 위에서 마우스 오른쪽 단추를 클릭한 후 바로 가기 메뉴가 나타나면 [이름 바꾸기]를 선택합니다.

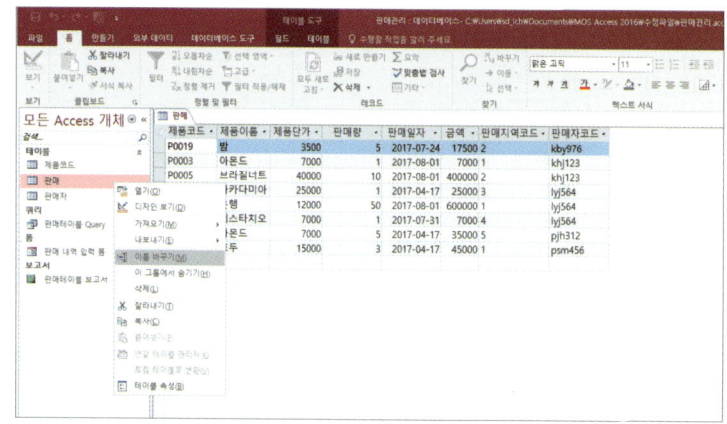

02 이름을 변경할 개체가 열려 있는 경우에는 "이름을 바꿀 수 없습니다."라는 대화상자가 나타납니다.

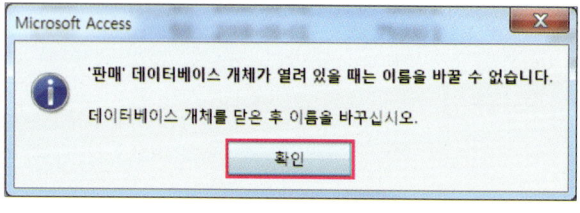

개체 삭제하기

"판매 내역 입력" 폼을 삭제하시오.

01 [탐색] 창에서 삭제할 [**판매 내역 입력**] 폼 위에서 마우스 오른쪽 단추를 클릭한 후 [**삭제**]를 선택합니다.

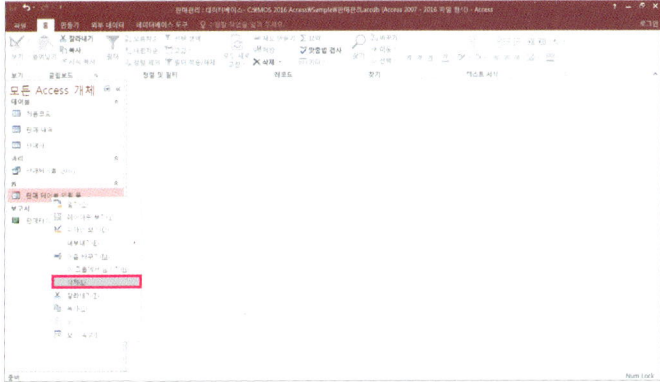

02 "영구적으로 삭제하시겠습니까?"라고 묻는 대화상자가 나타나면 [**예**] 단추를 클릭합니다.

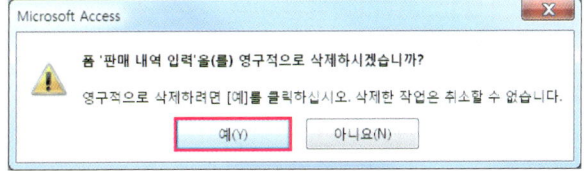

03 선택한 개체가 삭제됩니다. 삭제된 개체는 복구할 수 없습니다.

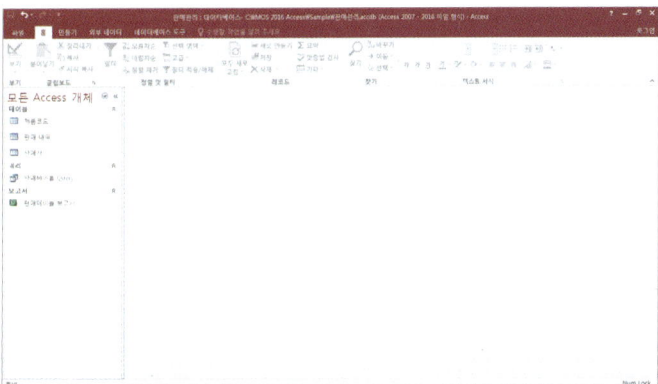

Skill 03 숨겨진 개체 표시하기

"판매자 사본"이라는 이름의 숨겨진 테이블이 보여지도록 설정하시오.

01 [탐색] 창의 머리글 위나 [탐색] 창의 빈 부분에서 마우스 오른쪽 단추를 클릭한 후 [**탐색 옵션**]을 선택합니다.

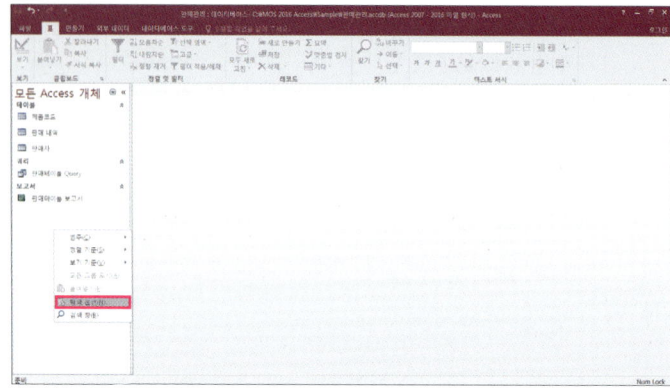

02 [탐색 옵션] 대화상자가 나타나면 표시 옵션에서 '**숨겨진 개체 표시**'를 선택하고 [**확인**] 단추를 클릭합니다.

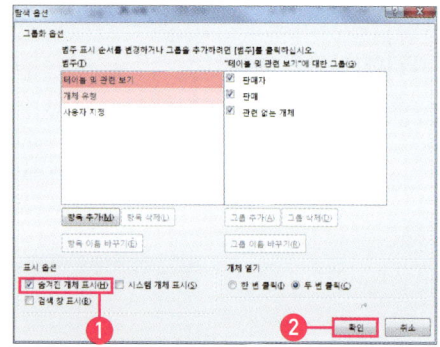

03 [탐색] 창에 숨겨졌던 "판매자 사본" 테이블이 표시됩니다.

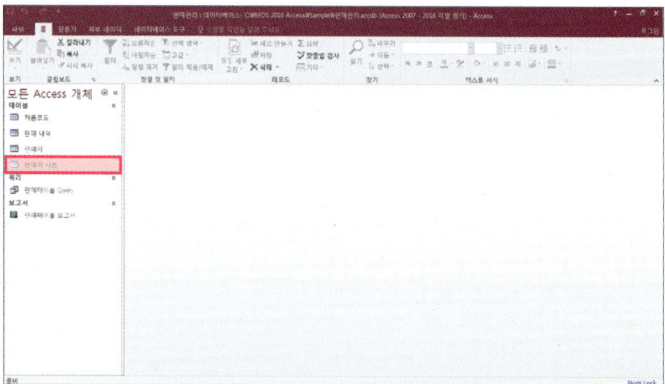

⊙ 예제파일 : 예제1-03.accdb ⊙ 완성파일 : 완성1-03.accdb

01. "급여" 테이블의 이름을 "**급여 내역**"으로 변경하시오.
02. "급여 계산"이라는 이름의 쿼리를 삭제하시오.
03. "사원정보 사본"이라는 숨겨진 테이블이 보이도록 설정하시오.

Section 04

응용 프로그램 요소 적용

응용 프로그램 요소 중에서 미리 정의된 서식을 이용하여 문제점, 사용자, 설명, 연락처, 작업 등의 폼이나 테이블을 빠르게 만들 수 있습니다.

Check Point 응용 프로그램 요소, 관계 만들기

예제파일 : 응용프로그램.accdb

Skill 01 응용 프로그램 요소의 테이블 만들기

응용 프로그램 요소를 사용하여 "설명"이라는 테이블을 만드시오. 하나의 "사원목록"에 여러 설명을 연결하는 관계를 만드시오. "사원코드" 필드를 조회 필드로 지정하고, 조회 열의 이름은 "승진자코드"로 설정하시오(참고 : 다른 기본 설정은 모두 그대로 적용하시오).

01 응용 프로그램 요소의 테이블을 만들려면 [만들기] 탭 - [서식 파일] 그룹 - [응용 프로그램 요소] - [설명]을 클릭합니다.

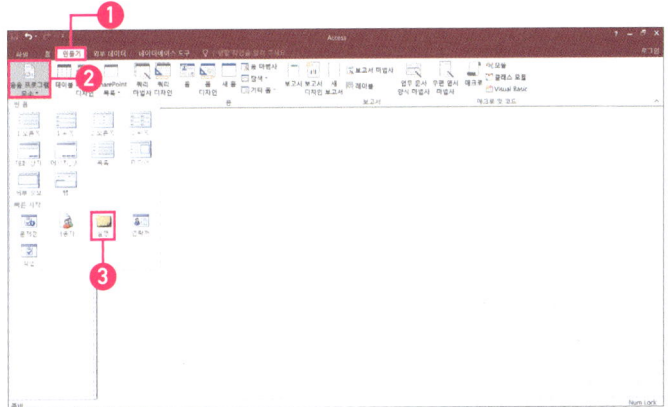

02 [관계 만들기] 대화상자의 [간단한 관계 만들기] 단계에서 관계를 설정할 '**사원목록**' 테이블을 선택하고 [**다음**] 단추를 클릭합니다.

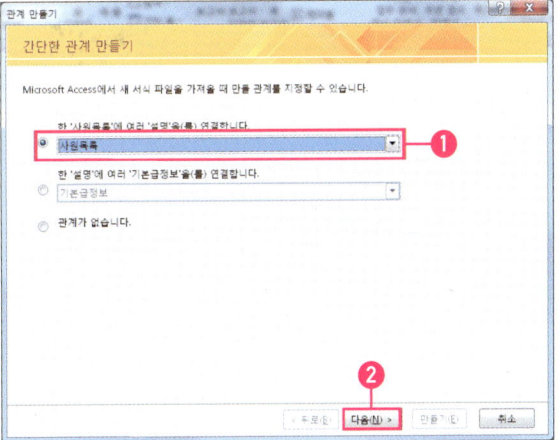

03 다음으로 [조회 열 선택] 단계에서는 조회 열로 사용할 필드는 '**사원코드**'를 선택하고 조회 열 이름은 '**승진자코드**'로 입력한 후 [**만들기**] 단추를 클릭합니다.

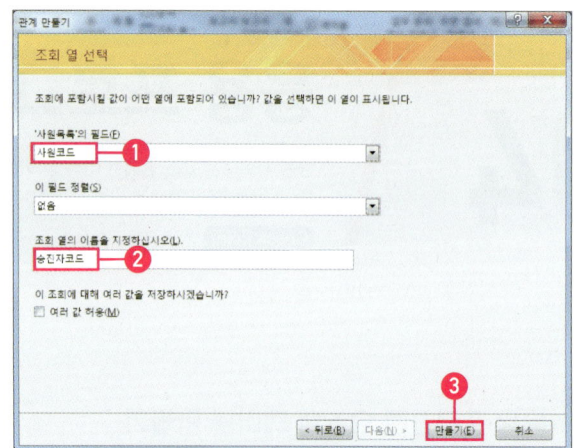

04 새로운 개체가 만들어집니다.

PLUS

조회 열
현재 [설명] 테이블의 레코드가 비어 있으나 데이터가 채워지고 조회 필드가 기본 키라면 [사원목록] 테이블에서 ⊞를 클릭했을 때 '사원코드'와 동일한 '승진자코드'의 데이터가 하위 조회 목록으로 나타나게 됩니다.

응용프로그램 요소의 테이블 및 폼 만들기

응용 프로그램 요소를 사용하여 폼을 포함하는 "**문제점**" 테이블을 만드시오. 하나의 "**판매**"에 여러 문제점을 연결하는 관계를 만드시오. "**제품코드**"를 조회 필드로 사용하고 조회 열의 이름을 "**주문번호**"로 지정하시오(참고 : 다른 기본 설정은 모두 그대로 적용하시오).

01 [만들기] 탭 - [서식 파일] 그룹 - [응용 프로그램 요소] - [**문제점**]을 클릭합니다.

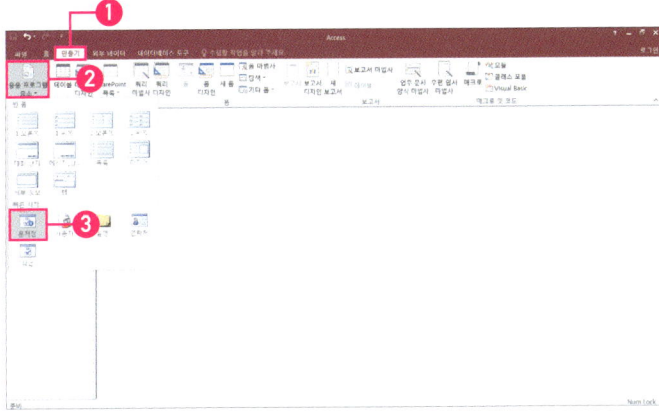

02 [관계 만들기] 대화상자가 나타나면 [간단한 관계 만들기] 단계에서 관계를 설정할 '**판매**' 테이블을 선택하고 [**다음**] 단추를 클릭합니다.

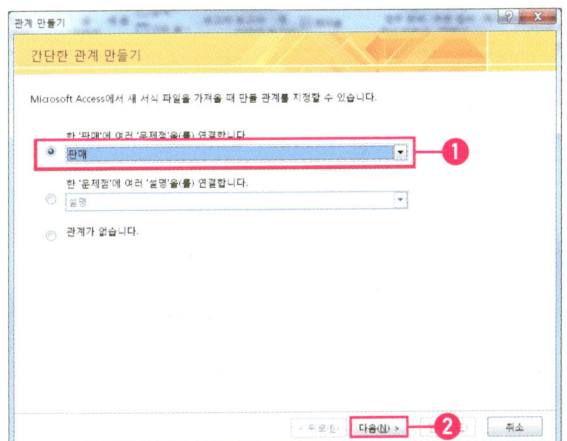

03 ['판매'의 필드]에서 '**제품코드**'를 선택하고 [조회 열의 이름]에 '**주문번호**'를 입력한 후 [**만들기**] 단추를 클릭합니다.

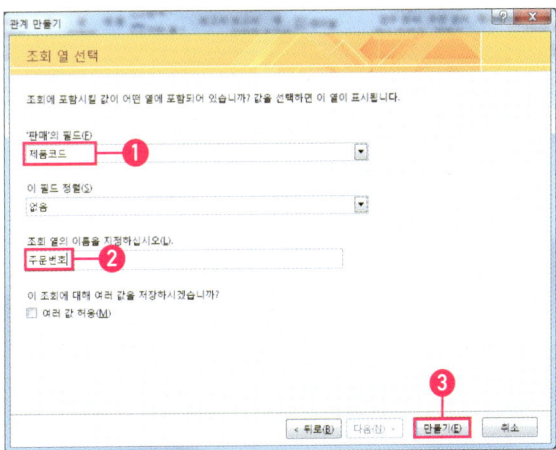

04 그림과 같이 "문제점" 테이블과 폼이 만들어집니다.

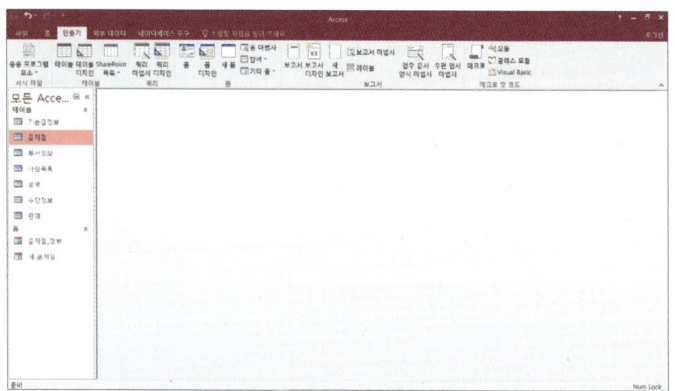

● 예제파일 : 예제1-04.accdb   ● 완성파일 : 완성1-04.accdb

01. 응용 프로그램 요소를 사용하여 "<u>설명</u>"이라는 테이블을 만드시오. 하나의 "사원정보"에 여러 설명을 연결하는 관계를 만드시오. "사원번호" 필드를 조회 필드로 지정하고, 조회 열의 이름은 "<u>승진자번호</u>"로 설정하시오(참고 : 다른 기본 설정은 모두 그대로 적용하시오).

Chapter 2

테이블 구축

Section 01 테이블 만들기
Section 02 필드 추가 및 삭제
Section 03 레코드 정렬 및 필터
Section 04 관계 설정
Section 05 외부 데이터 가져오기

Section 01

테이블 만들기

테이블은 데이터를 저장하고 관리하는 곳으로 데이터베이스 관리 시스템에서 가장 기본이 되는 부분입니다. 데이터시트에서 특정 필드를 기준으로 정렬하고 특정 값만 포함된 레코드만 표시하도록 필터를 적용할 수 있습니다. 여러 테이블을 연결하는 관계를 설정하고 외부 데이터를 불러와 테이블을 작성할 수 있습니다.

Check Point 테이블 · 기본키 만들기, 필드 속성

예제파일 : 테이블.accdb

Skill 01 테이블 만들기

"제품코드"를 기본 키 필드로 사용하는 "제품"이라는 이름의 새 테이블을 만드시오. "제품 코드"의 데이터 형식을 일련 번호로 설정하고, "제품이름", "제조사", "전화번호", "주소"는 짧은 텍스트 필드로 지정하고 테이블을 저장합니다.

01 새로운 테이블을 만들기 위해 [만들기] 탭 - [테이블] 그룹 - **[테이블 디자인]**을 클릭합니다.

> **PLUS**
> 테이블은 모든 정보 또는 데이터를 포함하므로 데이터베이스의 필수 개체입니다.
> 테이블은 필드, 필드명, 레코드로 구성되어 있는데 '필드'는 열을 의미하고 머리글에는 필드 이름이 있습니다. 모든 필드를 포함하는 한 행을 '레코드'라고 합니다.

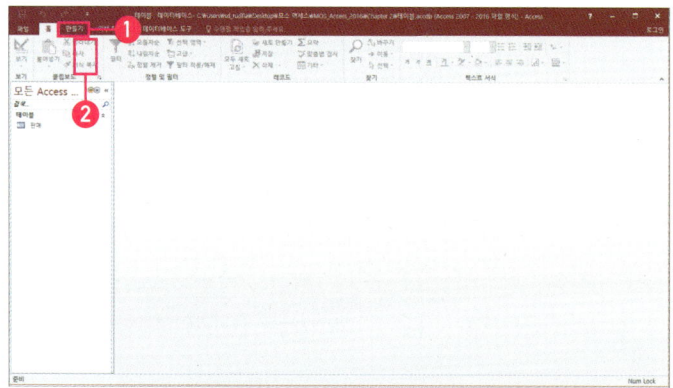

02 먼저 첫 행의 필드 이름을 **'제품코드'**로 입력한 후 데이터 형식은 **'일련 번호'**로 선택합니다.

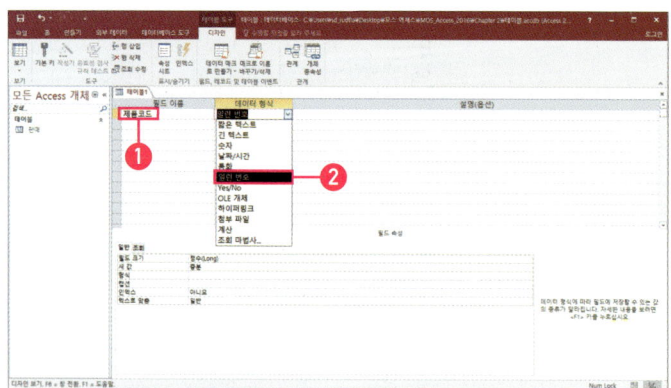

03 계속해서 **2**번과 같은 방법으로 **필드 이름**을 입력하고 **데이터 형식**을 선택합니다.

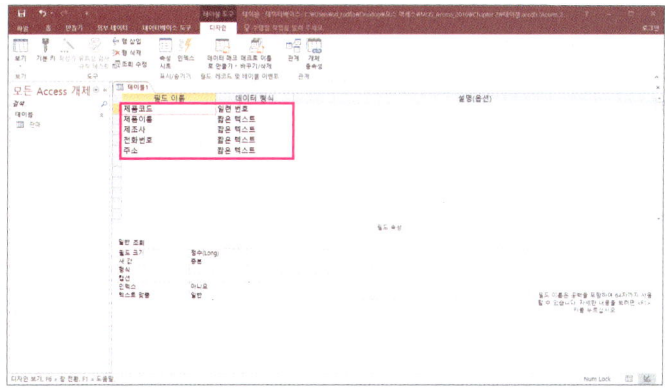

04 기본 키로 설정하기 위해 '**제품코드**' 필드를 선택한 후 [테이블 도구] - [디자인] 탭 - [도구] 그룹 - [**기본 키**]를 클릭합니다.

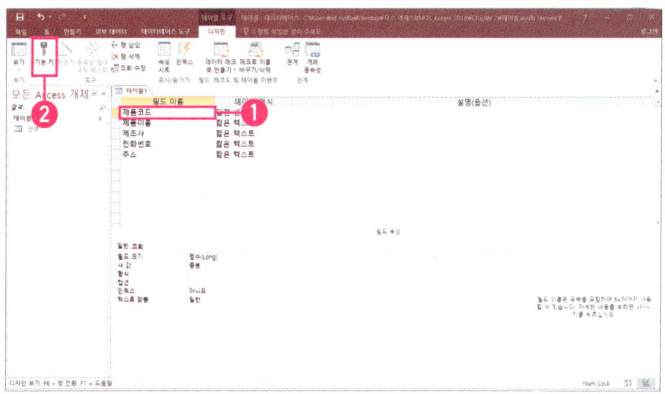

05 '제품코드' 필드의 행 선택기에 기본 키 아이콘(🔑)이 표시됩니다.

> **PLUS**
> 기본 키는 테이블당 하나만 있어야 하며, 중복 값이나 Null 값은 입력할 수 없습니다.

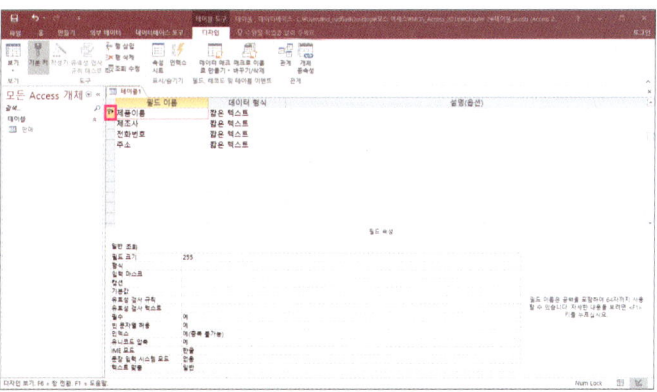

Chapter 2 • 테이블 구축   33

06 테이블을 저장하기 위해 빠른 실행 도구 모음의 [**저장**(🖫)]을 클릭합니다.

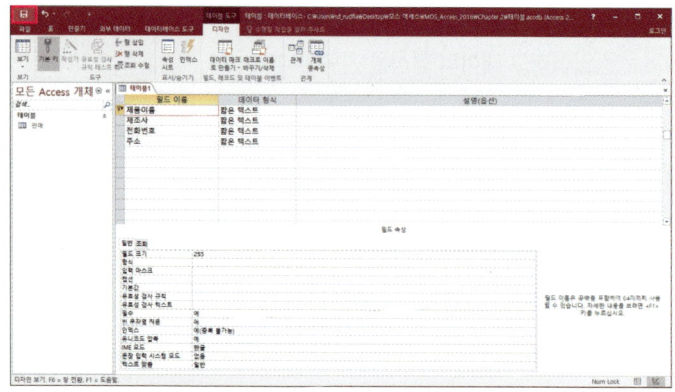

07 테이블 이름을 저장하기 위해 [다른 이름으로 저장] 대화상자에서 테이블 이름을 '**제품**'으로 입력하고 [**확인**] 단추를 클릭합니다.

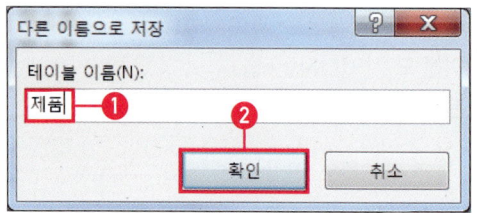

08 그림과 같이 테이블 목록에 "제품" 테이블이 만들어졌습니다.

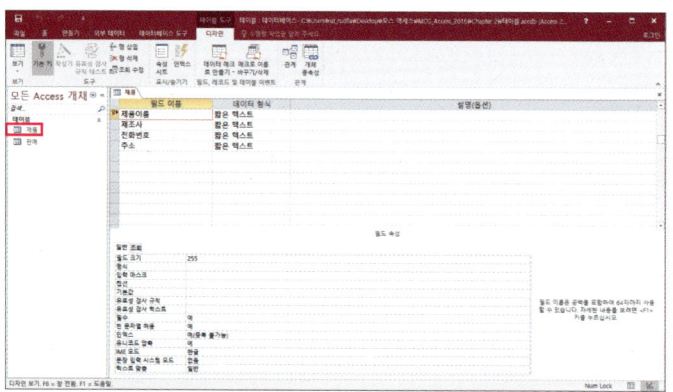

기본 키 만들기

"판매" 테이블에서 "제품코드" 필드를 기본 키로 지정한 다음 테이블을 저장하시오.

01 기본 키를 지정할 [판매] 테이블에서 마우스 오른쪽 단추를 클릭한 후 [디자인 보기]를 선택합니다.

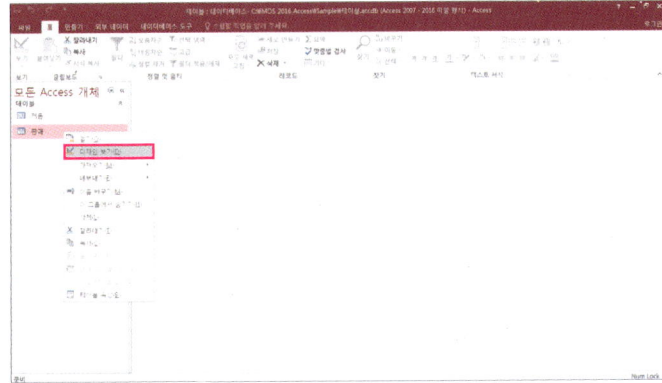

02 테이블이 디자인 보기로 전환되면 기본 키로 지정할 '**제품코드**' 필드를 선택한 다음, [테이블 도구] - [디자인] 탭 - [도구] 그룹 - [**기본 키**]를 클릭합니다.

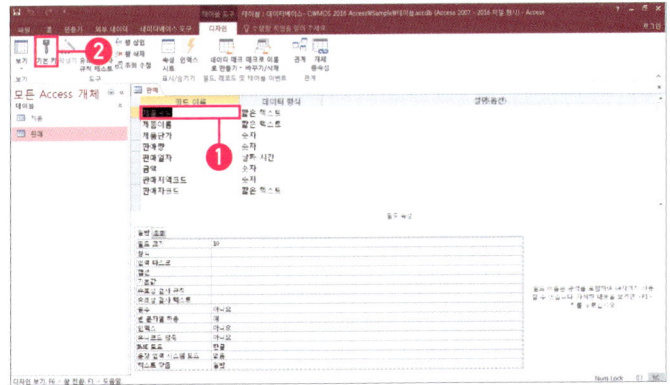

03 '제품코드' 필드의 행 선택기에 기본 키 아이콘()이 추가되면서 기본 키로 설정되었습니다.

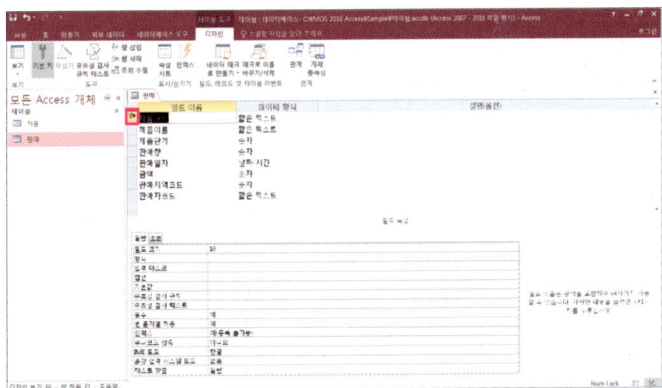

04 완성된 테이블을 저장하기 위해 빠른 실행 도구 모음의 [**저장(**■**)**]을 클릭합니다.

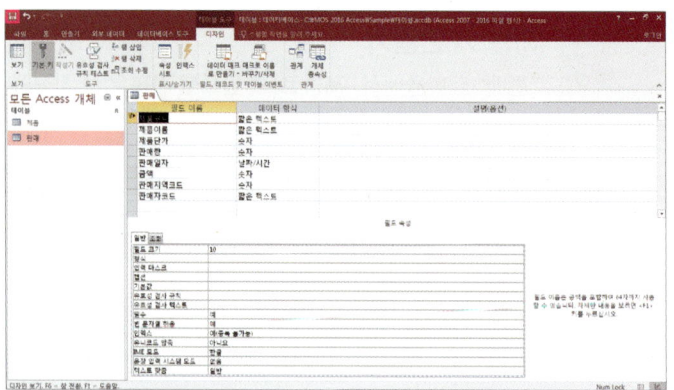

Skill 03 데이터 형식 변경

"제품" 테이블의 "주소" 필드에 255자 이상의 텍스트를 입력할 수 있도록 데이터 형식을 변경하고, 테이블을 저장하시오.

01 [탐색] 창의 [**제품**] 테이블에서 마우스 오른쪽 단추를 클릭해 [**디자인 보기**]를 선택합니다.

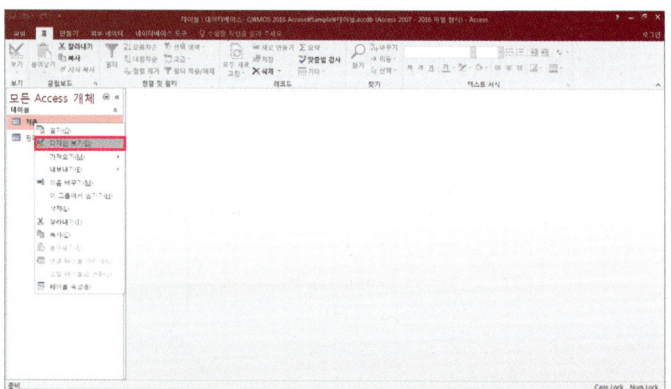

02 [테이블 디자인] 창에서 '주소' 필드의 [**데이터 형식**]의 목록 단추(▼)를 선택하고 [**긴 텍스트**]로 변경합니다.

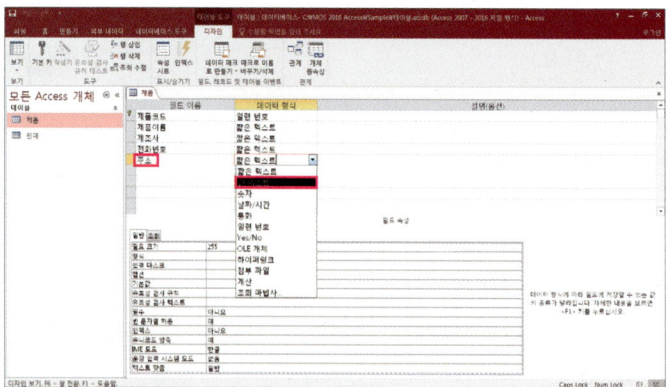

03 빠른 실행 도구 모음의 [저장(🖫)]을 클릭합니다.

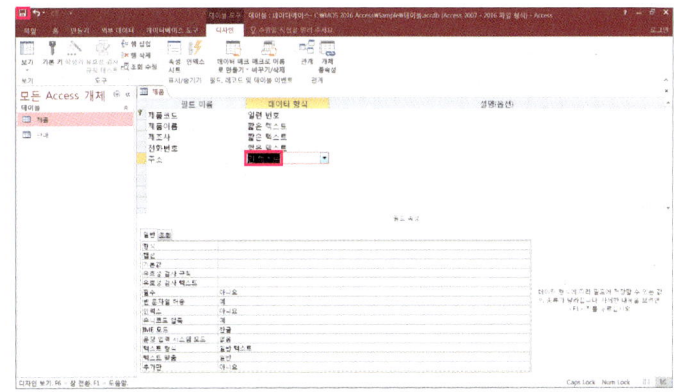

> **PLUS**
>
> **데이터 형식**
> - 텍스트 : 성이나 주소 등의 간단한 영어나 숫자 값을 표시합니다. Access 2013부터는 텍스트 데이터 형식의 이름이 짧은 텍스트로 바뀌었습니다.
> - 숫자, 큰 숫자 : 거리와 같은 숫자 값을 표시합니다. 통화에는 별도의 데이터 형식이 사용됩니다.
> - 통화 : 화폐 가치를 표시합니다.
> - 예/아니요 : 예/아니요 두 값 중 하나만 포함하는 필드를 표시합니다.
> - 날짜/시간 : 100년에서 9999년 사이의 날짜 및 시간을 표시합니다.
> - 서식 있는 텍스트 : 색 및 글꼴 컨트롤을 사용하여 서식을 지정할 수 있는 텍스트와 숫자의 조합이나 텍스트를 표시합니다.
> - 계산 필드 : 결과의 계산을 표시합니다. 계산은 같은 테이블의 다른 필드를 참조해야 합니다. 식 작성기를 사용하여 계산을 만듭니다. 계산 필드는 Access 2010에서 처음 도입되었습니다.
> - 첨부 파일 : 첨부된 이미지, 스프레드시트 파일, 문서, 차트 및 데이터베이스의 레코드에 대해 지원되는 다른 형식의 파일을 표시하며, 전자 메일 메시지에 파일을 첨부하는 것과 유사합니다.
> - 하이퍼링크 : 텍스트로 저장되고 하이퍼링크 주소로 사용되는 텍스트와 숫자의 조합 또는 텍스트를 표시합니다.
> - 메모 : 긴 텍스트 블록을 표시합니다. 일반적으로 메모 필드는 자세한 제품 설명에 사용됩니다. Access 2013부터는 메모 데이터 형식의 이름이 긴 텍스트로 바뀌었습니다.
> - 조회 : 테이블 또는 쿼리에서 검색되는 값 목록이나 필드를 만들 때 지정한 값 집합을 표시합니다. 조회 마법사가 시작되면 조회 필드를 만들 수 있습니다. 조회 필드의 데이터 형식은 마법사에서 선택한 항목에 따라 텍스트 또는 숫자가 됩니다.

필드 속성 수정하기

"판매" 테이블에서 "판매일자" 필드에 자세한 날짜 형식을 지정하고, 현재 날짜를 기본값으로 설정한 후, 테이블을 저장하시오.

01 [탐색] 창의 [판매] 테이블에서 마우스 오른쪽 단추를 클릭한 후 [디자인 보기]를 선택합니다.

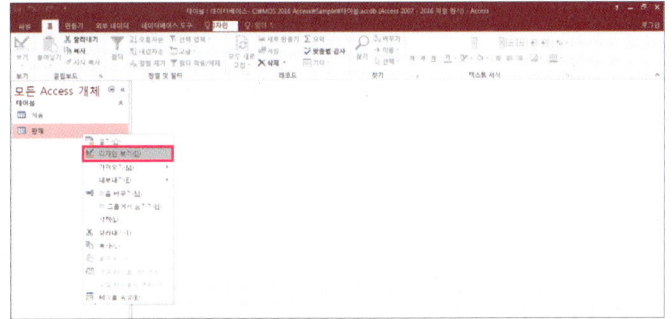

02 [테이블 디자인] 창에서 **'판매일자'** 필드를 선택합니다. 필드 속성에서 [**형식**]의 목록 단추(▼)를 클릭하여 [**자세한 날짜**]를 선택합니다.

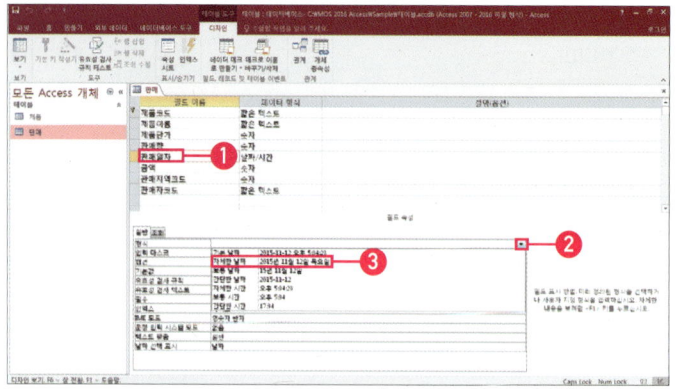

03 계속해서 필드의 기본값을 지정하기 위해 [기본값]의 **작성기 단추(⋯)**를 클릭합니다.

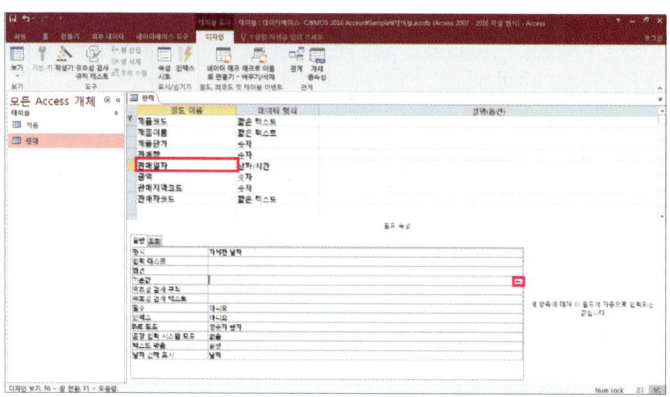

04 [식 작성기] 대화상자에서 현재 시스템 날짜를 표시해주는 함수 '**date()**'를 입력하고 [**확인**] 단추를 클릭합니다.

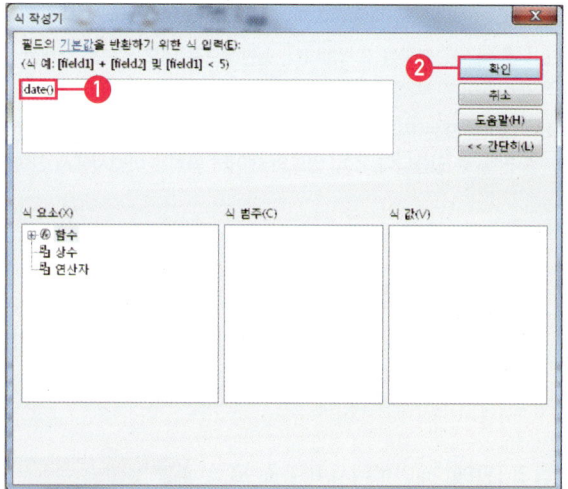

05 수정한 테이블을 저장하기 위해 빠른 실행 도구 모음의 [저장(📁)]을 클릭합니다.

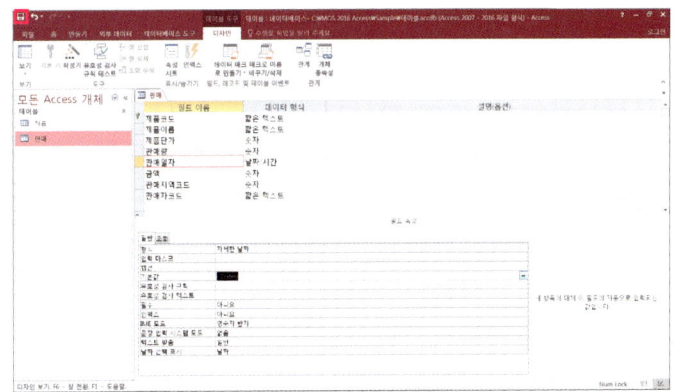

PLUS

필드 속성

- **필드 크기** : 필드의 데이터 형식에 따라 최대로 입력할 수 있는 필드의 크기를 설정합니다.
- **형식** : 입력한 데이터를 데이터시트 창에 표시할 형식으로 설정합니다. 텍스트, 숫자, 날짜/시간, 통화 데이터 형식을 설정합니다.
- **캡션** : 필드 이름은 그대로 유지하면서 데이터시트 보기에 레이블로 사용할 이름을 설정합니다.
- **기본값** : 테이블에서 새 레코드를 추가할 때 기본적으로 표시할 값을 입력합니다.
- **유효성 검사 규칙** : 사용자가 입력할 데이터를 제한하여 올바른 범위의 값만 입력하도록 할 수 있습니다.
- **유효성 검사 텍스트** : 유효성 검사 규칙에 어긋나는 값이 입력된 경우 표시할 메시지를 입력합니다.
- **필수** : 필드에 값을 반드시 입력해야 하는지의 여부를 설정합니다. '예'로 설정한 경우 빈 칸으로 둘 수 없습니다.
- **빈 문자열 허용** : 텍스트, 메모, 하이퍼링크 데이터 형식인 경우만 사용이 가능하며, 빈 문자열의 입력 허용 여부를 설정합니다.
- **인덱스** : 레코드의 기본 정렬과 검색 속도를 향상 시킬 수 있습니다.
- **IME 모드** : 한/영 키를 누르지 않아도 기본적으로 입력할 데이터의 입력 모드를 설정합니다.

적응 문제

📄 예제파일 : 예제2-01.accdb   📄 완성파일 : 완성2-01.accdb

01. 데이터 형식이 일련 번호인 "<u>고객 번호</u>" 필드와 데이터 형식이 숫자인 "<u>시간</u>" 필드를 입력하여 "<u>청구됨</u>"이라는 새 테이블을 만드시오. "고객 번호"를 기본 키로 설정하고 테이블을 저장하시오.

02. "급여" 테이블의 "비고" 필드에 255자 이상의 텍스트를 입력할 수 있도록 데이터 형식을 변경하고, 테이블을 저장하시오.

03. "사원정보" 테이블에서 "입사일" 필드에 간단한 날짜 형식을 사용하도록 지정하고 기본값으로 현재 날짜를 설정하시오.

04. 테이블을 저장하시오.

Section 02 필드 추가 및 삭제

기존 테이블에 새로운 필드를 추가 또는 필드의 위치를 변경하거나 필요 없는 필드를 제거할 수 있습니다.

Check Point 필드 삽입·삭제, 데이터 형식

예제파일 : 필드 추가 및 삭제.accdb

Skill 01 필드 행 추가하기

"거래처목록" 테이블의 대표자 이름과 연락처 사이에 "**주민번호**"라는 이름의 짧은 텍스트 형식의 필드를 삽입하고, 저장하시오.

01 [탐색] 창의 [**거래처목록**] 테이블에서 마우스 오른쪽 단추를 클릭한 후 [**디자인 보기**]를 선택합니다.

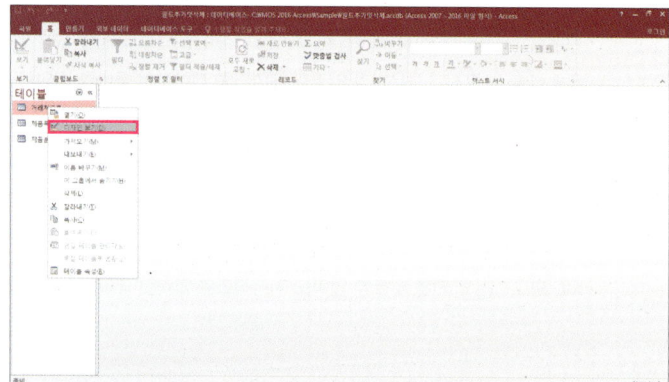

02 [테이블 디자인] 창에서 '**연락처**' 필드를 선택하고 마우스 오른쪽 단추를 클릭한 후 [**행 삽입**]을 선택합니다.

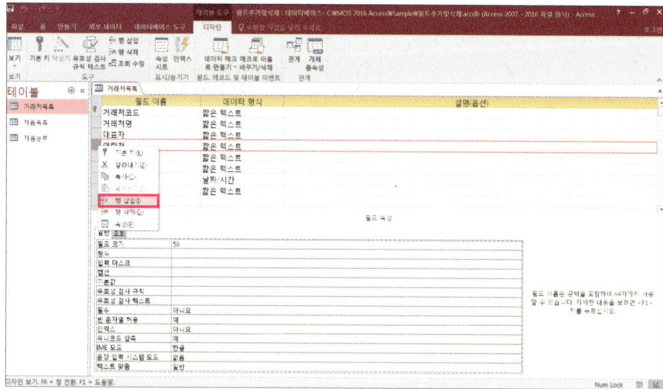

03 필드가 삽입되면 필드 이름을 '**주민번호**'로 입력한 후 데이터 형식을 [**짧은 텍스트**]로 선택합니다.

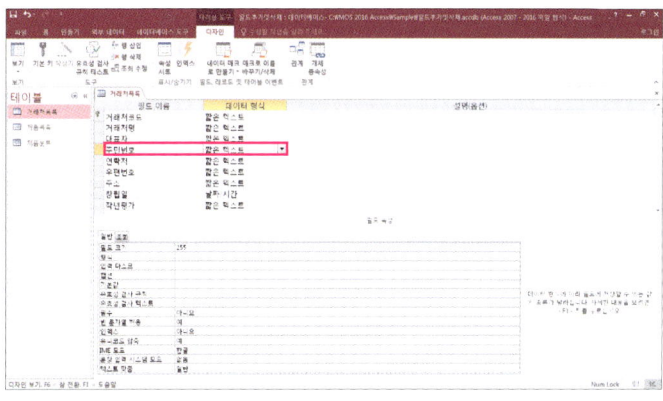

> **PLUS!**
> 데이터 형식에서 짧은 텍스트 설정은 최대 255자까지 저장됩니다. 이전 버전의 메모 형식이 2016 버전에서는 긴 텍스트로 변경되었습니다.

04 수정한 테이블을 저장하기 위해 빠른 실행 도구 모음의 [**저장(🔳)**]을 클릭합니다.

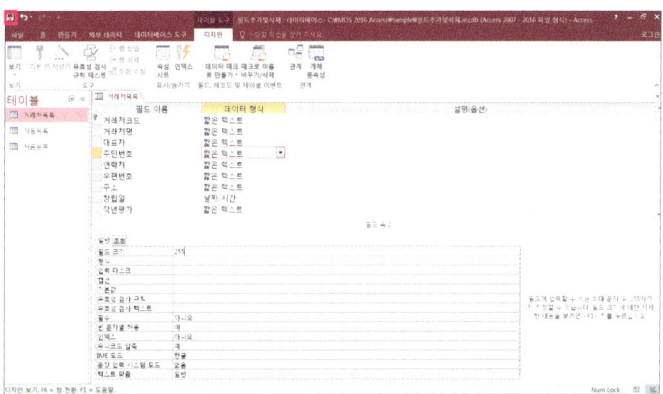

 필드 행 삭제
"거래처목록" 테이블의 "주민번호" 필드를 삭제하고, 저장하시오.

01 [탐색] 창의 [**거래처목록**] 테이블에서 마우스 오른쪽 단추를 클릭해 [**디자인 보기**]를 선택합니다.

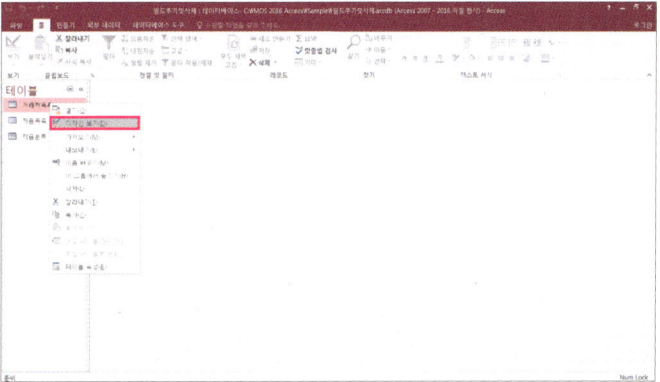

Chapter 2 • 테이블 구축 41

02 테이블 디자인 창에서 삭제할 '**주민번호**' 필드를 선택하고 마우스 오른쪽 단추를 클릭한 다음 [**행 삭제**]를 선택합니다.

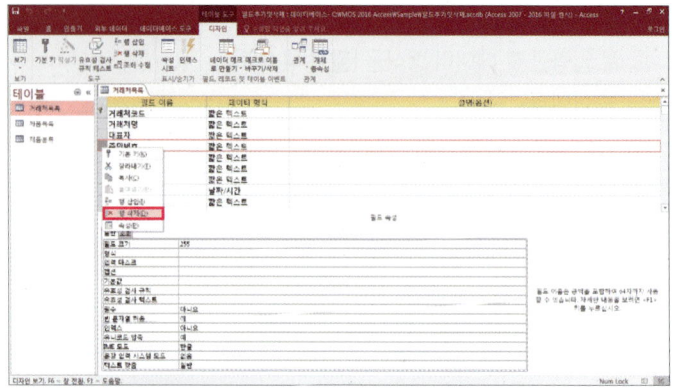

03 "선택한 필드와 그 필드의 모든 데이터를 영구히 삭제하시겠습니까?"라고 묻는 대화상자가 나타나면 [**예**] 단추를 클릭합니다.

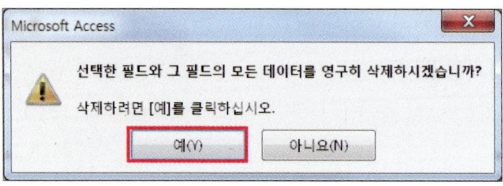

04 필드를 삭제한 테이블을 저장하기 위해 빠른 실행 도구 모음의 [**저장(■)**]을 클릭합니다.

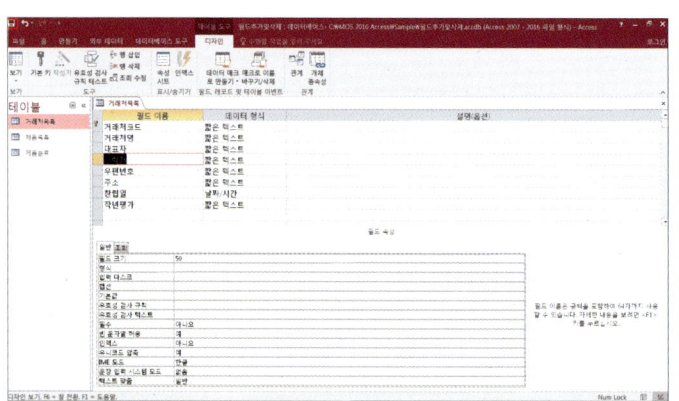

 적응 문제

⊙ 예제파일 : 예제2-02.accdb   ⊙ 완성파일 : 완성2-02.accdb

01. "제품목록" 테이블 마지막 위치에 "비고"라는 이름의 짧은 텍스트 형식의 필드를 삽입하시오.

02. "제품목록" 테이블의 "단종품" 필드를 삭제하시오. 테이블을 저장하시오.

Section 03 레코드 정렬 및 필터

데이터시트에서 특정 필드를 기준으로 레코드를 오름차순 또는 내림차순으로 정렬할 수 있고 필요한 데이터를 데이터시트에 표시할 수 있습니다.

Check Point 레코드 정렬 · 제거, 필터 적용

예제파일 : 레코드 정렬 및 필터.accdb

Skill 01 레코드 정렬하기

"거래처목록" 테이블에서 "거래처명" 필드를 기준으로 오름차순으로 정렬하고, 테이블을 저장하시오.

01 [탐색] 창의 [거래처목록] 테이블에서 마우스 오른쪽 단추를 클릭해 [열기]를 선택합니다.

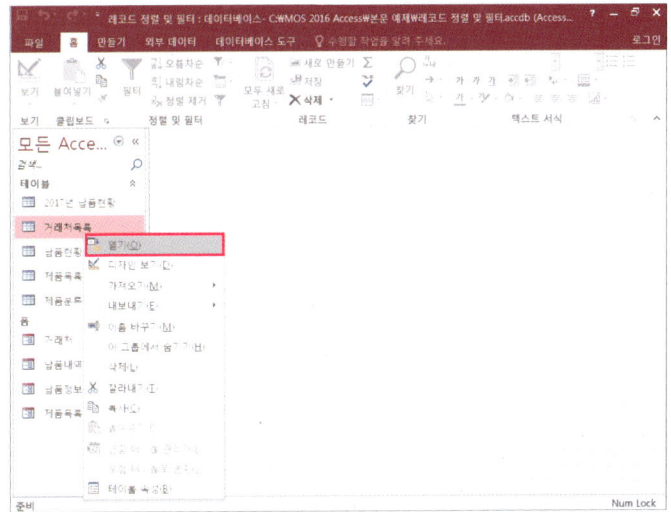

02 '거래처명' 필드를 정렬하기 위해 '거래처명' 필드 중 임의의 셀로 커서를 이동한 다음, [홈] 탭 - [정렬 및 필터] 그룹 - [오름차순]을 클릭합니다.

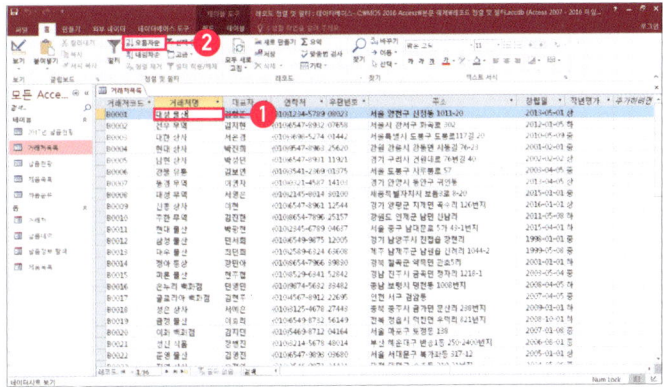

Chapter 2 • 테이블 구축 43

03 그림과 같이 레코드가 '거래처명' 별로 오름차순으로 정렬되었습니다.

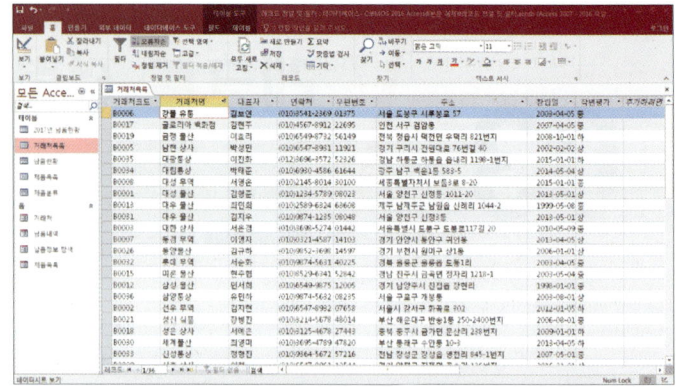

04 수정한 테이블을 저장하기 위해 빠른 실행 도구 모음의 [저장()]을 클릭합니다.

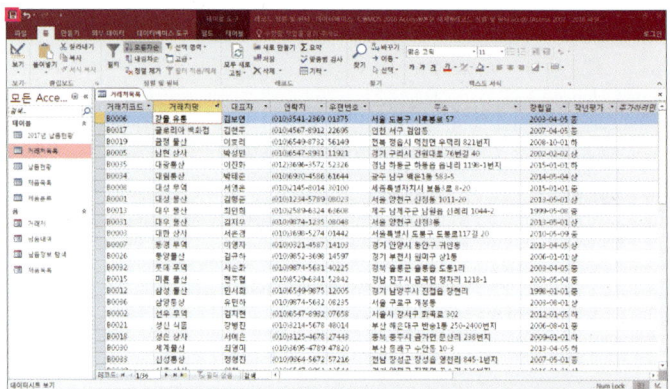

Skill 02 레코드 정렬 제거하기

"거래처목록" 테이블에 "거래처명" 필드에 적용된 오름차순 정렬을 모두 제거하시오. 테이블을 저장하시오.

01 [탐색] 창의 [거래처목록] 테이블에서 마우스 오른쪽 단추를 클릭해 [열기]를 선택합니다.

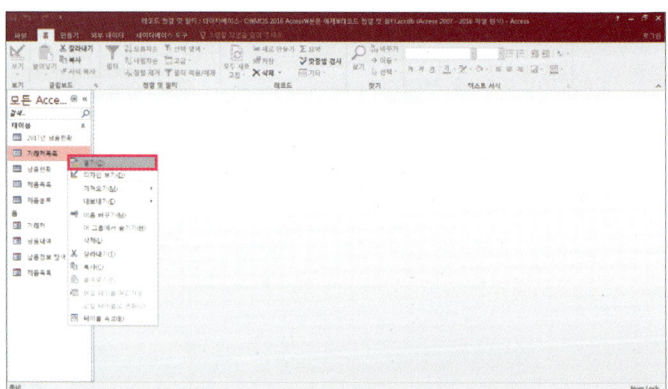

02 레코드가 정렬된 **'거래처명'** 필드를 선택한 다음, [홈] 탭 - [정렬 및 필터] 그룹 - **[정렬 제거]**를 클릭합니다.

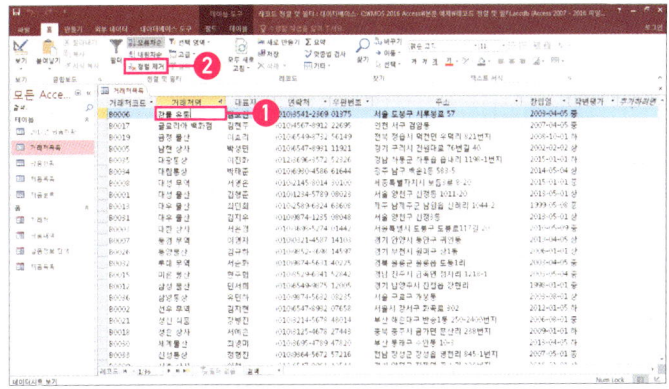

03 오름차순으로 정렬되었던 레코드가 처음 상태로 초기화 되었습니다.

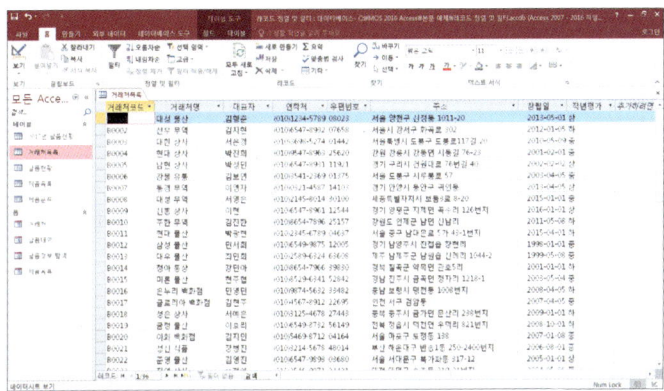

04 테이블을 저장하기 위해 빠른 실행 도구 모음의 [저장(🔚)]을 클릭합니다.

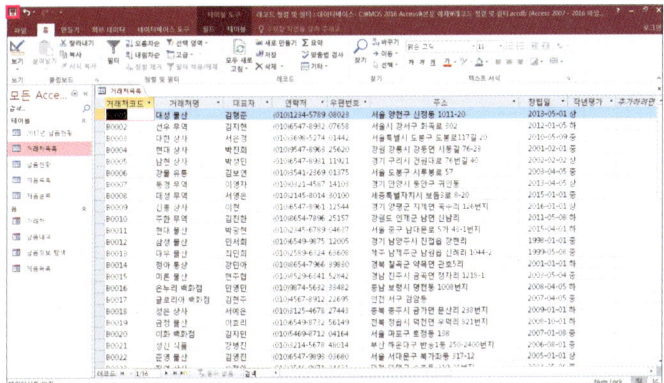

특정 값만 표시하기

"제품목록" 테이블의 "제품이름" 필드에서 "간장"과 "건오징어"만 표시되도록 필터하고, 테이블을 저장하시오.

01 [탐색] 창의 [제품목록] 테이블에서 마우스 오른쪽 단추를 클릭해 [열기]를 클릭합니다.

02 '제품이름' 필드의 목록 단추(▼)를 클릭해 [모두 선택]을 클릭하여 필터를 해제한 후 '간장'과 '건오징어' 필터만 선택하고 [확인] 단추를 클릭합니다.

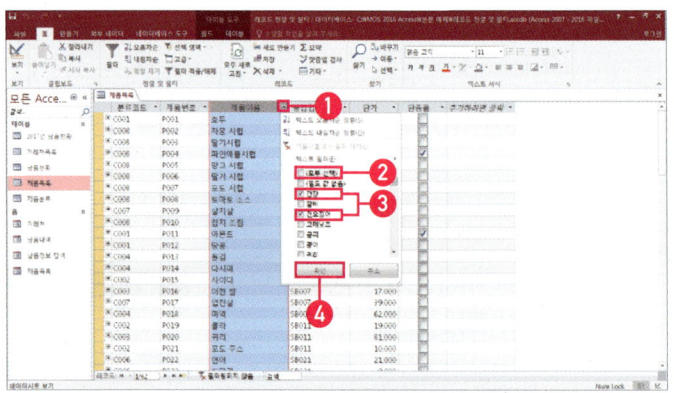

03 제품이름이 "간장"과 "건오징어"인 항목만 표시됩니다.

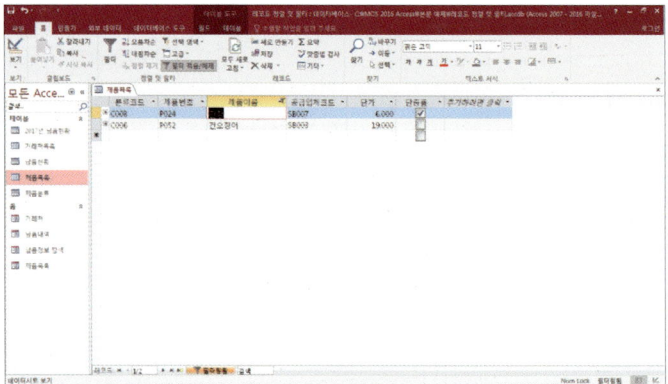

46 Part 01 • 유형분석

04 테이블을 저장하기 위해 빠른 실행 도구 모음의 [저장(🖫)]을 클릭합니다.

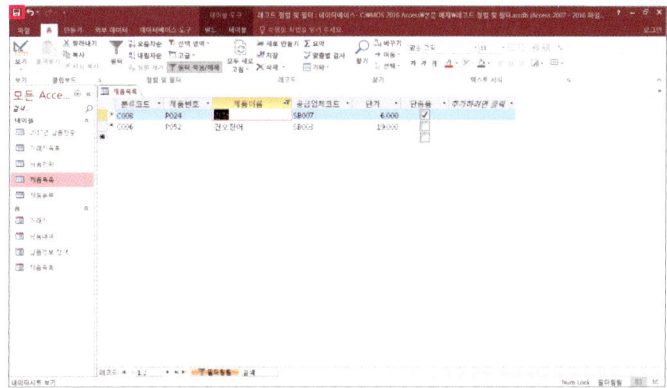

숫자 필터 적용하기

"납품현황" 테이블의 "수량" 필드에서 40 이상인 데이터만 표시하고, 테이블을 저장하시오.

01 [탐색] 창의 **[납품현황]** 테이블에서 마우스 오른쪽 단추를 클릭해 **[열기]**를 선택합니다.

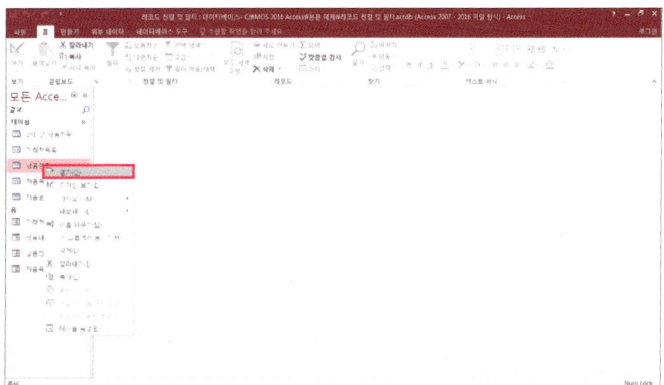

02 '수량' 필드의 목록 단추(▼)를 클릭해 [숫자 필터] - **[다음보다 큰 경우]**를 선택합니다.

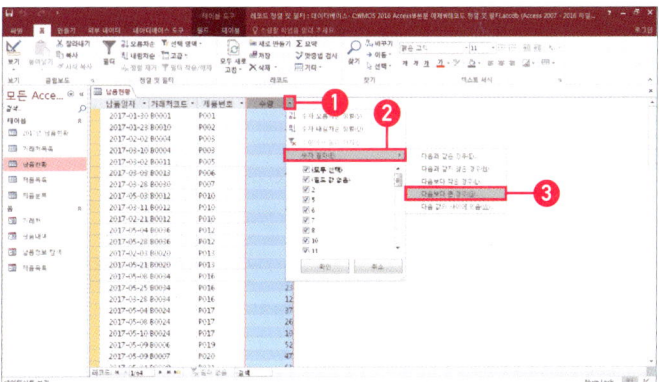

Chapter 2 • 테이블 구축 47

03 [사용자 지정 필터] 대화상자에서 값 '**40**'을 입력하고 [**확인**] 단추를 클릭합니다.

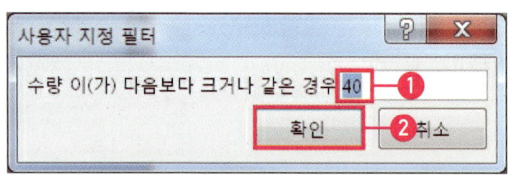

04 수량이 "40"이상인 레코드만 표시됩니다.

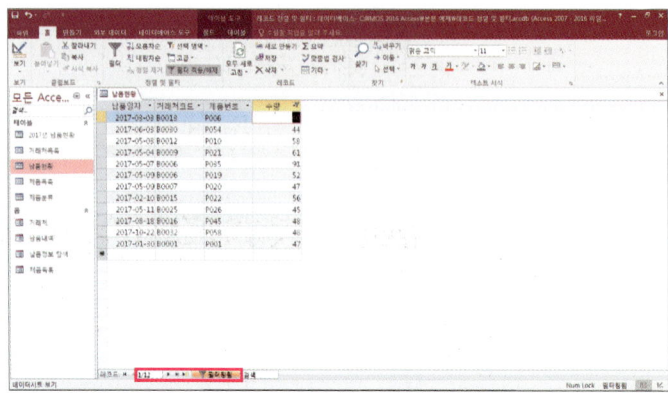

05 테이블을 저장하기 위해 빠른 실행 도구 모음의 [**저장(📄)**]을 클릭합니다.

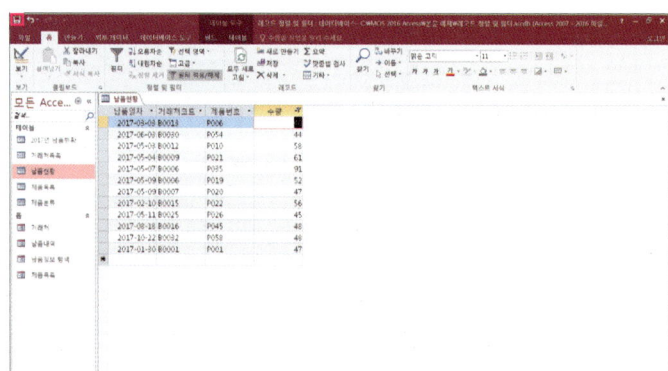

Skill 05 날짜를 이용한 필터 적용

"2017년 납품현황" 테이블의 "납품일자" 필드에서 "2017년 5월"에 납품한 데이터만 표시하고, 테이블을 저장하시오.

01 [탐색] 창의 [**2017년 납품현황**] 테이블에서 마우스 오른쪽 단추를 클릭해 [**열기**]를 선택합니다.

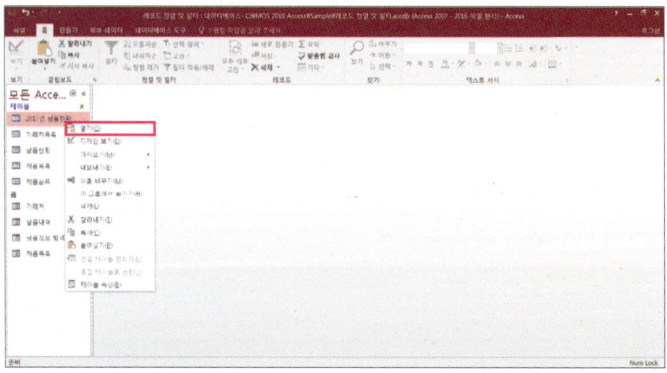

48 Part 01 • 유형분석

02 '납품일자' 필드의 목록 단추(▼)를 클릭해 [날짜 필터] - **[다음 값의 사이에 있음]**을 선택합니다.

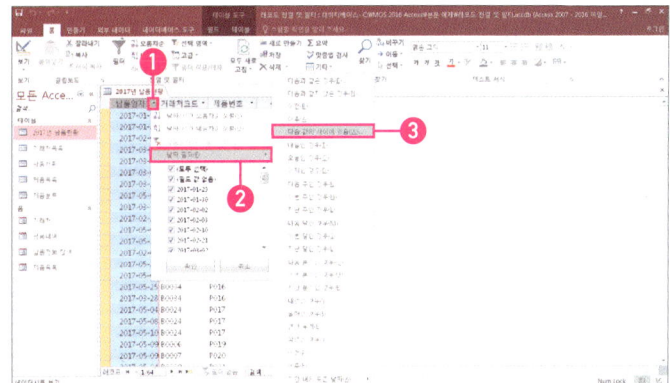

03 [다음 날짜 사이 값] 대화상자가 나타나면 **'가장 오래된 날짜'**와 **'가장 최근 날짜'**를 입력하고 [확인] 단추를 클릭합니다.

PLUS
날짜는 입력란에 입력하거나 [일정 목록(▦)] 단추를 눌러 설정합니다.

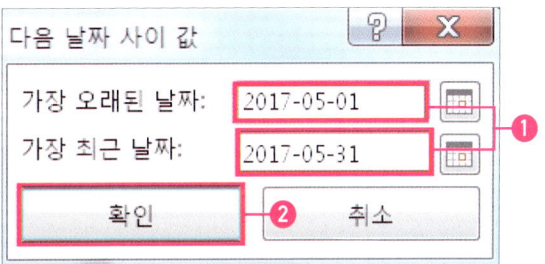

04 납품일자가 "2017년 5월"인 레코드만 표시됩니다.

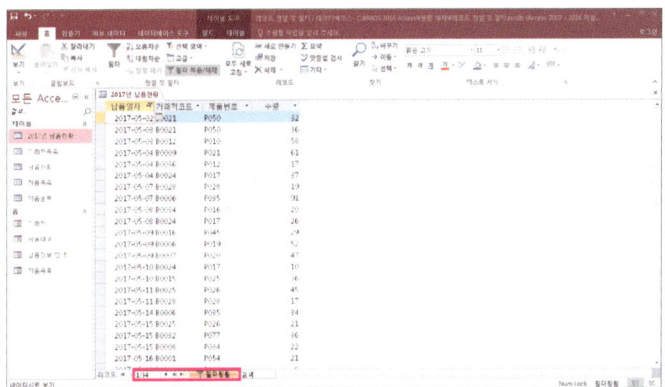

05 테이블을 저장하기 위해 빠른 실행 도구 모음의 [저장(▦)]을 클릭합니다.

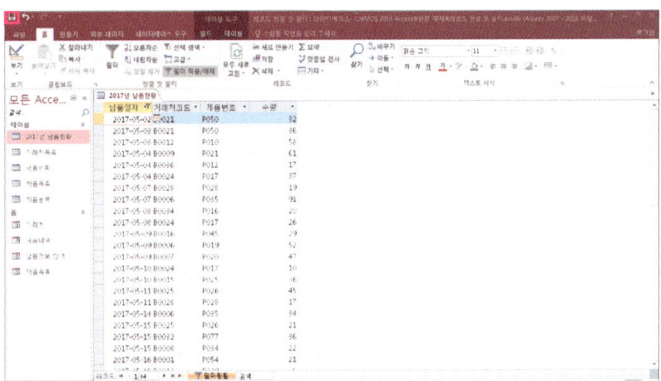

필터 제거하기

"2017년 납품현황" 테이블에 적용된 필터를 모두 제거해 모든 데이터를 표시하고, 테이블을 저장하시오.

01 [탐색] 창의 [2017년 납품현황] 테이블에서 마우스 오른쪽 단추를 클릭해 [열기]를 선택합니다.

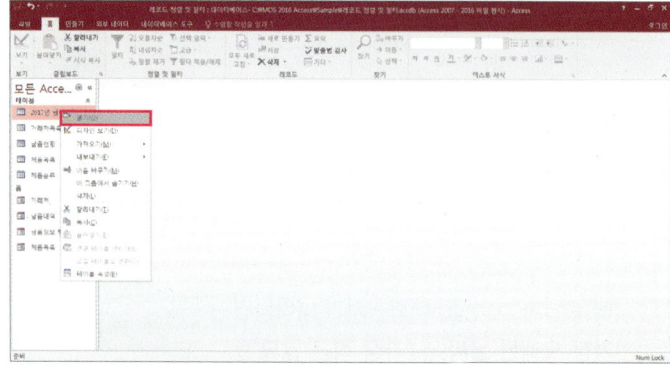

02 필터를 제거하기 위해 [홈] 탭 - [정렬 및 필터] 그룹 - [필터 적용/해제]를 클릭합니다.

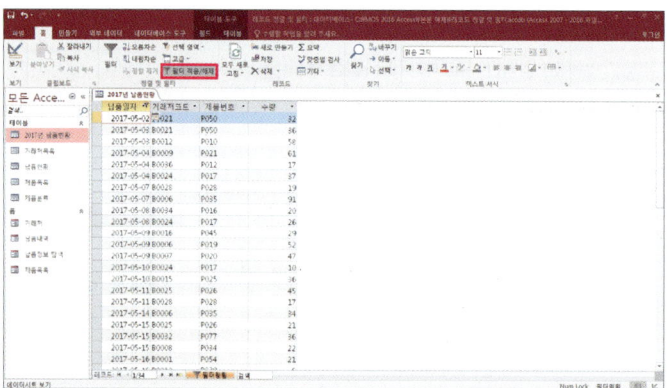

03 적용되었던 필터가 모두 해제되면서 모든 레코드가 표시됩니다.

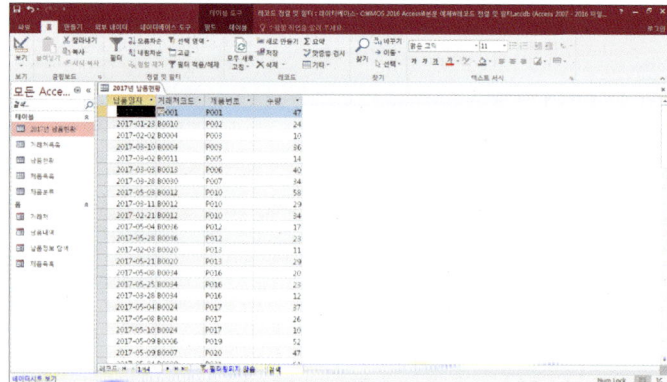

04 테이블을 저장하기 위해 빠른 실행 도구 모음의 [저장(📋)]을 클릭합니다.

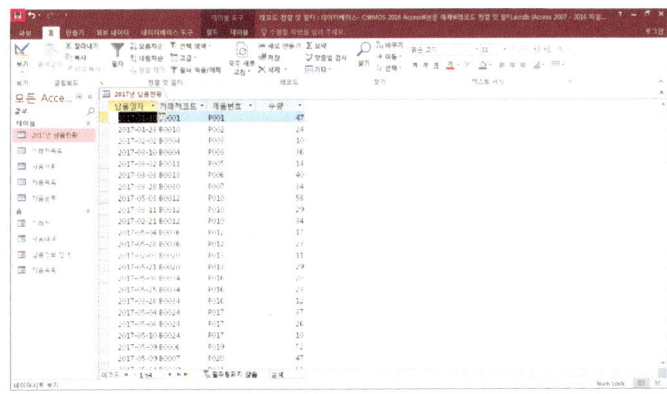

 적응 문제

ⓔ 예제파일 : 예제2-03.accdb   ⓔ 완성파일 : 완성2-03.accdb

01. "회원목록" 테이블의 모든 레코드를 "성명" 필드를 기준으로 오름차순으로 정렬하시오.

02. "회원목록" 테이블의 모든 레코드를 "가입년수" 필드에서 가입년수가 5 이상인 데이터만 표시하시오.

03. "회원목록" 테이블에 적용된 필터를 모두 제거해 모든 데이터를 표시하시오.

Chapter 2 • 테이블 구축   51

Section 04 관계 설정

서로 관련된 두 테이블을 연결시키는 것을 관계라고 합니다. 여러 테이블로 분리되어 있는 데이터를 관계를 통해 조인해 활용하는 것이 바로 관계형 데이터베이스입니다.

Check Point 관계 설정 · 편집 · 삭제

예제파일 : 관계.accdb

Skill 01 관계 설정하기

"기본급정보" 테이블과 "사원정보" 테이블이 "직급"으로 조인되도록 두 테이블의 관계를 설정하시오.

01 두 테이블 간에 관계를 설정하려면 [데이터베이스 도구] 탭 - [관계] 그룹 - **[관계]**를 클릭합니다.

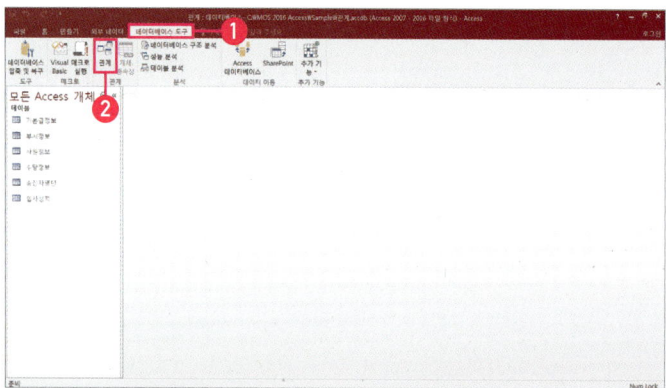

02 [관계] 창이 나타나면 테이블을 표시하기 위해 [관계 도구] - [디자인] 탭 - [관계] 그룹 - **[테이블 표시]**를 클릭합니다.

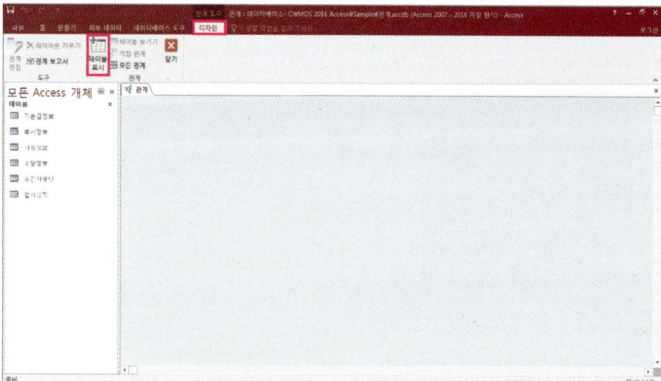

03 [테이블 표시] 대화상자에서 **'기본급정보'** 테이블을 클릭한 후 Ctrl 키를 누른 상태에서 **'사원정보'** 테이블을 클릭해 동시에 선택하고 **[추가]** 단추를 클릭합니다.

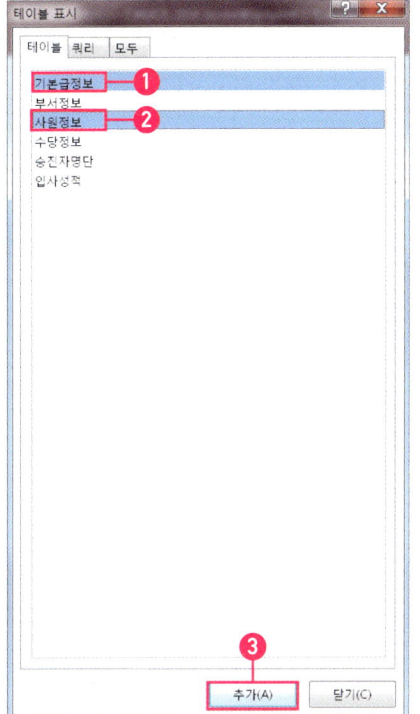

PLUS
여러 테이블을 한 번에 선택하려면 Ctrl 키를 누른 상태에서 여러 테이블을 선택합니다.

04 [관계] 창에 두 테이블이 표시되면 [테이블 표시] 대화상자의 **[닫기]** 단추를 클릭합니다.

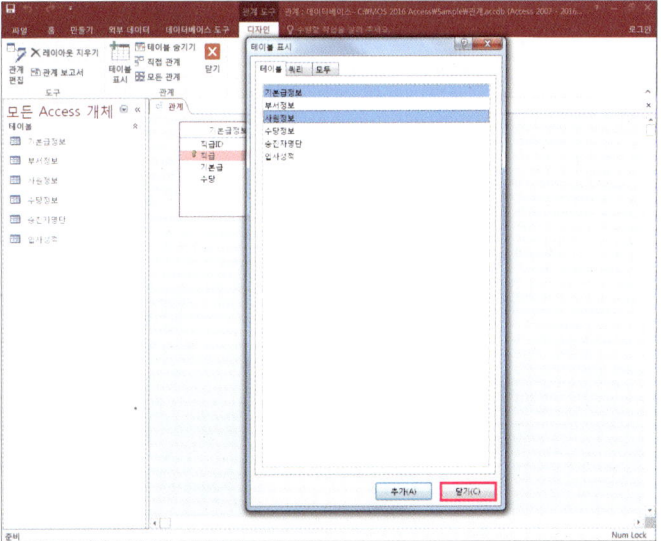

05 표시된 테이블 간의 관계를 설정하려면 일(一)인 [기본급정보] 테이블의 **'직급'** 필드 이름을 다(多)인 [사원정보] 테이블의 **'직급'** 필드 이름으로 드래그합니다.

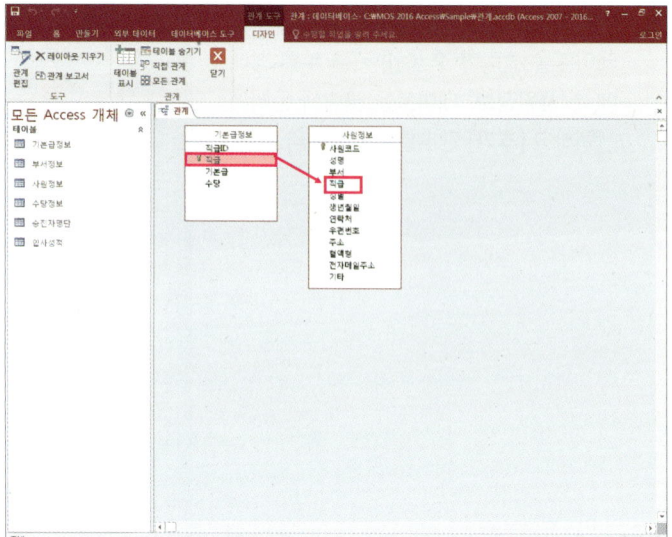

> **PLUS**
> 선택한 마우스 포인터 모양이 ▧로 바뀌면 드래그합니다.

06 [관계 편집] 대화상자에서 관계 종류가 **'일대다 관계'**인 것을 확인하고 [**만들기**] 단추를 클릭합니다.

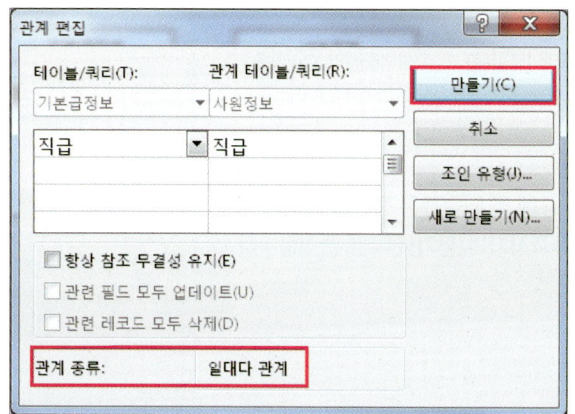

07 두 테이블을 연결하는 연결선이 표시되며 관계가 만들어진 것을 확인할 수 있습니다.

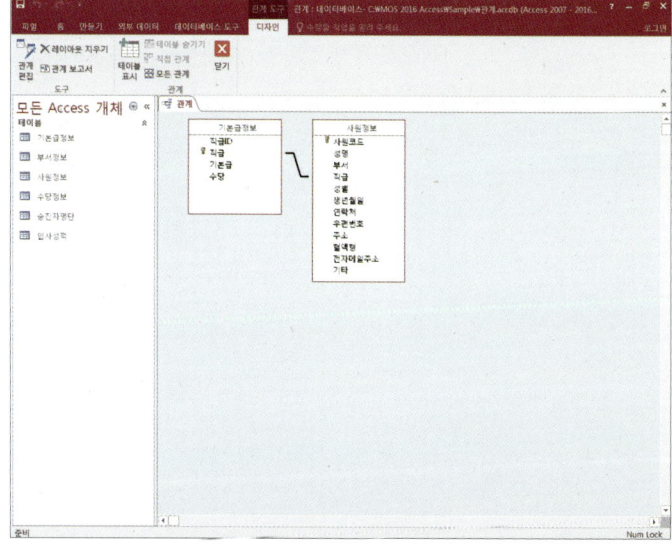

08 관계를 저장하기 위해 빠른 실행 도구 모음의 [저장(📄)]을 클릭합니다.

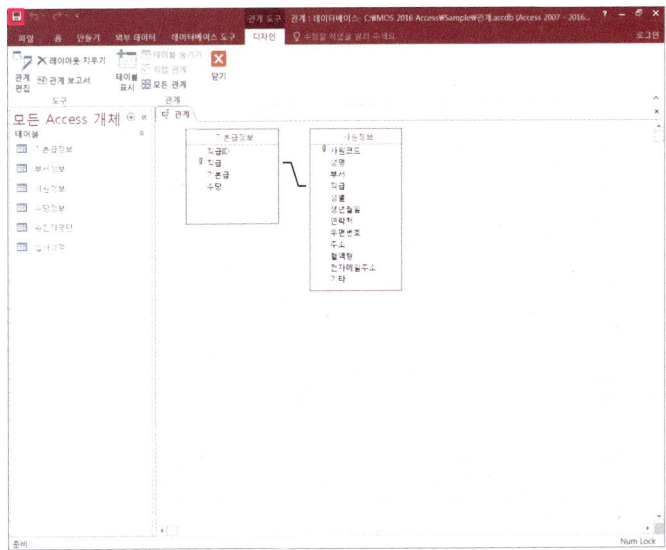

 **관계 편집**

"기본급정보" 테이블과 "사원정보" 테이블에 항상 참조 무결성 옵션과 관련 필드 모두 업데이트를 설정하고 관계를 저장하시오(참고 : 다른 기본 설정은 모두 그대로 적용하시오).

01 두 테이블 간에 관계를 수정하기 위해 [데이터베이스 도구] 탭 - [관계] 그룹 - **[관계]** 명령을 클릭합니다.

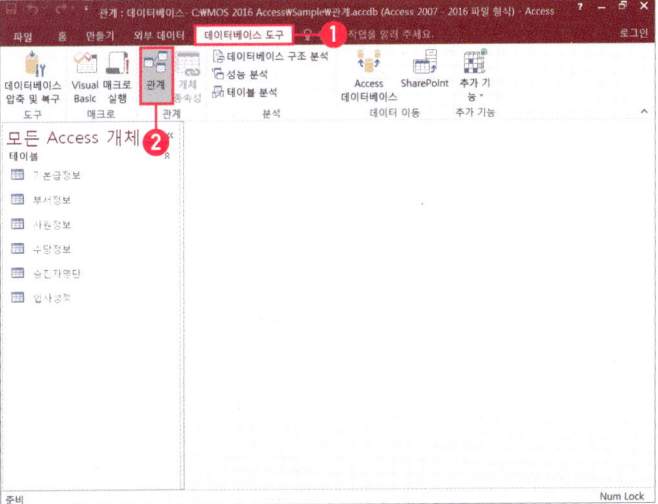

Chapter 2 · 테이블 구축   55

02 두 테이블 간에 설정되어 있는 관계를 편집하려면 **연결선**을 선택하고 [관계 도구] - [디자인] 탭 - [도구] 그룹 - **[관계 편집]**을 클릭합니다.

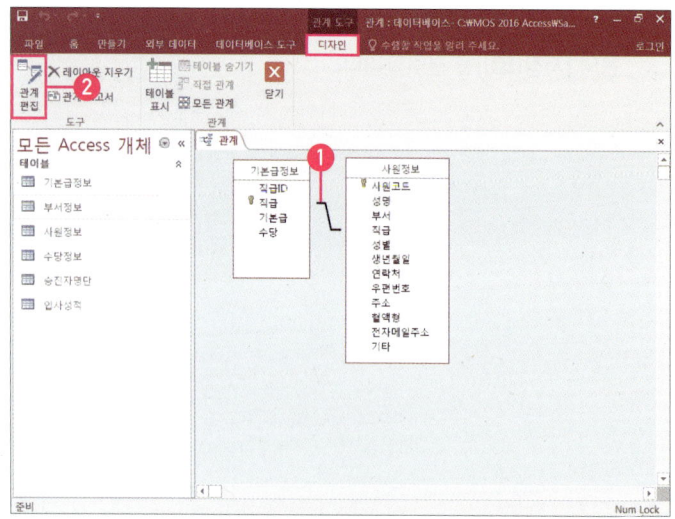

03 [관계 편집] 대화상자에서 **'항상 참조 무결성 유지', '관련 필드 모두 업데이트'** 항목에 체크 표시하고 **[확인]** 단추를 클릭합니다.

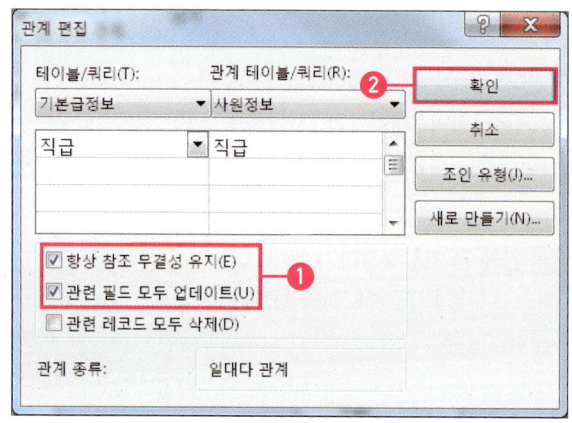

04 "1"과 "∞" 정보가 표시되어 어느 테이블이 일(一)이고, 어느 테이블이 다(多)인지 확인할 수 있습니다.

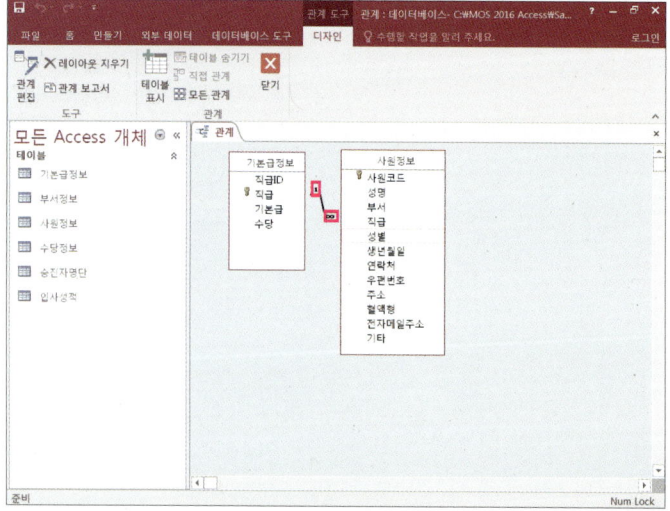

05 관계를 저장하기 위해 빠른 실행 도구 모음의 [저장(🖫)]을 클릭합니다.

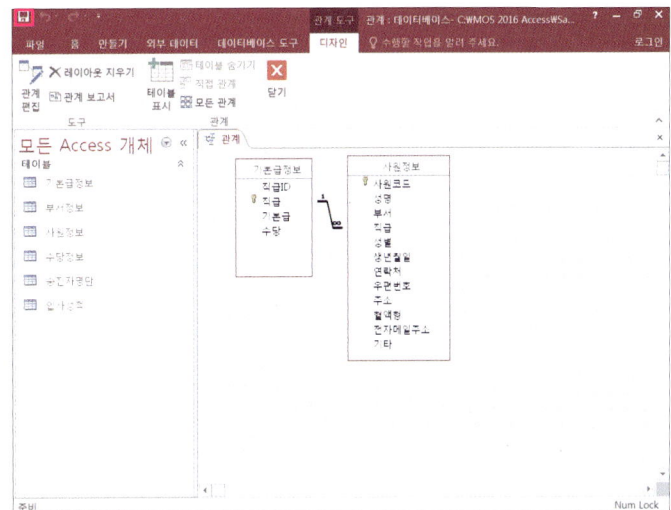

Skill 03 관계 삭제

"기본급정보" 테이블과 "사원정보" 테이블 간의 관계를 삭제하고 관계를 저장하시오.

01 두 테이블 간에 관계를 삭제하기 위해 [데이터베이스 도구] 탭 - [관계] 그룹 - [**관계**] 명령을 클릭합니다.

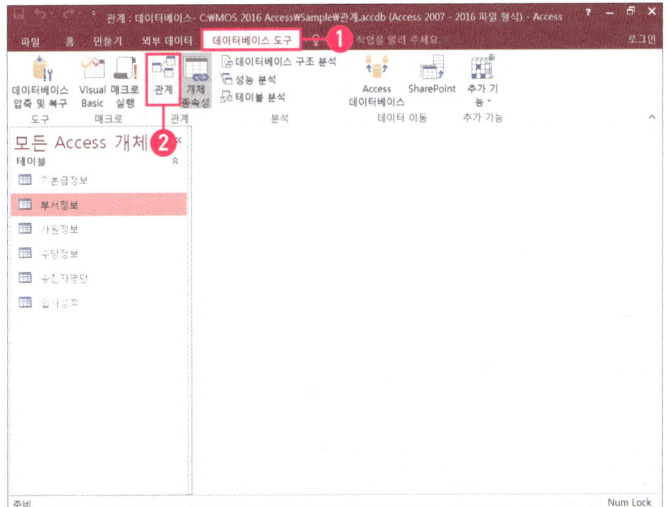

Chapter 2 • 테이블 구축   57

02 두 테이블 간에 설정되어 있는 관계를 삭제하려면 **연결선** 위에서 마우스 오른쪽 단추를 클릭한 후 **[삭제]**를 선택합니다.

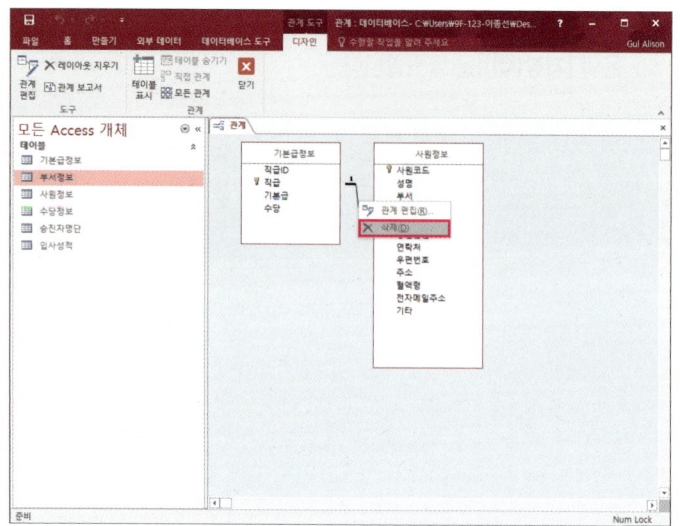

03 "선택한 관계를 데이터베이스에서 영구히 삭제하시겠습니까?"라고 묻는 대화상자가 나타나면 **[예]** 단추를 클릭합니다.

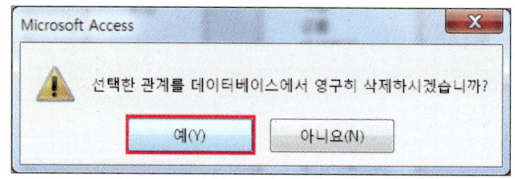

04 두 테이블 간의 관계가 삭제되었습니다.

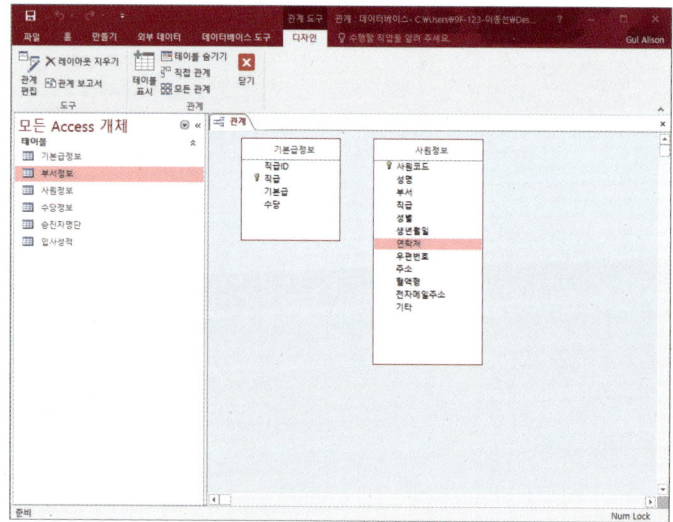

05 관계를 저장하기 위해 빠른 실행 도구 모음의 [저장(■)]을 클릭합니다.

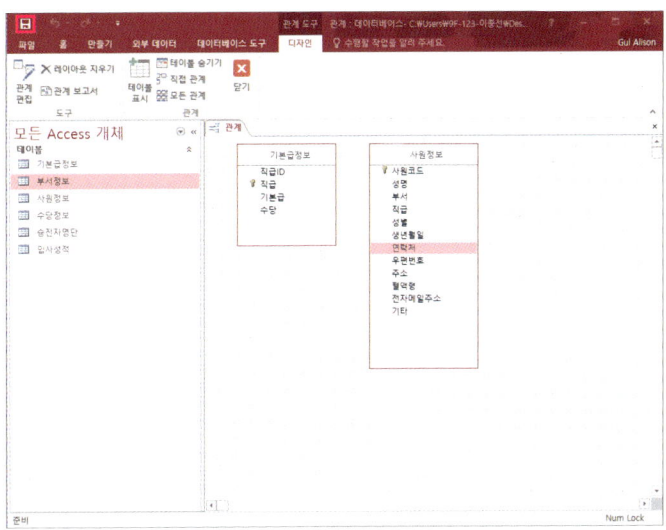

● 예제파일 : 예제2-04.accdb ● 완성파일 : 완성2-04.accdb

01. "회비정보" 테이블과 "회원목록" 테이블이 "회원등급코드"로 조인되도록 두 테이블의 관계를 설정하시오.

02. 두 테이블 간의 "참조 무결성"이 유지되도록 설정하시오.

Section 05 외부 데이터 가져오기

현재 열려 있는 데이터베이스가 아닌 Access 데이터베이스의 테이블이나 Excel 통합 문서의 특정 워크시트 데이터 및 정의된 이름의 셀 범위 데이터를 새 테이블이나 기존 테이블에 새 레코드를 추가할 수 있습니다.

Check Point 외부 데이터 가져오기 · 연결하기

⊙ 예제파일 : 외부 데이터 가져오기.accdb, 인사고과.accdb, 신입사원.xlsx, 승진자명단.xlsx, 소모품구매내역.xlsx

Skill 01 Access 외부 데이터 가져오기

인사고과.accdb 데이터베이스에서 "신입사원명단" 테이블을 새 테이블로 가져오시오.

01 다른 Access 데이터베이스의 테이블을 가져와 새 테이블로 만들기 위해서는 [외부 데이터] 탭 - [가져오기 및 연결] 그룹 - [**Access**]를 클릭합니다.

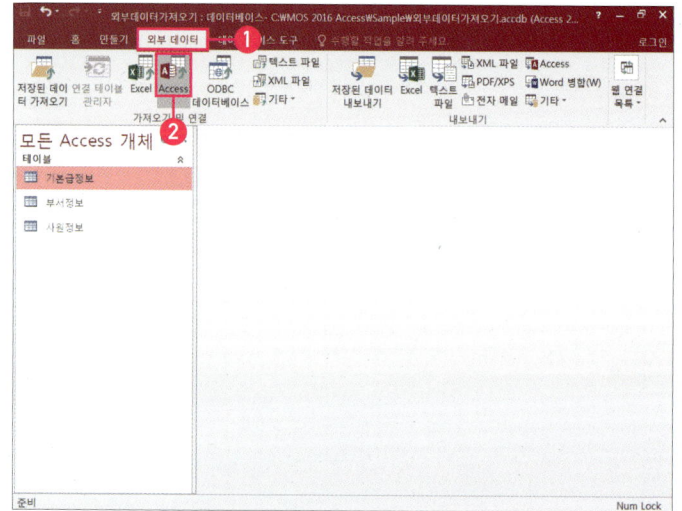

02 [외부 데이터 가져오기] 대화상자에서 [**찾아보기**] 단추를 클릭합니다.

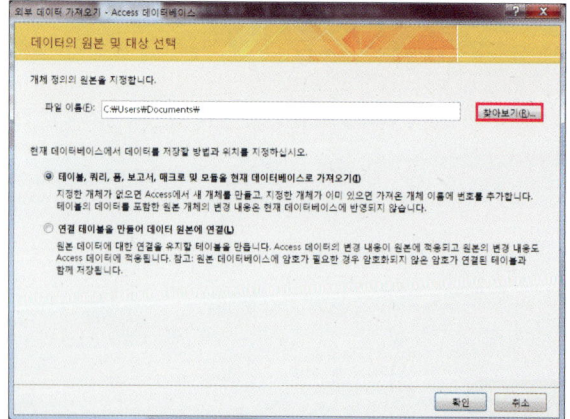

03 [파일 열기] 대화상자에서 '**인사고과.accdb**' 파일을 선택하고 [**열기**] 단추를 클릭합니다.

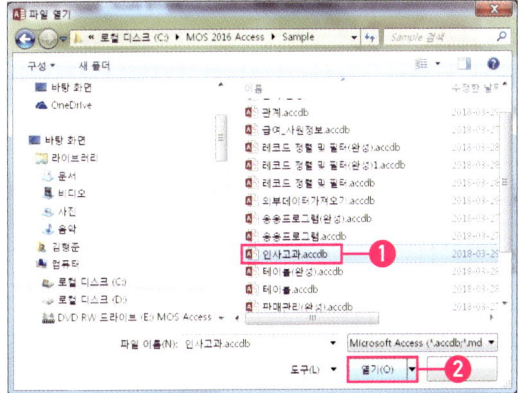

04 [외부 데이터 가져오기] 대화상자에서 '**테이블, 쿼리, 폼, 보고서, 매크로 및 모듈을 현재 데이터베이스로 가져오기**' 옵션이 선택된 상태에서 [**확인**] 단추를 클릭합니다.

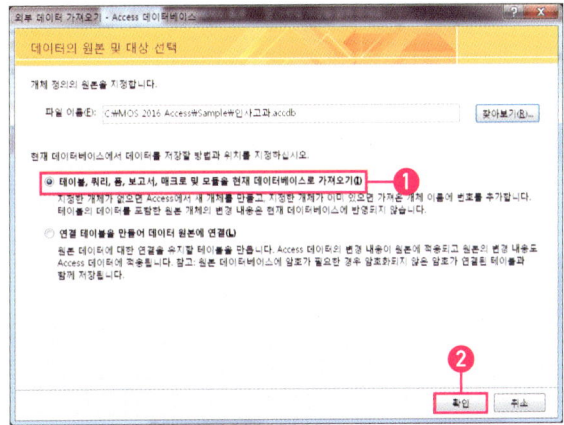

05 [개체 가져오기] 대화상자의 [테이블] 탭에서 '**신입사원명단**' 테이블을 선택하고 [**확인**] 단추를 클릭합니다.

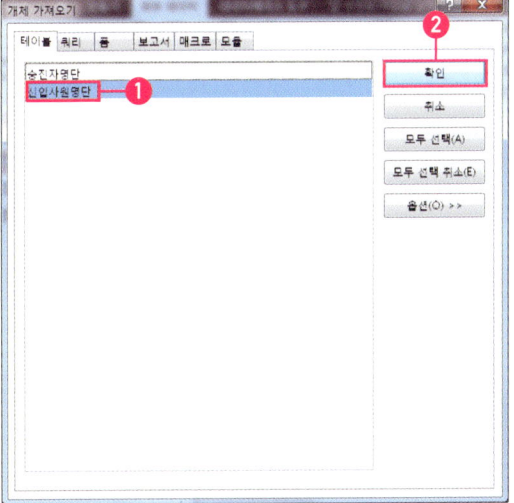

06 [외부 데이터 가져오기] 대화상자에서 "모든 개체를 가져왔습니다."라는 메시지를 확인한 후 [**닫기**] 단추를 클릭합니다.

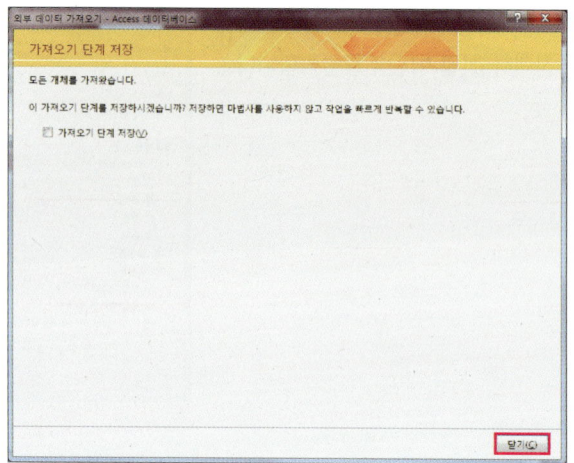

07 [탐색] 창의 [테이블] 목록에 "신입사원명단" 이름의 테이블이 추가되었습니다.

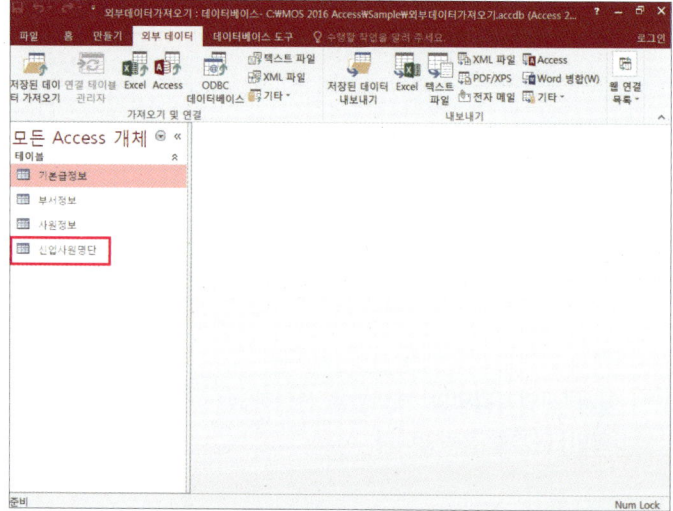

외부 데이터를 기존 테이블에 추가하기

신입사원.xlsx 통합 문서에서 "신입사원명단" 워크시트를 "사원정보" 테이블에 추가하시오.

01 [외부 데이터] 탭 - [가져오기 및 연결] 그룹 - [**Excel**]을 클릭합니다.

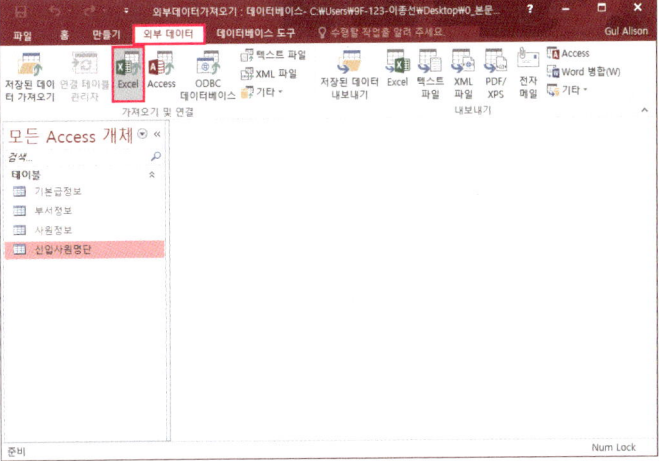

02 [외부 데이터 가져오기] 대화상자에서 [**찾아보기**] 단추를 클릭합니다.

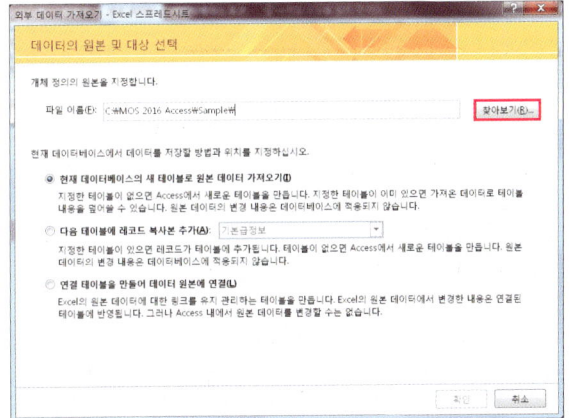

03 [파일 열기] 대화상자에서 '**신입사원.xlsx**' 파일을 선택하고 [**열기**] 단추를 클릭합니다.

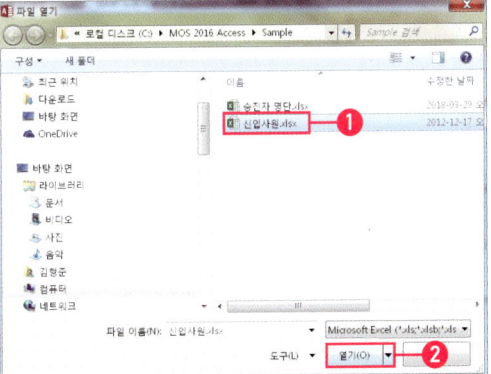

04 [외부 데이터 가져오기] 대화상자에서 **'다음 테이블에 레코드 복사본 추가'** 옵션을 선택한 후 **목록 단추(▼)**에서 **'사원정보'**를 선택하고 [확인] 단추를 클릭합니다.

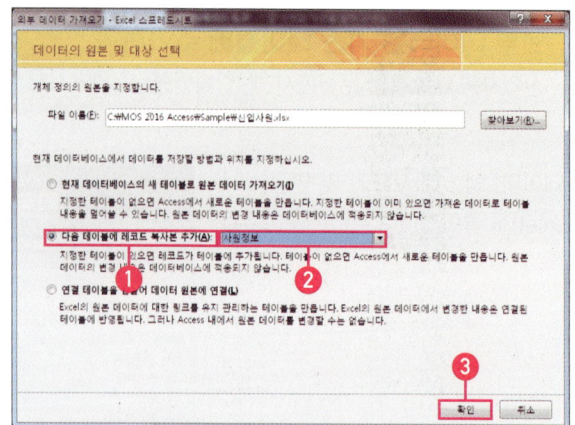

05 [스프레드시트 가져오기 마법사] 대화상자에서 **'워크시트 표시'** 옵션을 선택한 후 목록에서 **'신입사원명단'**을 선택하고 [다음] 단추를 클릭합니다.

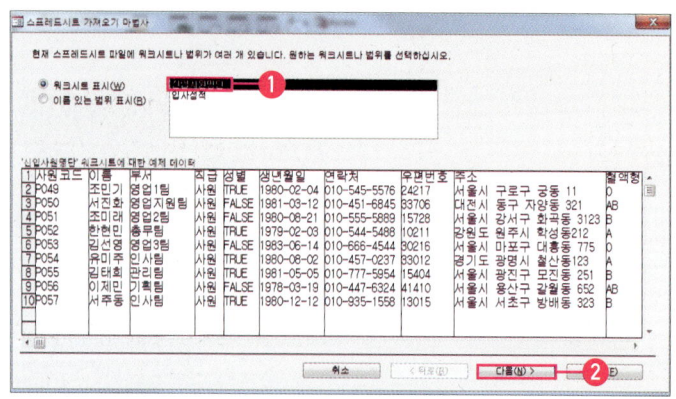

06 [스프레드시트 가져오기 마법사] 대화상자에서 **"열 머리글을 테이블의 필드 이름으로 사용합니다."**라는 메시지를 확인한 후 [다음] 단추를 클릭합니다.

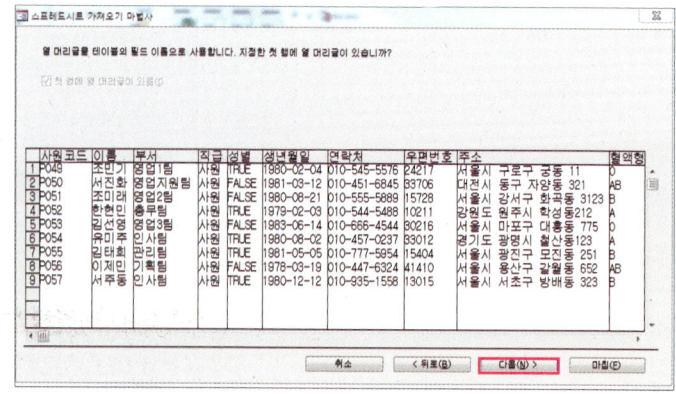

07 [스프레드시트 가져오기 마법사] 대화상자에서 데이터를 추가할 테이블 이름 "**사원정보**"를 확인하고 [**마침**] 단추를 클릭합니다.

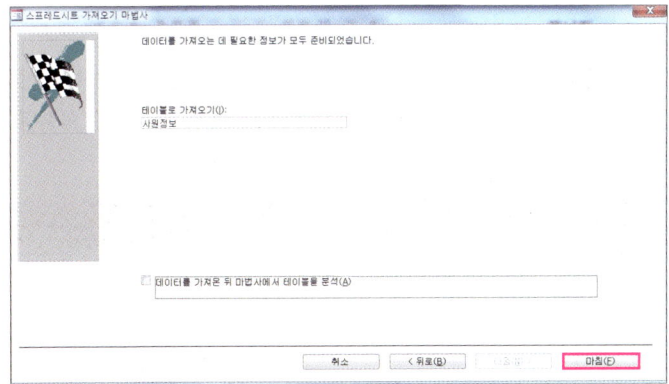

08 다시 [외부 데이터 가져오기] 대화상자가 나타나면 "**가져오기 단계 저장**" 메시지를 확인한 후 [**닫기**] 단추를 클릭합니다.

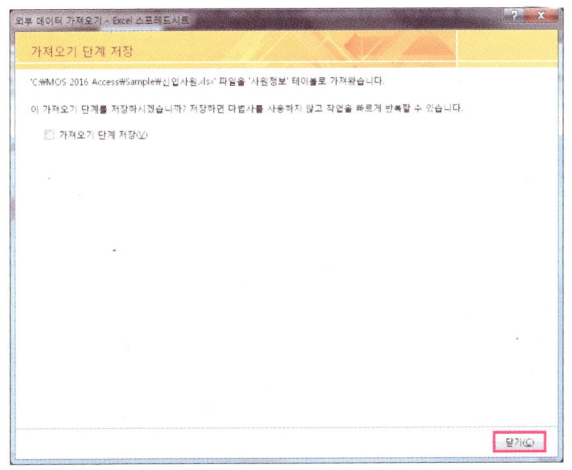

09 [사원정보] 테이블에 "9개의 레코드"가 추가됩니다.

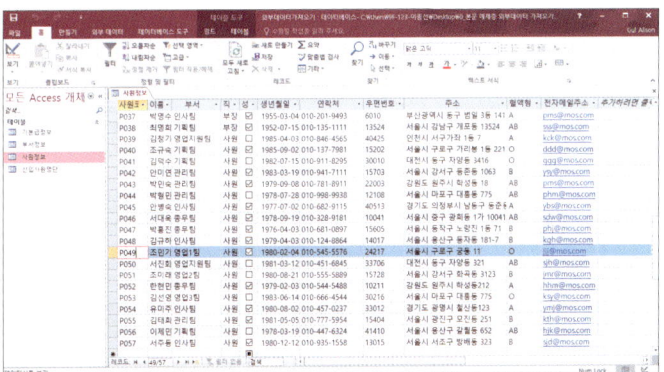

Skill 03 Excel 외부 데이터를 새 테이블로 가져오기

승진자명단.xlsx 통합 문서에서 "Sheet1" 워크시트를 새 테이블로 가져오시오. "사원코드" 필드를 기본 키로 설정하고 테이블 이름을 "승진자 명단"으로 설정하시오.

01 Excel 워크시트 데이터를 가져와 새 테이블로 만들기 위해서는 [외부 데이터] 탭 - [가져오기 및 연결] 그룹 - [Excel]을 클릭합니다.

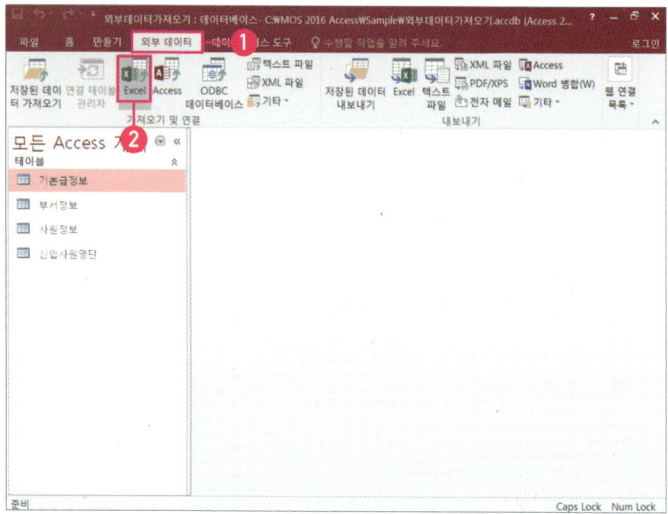

02 [외부 데이터 가져오기] 대화상자에서 [찾아보기] 단추를 클릭합니다.

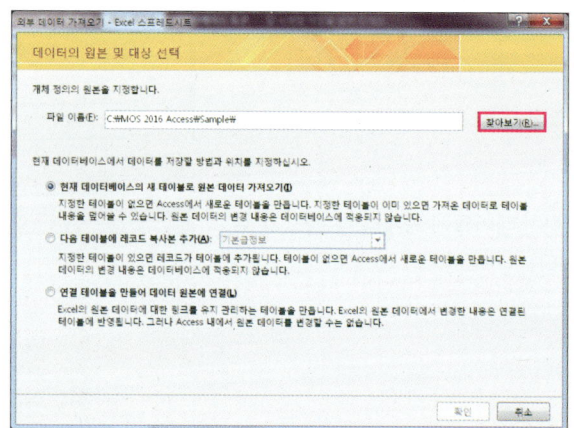

03 [파일 열기] 대화상자에서 '**승진자 명단.xlsx**' 파일을 선택하고 [**열기**] 단추를 클릭합니다.

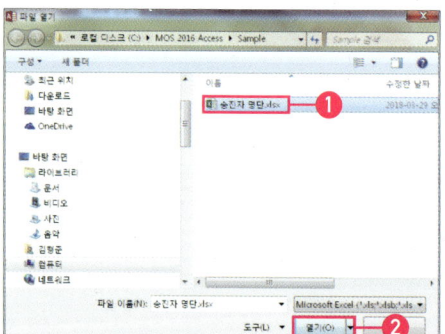

04 [외부 데이터 가져오기] 대화상자에서 **'현재 데이터베이스의 새 테이블로 원본 데이터 가져오기'**가 선택된 상태에서 [확인] 단추를 클릭합니다.

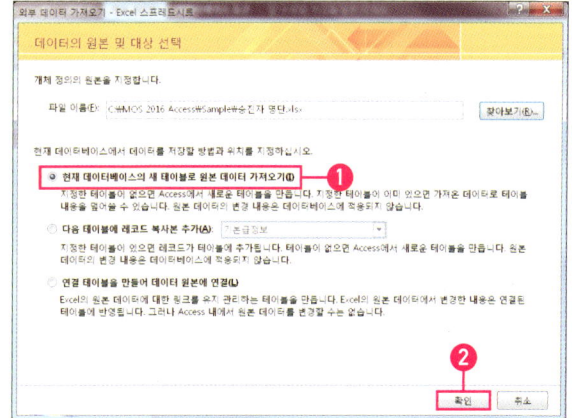

05 [스프레드시트 가져오기 마법사 : 1단계] 대화상자가 나타나면 워크시트 표시를 **'Sheet1'**로 선택한 후 [다음] 단추를 클릭합니다.

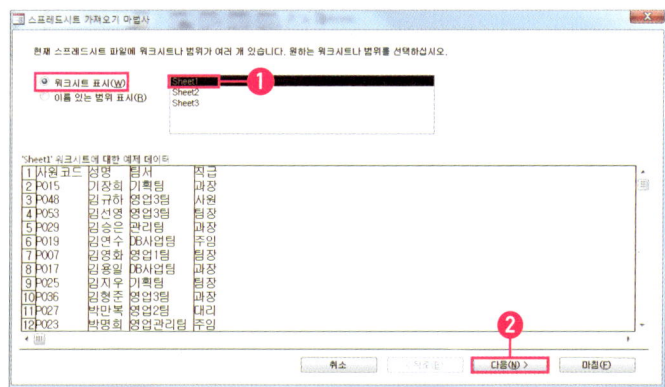

06 [스프레드시트 가져오기 마법사 : 2단계] 대화상자에서 **'첫 행에 열 머리글이 있음'**을 선택하고 [다음] 단추를 클릭합니다.

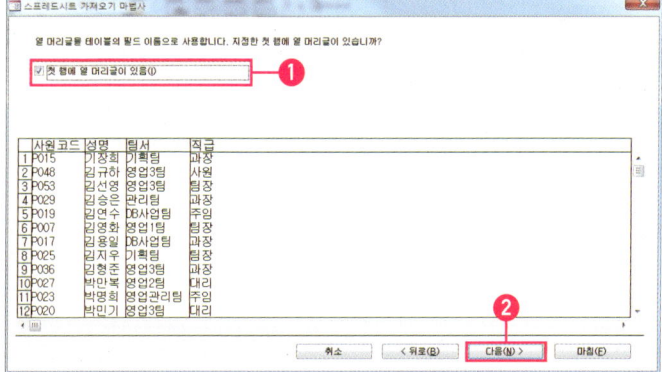

07 [스프레드시트 가져오기 마법사] 대화상자에서 그림과 같이 **필드 옵션**을 설정하고 [**다음**] 단추를 클릭합니다.

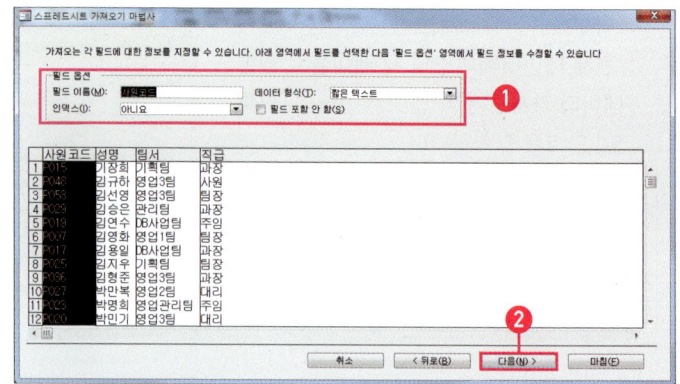

08 [스프레드시트 가져오기 마법사] 대화상자에서 '**기본 키 선택**'을 선택한 후 '**사원코드**' 필드를 지정하고 [**다음**] 단추를 클릭합니다.

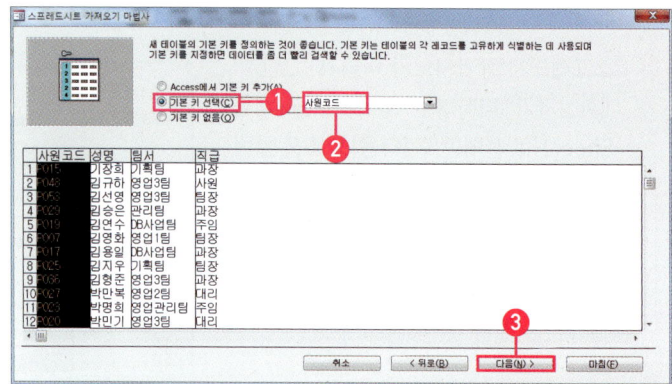

09 [스프레드시트 가져오기 마법사] 대화상자에서 테이블 이름을 '**승진자 명단**' 그대로 두고 [**마침**] 단추를 클릭합니다.

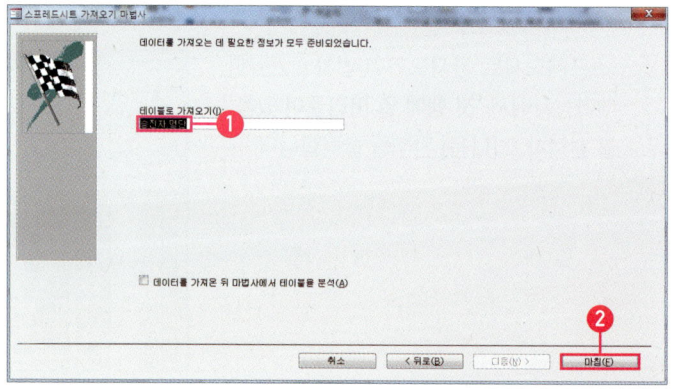

10 다시 [외부 데이터 가져오기] 대화상자가 나타나면 [가져오기 단계 저장] 단계에서 **[닫기]** 단추를 클릭합니다.

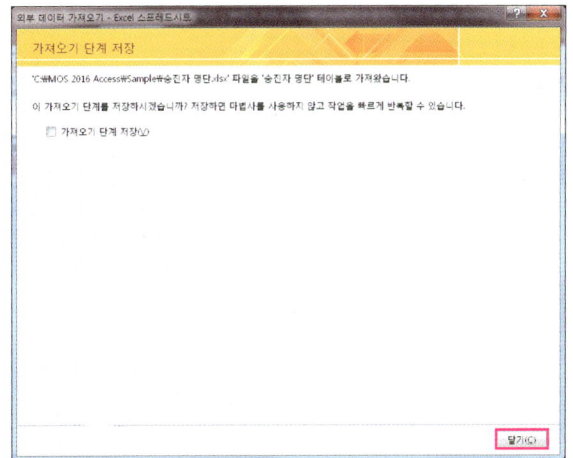

11 [탐색] 창의 [테이블] 목록에 "승진자 명단" 테이블이 추가된 것을 확인할 수 있습니다.

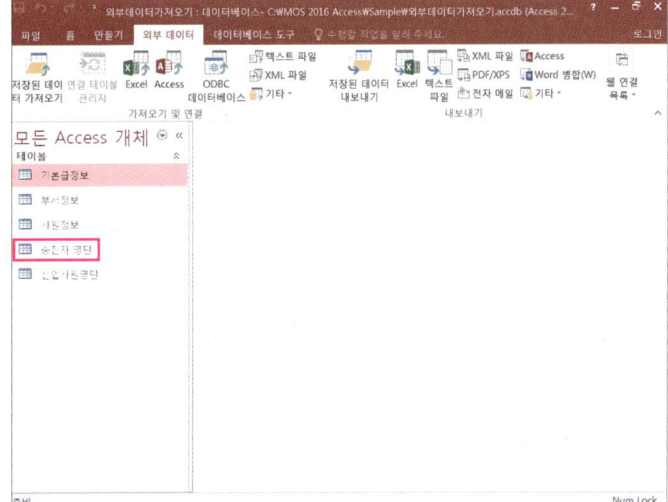

연결하여 가져오기

소모품구매내역.xlsx 통합 문서에서 "구매내역" 워크시트를 새 테이블로 연결해서 가져오시오.

01 [외부 데이터] 탭 - [가져오기 및 연결] 그룹 - [**Excel**]을 클릭합니다.

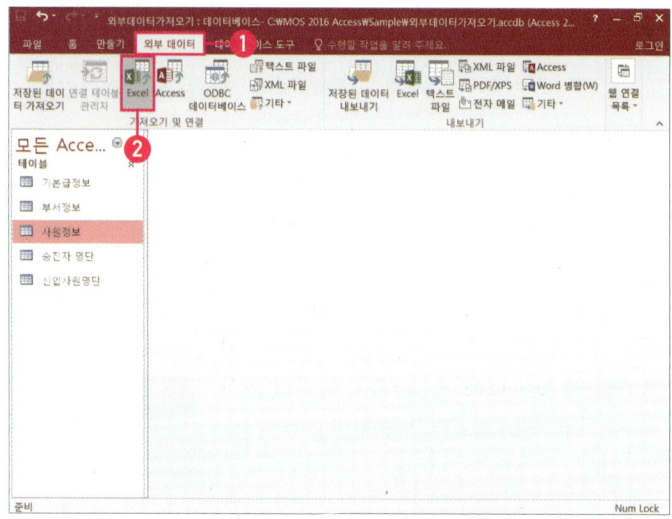

02 [외부 데이터 가져오기] 대화상자에서 [**찾아보기**] 단추를 클릭합니다.

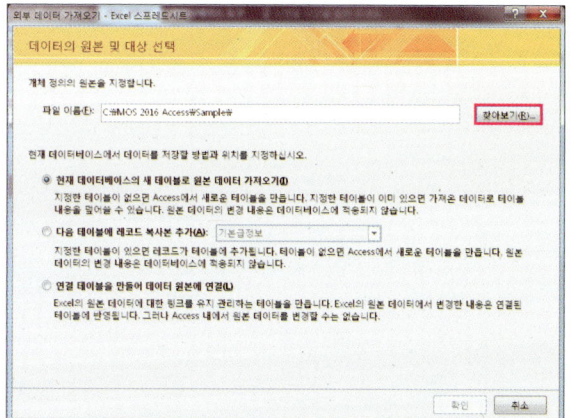

03 [파일 열기] 대화상자에서 '**소모품구매내역.xlsx**' 파일을 선택하고 [**열기**] 단추를 클릭합니다.

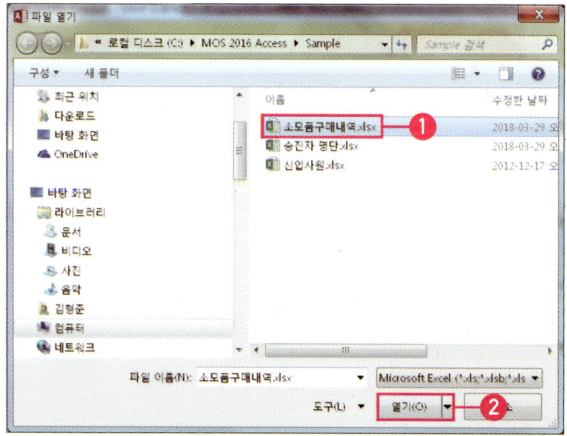

04 [외부 데이터 가져오기] 대화상자에서 **'연결 테이블을 만들어 데이터 원본에 연결'** 을 선택한 다음 [**확인**] 단추를 클릭합니다.

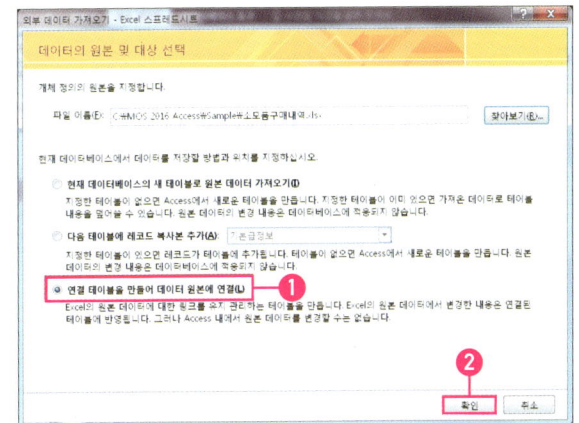

05 [스프레드시트 가져오기 마법사] 대화상자에서 **'첫 행에 열 머리글이 있음'** 을 선택하고 [**다음**] 단추를 클릭합니다.

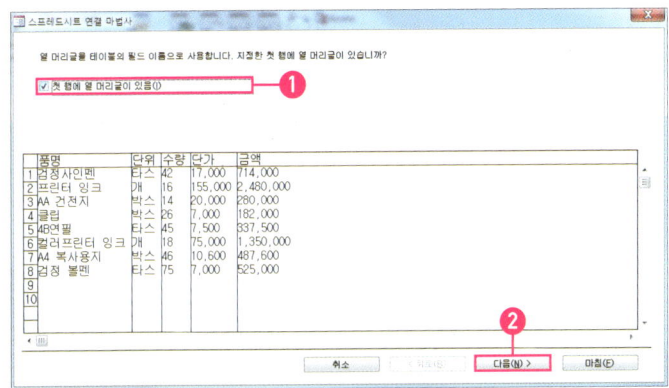

06 [스프레드시트 가져오기 마법사] 대화상자에서 가져올 테이블 이름이 **'구매내역'** 인 것을 확인한 후 [**마침**] 단추를 클릭합니다.

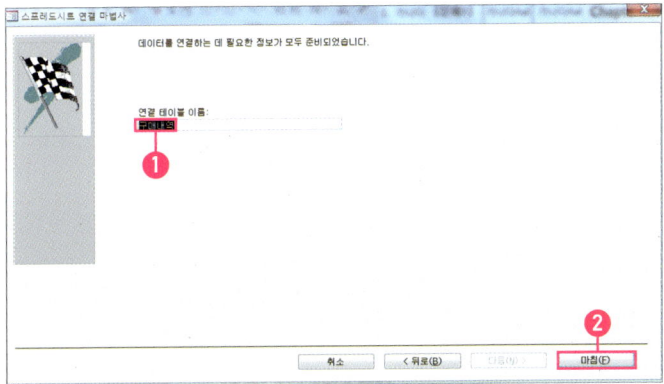

07 [스프레드 시트 연결 마법사] 대화상자에서 연결되었음이 표시됩니다. [**확인**] 단추를 클릭합니다.

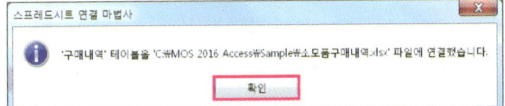

08 [탐색] 창에 "구매내역" 테이블이 연결되어 나타납니다. 연결된 테이블의 아이콘(🔗)으로 표시됩니다.

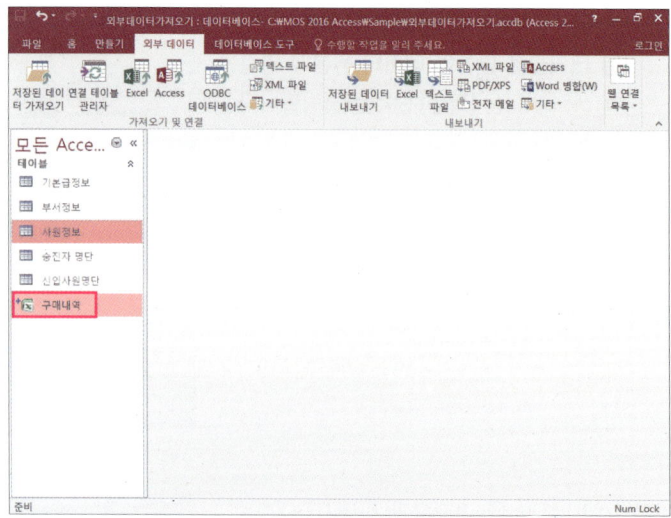

 적응 문제

⊙ 예제파일 : 예제2-05.accdb, 회비정보.xlsx, 인사고과.accdb ⊙ 완성파일 : 완성2-05.accdb

01. *회비정보.xlsx* 통합 문서에서 "Sheet1" 워크시트를 새 테이블로 가져오시오. "회원코드" 필드를 기본 키로 설정하고 테이블 이름을 "회비정보"로 설정하시오.

02. *인사고과.accdb* 데이터베이스에서 "신입회원명단" 테이블을 새 테이블로 가져오시오. 가져오기 단계를 저장하시오.

Chapter 3
쿼리 작성

Section 01 쿼리 만들기
Section 02 쿼리 수정하기
Section 03 계산식을 이용한 쿼리

Section 01

쿼리 만들기

여러 개의 테이블에서 질의(Query)를 통해 추출해낸 레코드 집합을 '레코드 셋'이라고 부르며, 레코드 셋은 물리적으로는 존재하지 않지만 테이블과 동일한 역할을 수행하게 됩니다. 이 쿼리를 폼과 보고서에 데이터 원본으로 활용할 수 있습니다.

Check Point 단순 쿼리 마법사, 크로스탭 쿼리 마법사

◉ 예제파일 : 쿼리.accdb

Skill 01 쿼리 마법사로 새 쿼리 만들기

쿼리 마법사를 사용하여 "사원정보" 테이블의 "혈액형" 필드를 제외한 "<u>사원목록</u>"이라는 이름의 단순 쿼리를 만드시오.

01 쿼리를 만들기 위해 [만들기] 탭 - [쿼리] 그룹 - **[쿼리 마법사]**를 클릭합니다.

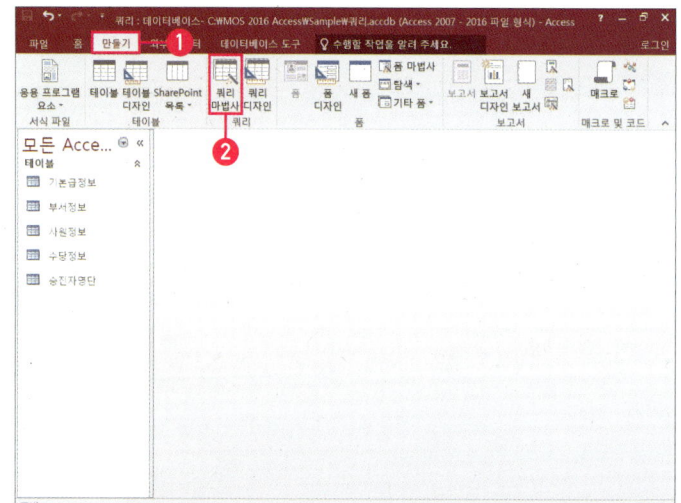

PLUS
단순 선택 쿼리는 가장 일반적인 유형의 쿼리로 테이블이나 다른 쿼리에서 원하는 데이터를 검색하여 그 결과를 데이터시트 보기로 표시합니다. 단순 쿼리 마법사를 이용하면 이러한 선택 쿼리를 간단히 작성할 수 있습니다. 새 쿼리를 작성한 후 디자인 보기로 열어 쿼리 조건을 편집할 수 있습니다.

02 [새 쿼리] 대화상자에서 '**단순 쿼리 마법사**'를 선택하고 [**확인**] 단추를 클릭합니다.

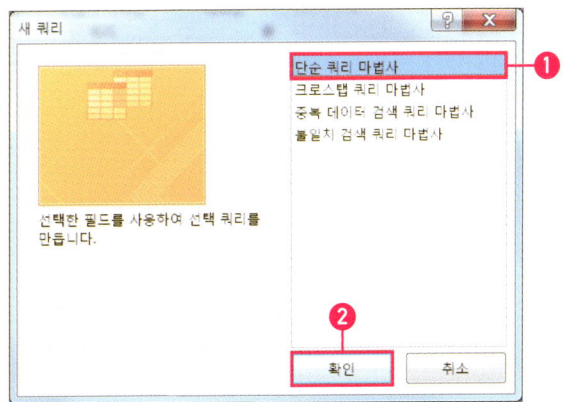

03 [단순 쿼리 마법사] 대화상자가 나타나면 [테이블/쿼리] 항목에서 '**테이블: 사원정보**'를 선택한 후 [사용 가능한 필드]에서 [**전체 필드 선택(>>)**] 단추를 클릭합니다.

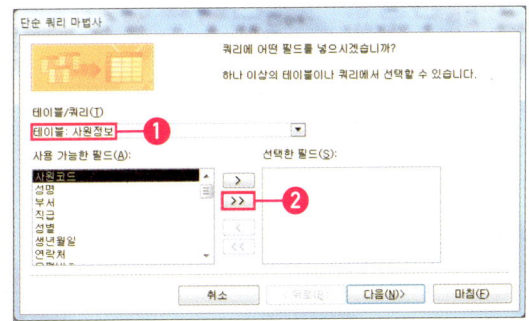

04 [선택한 필드] 목록에 모든 필드가 추가되면 제외할 '**혈액형**' 필드만 선택하고 [**필드 제거(<)**] 단추를 클릭합니다.

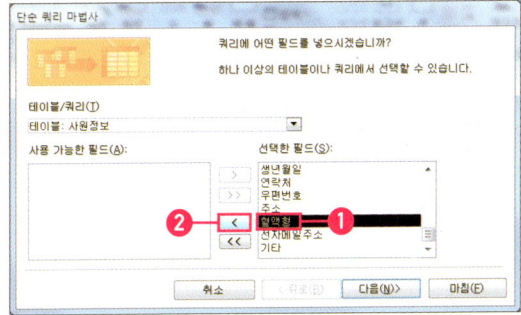

05 필드가 제거되면 [**다음**] 단추를 클릭합니다.

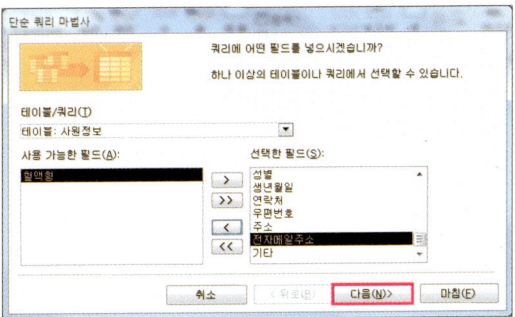

Chapter 3 • 쿼리 작성   75

06 '상세(각 레코드의 필드마다 표시)'를 선택하고 [다음] 단추를 클릭합니다.

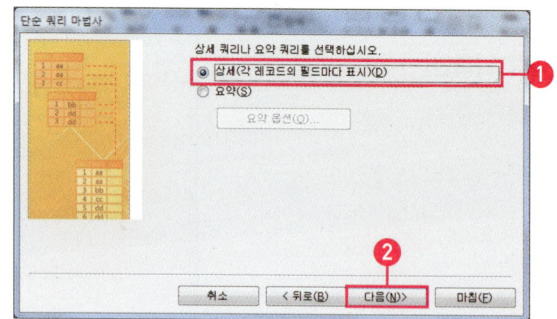

PLUS
- 상세(각 레코드의 필드마다 표시) : 일반 테이블과 같은 형식으로 만들어집니다.
- 요약 : 특정 필드를 그룹으로 묶어 합계, 평균, 최소값, 최대값을 구할 수 있습니다. Excel의 부분합과 같은 기능으로 [요약 옵션] 단추를 눌러 요약할 필드와 함수를 선택할 수 있습니다.

07 쿼리 제목으로 '**사원목록**'을 입력하고 '**쿼리 정보 보기**'를 선택한 후 [마침] 단추를 클릭합니다.

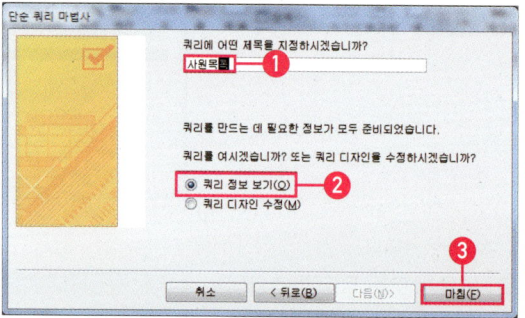

PLUS
- 쿼리 정보 보기 : 쿼리 결과를 데이터시트 보기로 표시합니다.
- 쿼리 디자인 보기 : 쿼리 결과가 디자인 보기로 열려 쿼리를 편집할 수 있습니다.

08 [탐색] 창의 쿼리에 새로운 "사원목록" 쿼리가 만들어진 것을 확인할 수 있습니다.

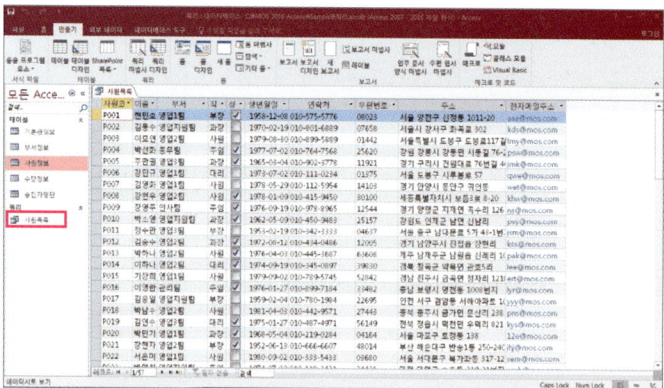

쿼리 실행

"사원정보" 테이블의 모든 필드를 포함하고 그 중에서 "관리부"만 표시되는 쿼리를 만드시오. 쿼리를 실행하고 "관리부 직원 명단"이라는 이름으로 저장하시오(참고 : 다른 기본 설정은 모두 그대로 적용하시오).

01 쿼리를 만들기 위해 [만들기] 탭- [쿼리] 그룹 - [쿼리 마법사]를 클릭합니다.

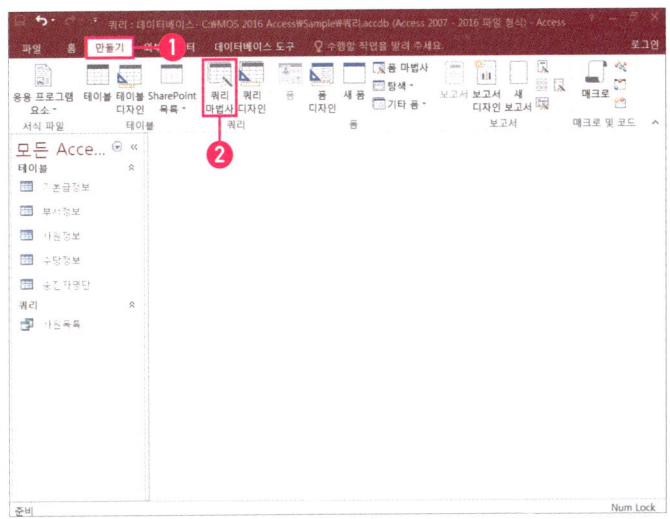

02 [새 쿼리] 대화상자에서 '**단순 쿼리 마법사**'를 선택하고 [**확인**] 단추를 클릭합니다.

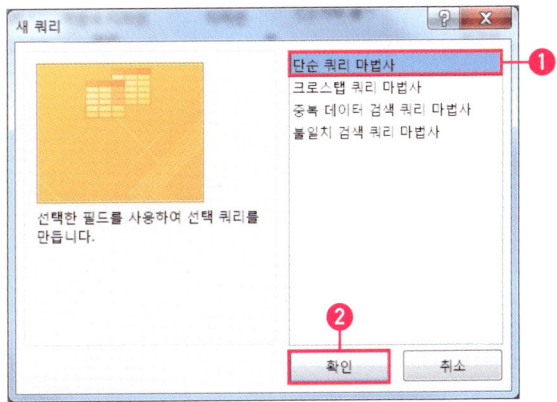

03 [단순 쿼리 마법사] 대화상자가 나타나면 [테이블/쿼리] 항목에서 '**테이블: 사원정보**'를 선택한 후 [사용 가능한 필드]에서 [**전체 필드 선택(>>)**] 단추를 클릭합니다.

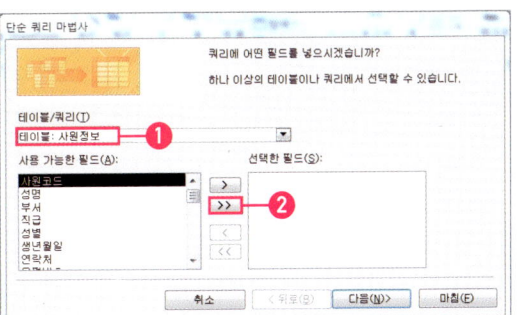

Chapter 3 • 쿼리 작성 77

04 [선택한 필드] 목록에 모든 필드가 추가되면 [다음] 단추를 클릭합니다.

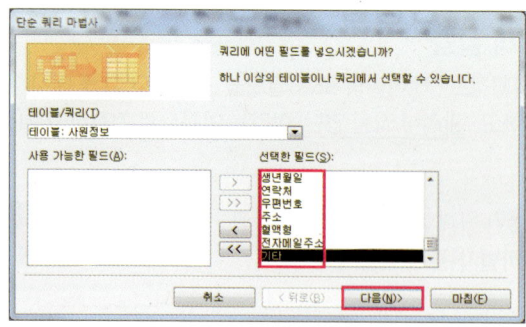

05 '상세(각 레코드의 필드마다 표시)'를 선택하고 [다음] 단추를 클릭합니다.

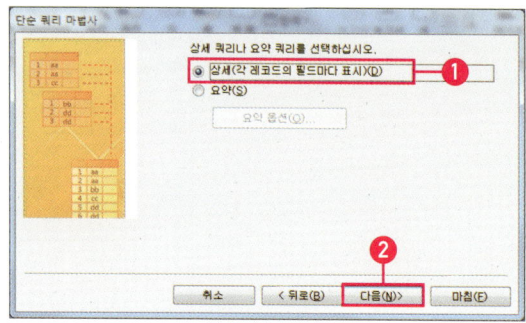

06 쿼리의 제목으로 '관리부 직원 명단'을 입력한 후 '쿼리 디자인 수정'을 선택하고 [마침] 단추를 클릭합니다.

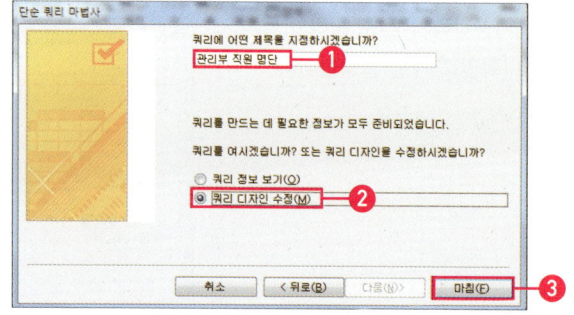

07 선택 쿼리가 디자인 보기로 열리면 조건을 지정합니다. '부서' 필드의 [조건]에 '관리부'라고 입력합니다.

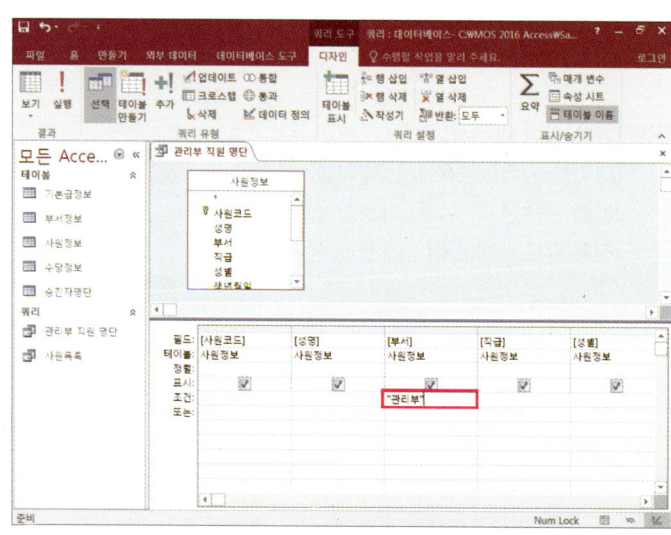

PLUS
눈금에서 조건을 지정할 경우 문자는 큰 따옴표("") 안에 입력합니다.

08 쿼리를 실행하기 위해 [쿼리 도구] - [디자인] 탭 - [결과] 그룹 - **[실행]**을 클릭합니다.

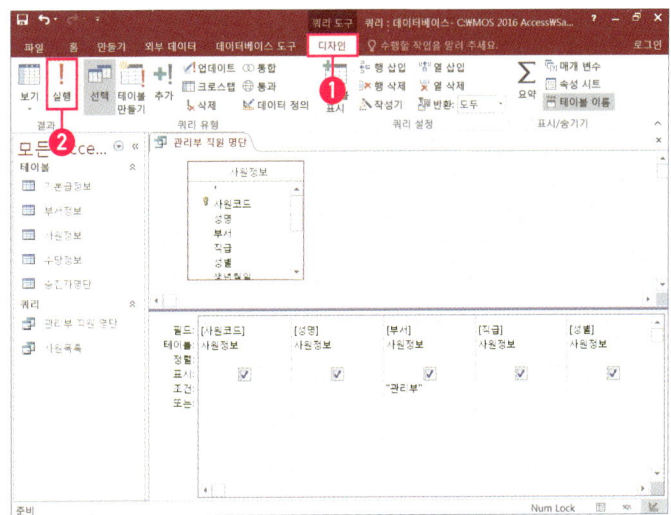

09 쿼리 결과가 데이터시트 보기로 열리면 빠른 실행 도구 모음의 **[저장(🖫)]**을 클릭합니다.

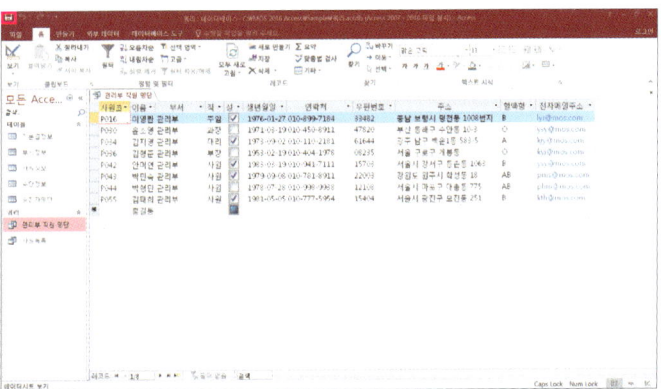

Skill 03 크로스탭 쿼리 만들기

"사원정보" 테이블을 사용하여 행 머리글에는 "직급", 열머리글에는 "부서"로 설정하여 직급별 부서별 인원수를 구하는 크로스탭 쿼리를 만드시오. 쿼리를 "직급별 부서별 인원 현황" 이름으로 저장하시오.

01 쿼리를 만들기 위해 [만들기] 탭 - [쿼리] 그룹 - **[쿼리 마법사]**를 클릭합니다.

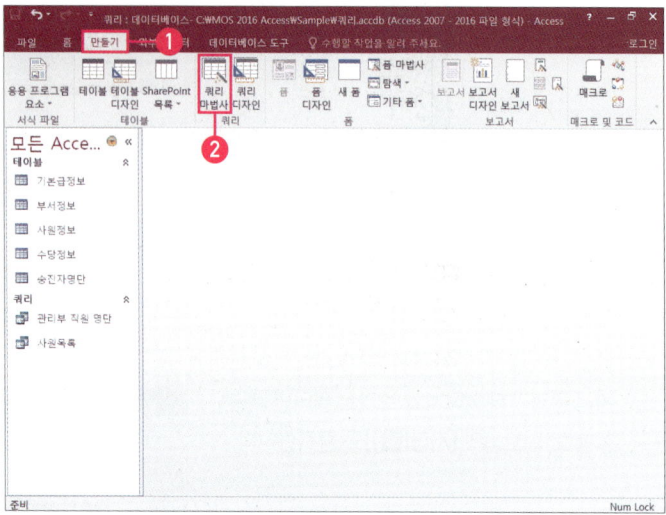

02 [새 쿼리] 대화상자에서 **'크로스탭 쿼리 마법사'**를 선택하고 **[확인]** 단추를 클릭합니다.

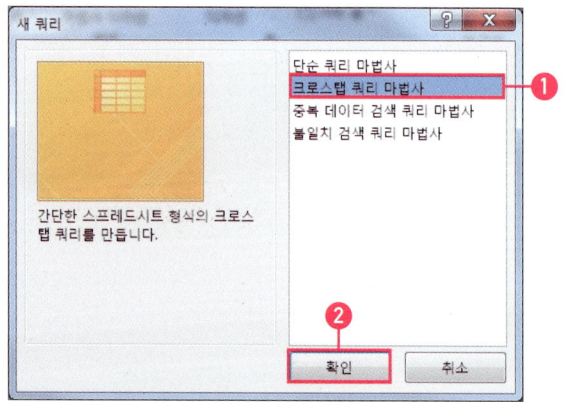

> **PLUS**
> 크로스탭 쿼리는 기존의 테이블이나 쿼리의 필드를 열과 행 방향에 필드를 재배치하여 교차하는 값들을 계산하는 통계용 쿼리입니다. 엑셀 피벗 테이블과 동일한 기능입니다.

03 [크로스탭 쿼리 마법사] 대화상자가 나타나면 목록에서 **'테이블: 사원정보'**를 선택하고 [보기] 옵션에서 **'테이블'**을 선택한 후 [**다음**] 단추를 클릭합니다.

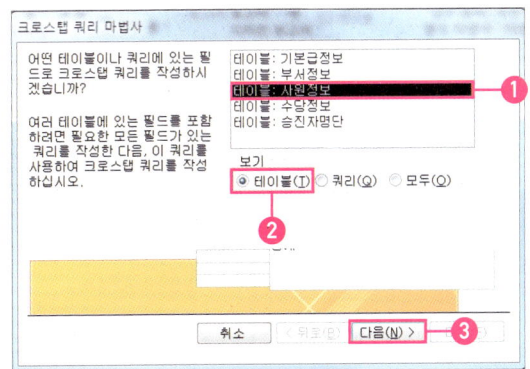

04 행 머리글로 사용할 **'직급'** 필드를 선택한 후 [**필드 선택(>)**] 단추를 클릭하여 [선택한 필드] 항목에 추가합니다. [**다음**] 단추를 클릭합니다.

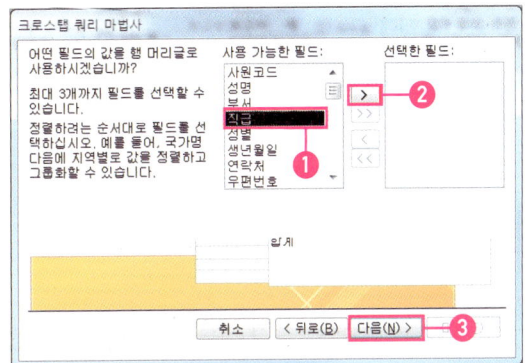

05 열 머리글로 사용할 **'부서'** 필드를 선택하고 [**다음**] 단추를 클릭합니다.

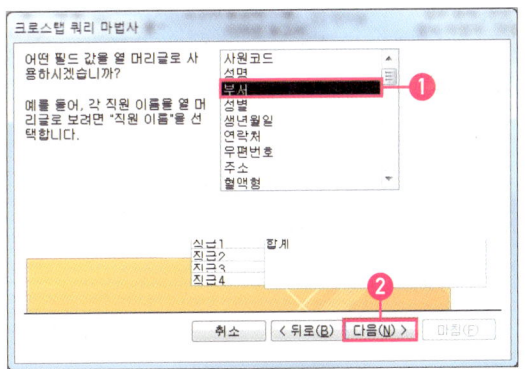

06 열과 행이 교차하는 곳에 계산할 **'사원코드'** 필드를 선택하고 **'개수'** 함수를 선택한 후 [**다음**] 단추를 클릭합니다.

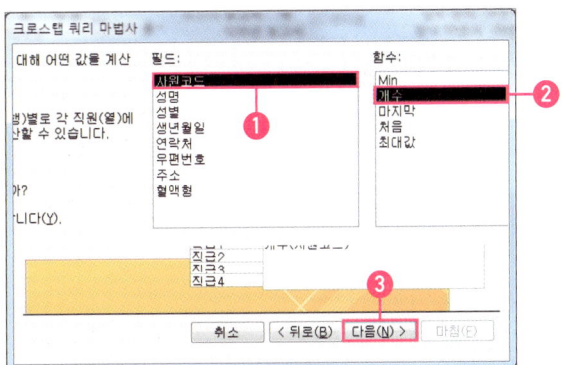

Chapter 3 • 쿼리 작성 81

07 쿼리 이름을 **'직급별 부서별 인원 현황'**으로 입력하고 [마침] 단추를 클릭합니다.

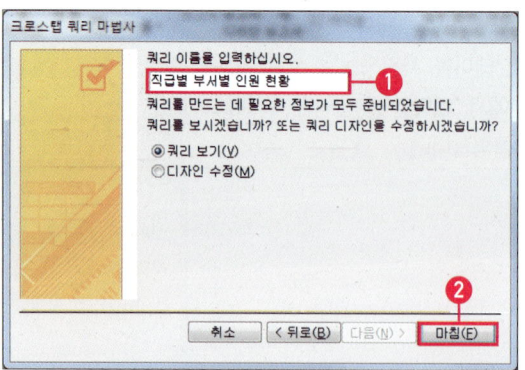

08 크로스탭 쿼리 결과가 나타나고 [탐색] 창의 [쿼리]에 "직급별 부서별 인원 현황" 크로스탭 쿼리가 추가되었습니다.

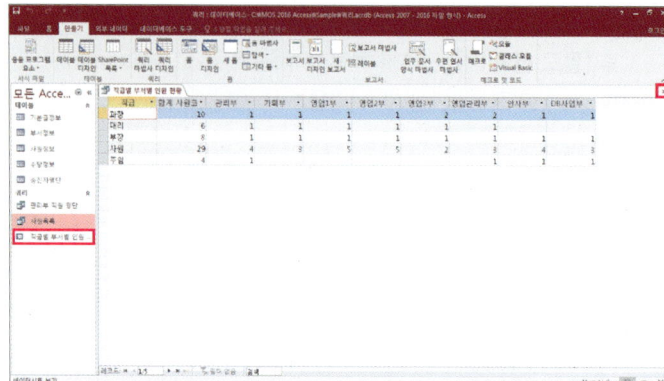

PLUS
- 중복 데이터 검색 쿼리는 테이블이나 쿼리에 저장된 데이터에서 중복된 필드를 찾아 개수를 표시해 줍니다.
- 불일치 검색 쿼리는 두 개의 테이블이나 쿼리에서 기준이 되는 필드를 비교하여 한쪽에 없는 필드를 찾아줍니다.

쿼리 디자인으로 쿼리 만들기

"사원정보" 테이블과 "기본급정보" 테이블을 사용하여 직급이 "과장"인 자만 표시하는 새 쿼리를 만드시오. "사원코드", "성명", "부서", "직급", "기본급" 및 "직급수당" 필드를 순서대로 표시하시오. 쿼리를 실행하고 "과장 급여 정보"라는 이름으로 저장합니다.

01 쿼리를 만들기 위해 [만들기] 탭 - [쿼리] 그룹 - [쿼리 디자인]을 클릭합니다.

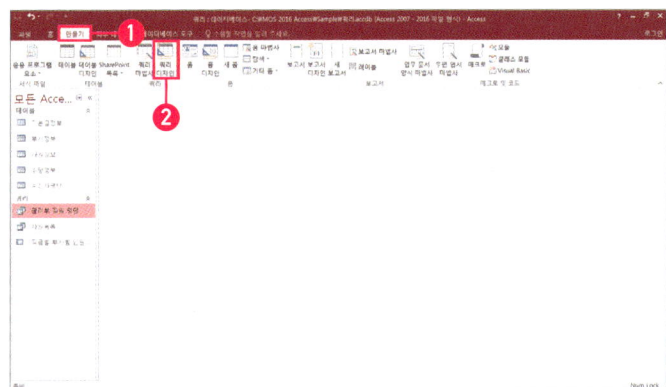

02 [테이블 표시] 대화상자에서 '**기본급정보**' 테이블을 선택하고 Ctrl 키를 누른 채 '**사원정보**' 테이블을 클릭해 동시에 선택하고 [**추가**] 단추를 클릭합니다.

[쿼리] 창에 두개의 테이블이 추가되면 [테이블 표시] 대화상자에서 [**닫기**] 단추를 클릭합니다.

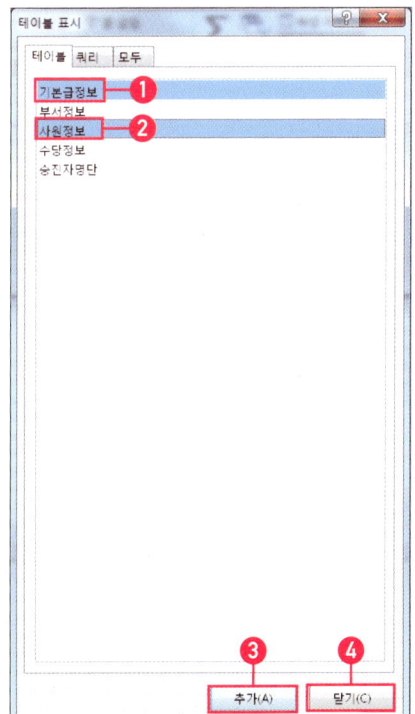

> **PLUS**
> - 연속된 테이블/쿼리 동시 선택 : 첫 번째 항목을 선택한 후 Shift 키를 누른 채 마지막 항목을 클릭합니다.
> - 비연속적인 테이블/쿼리 동시 선택 : 첫 번째 항목 선택한 후 Ctrl 키를 누른 채 추가할 항목을 클릭합니다.

03 [쿼리] 창 상단에 추가한 테이블과 두 테이블 간에 설정한 관계 정보가 표시됩니다.

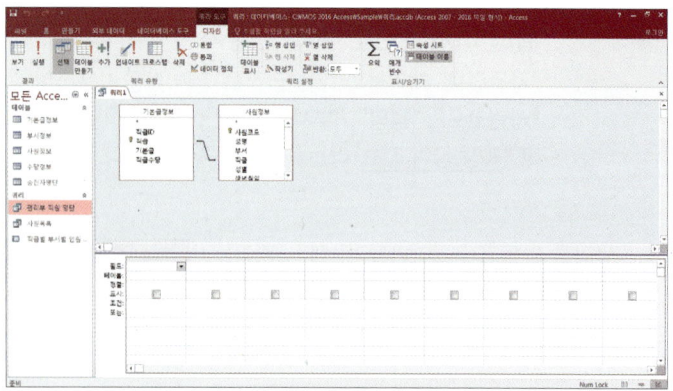

04 [사원정보] 테이블에서 '**사원코드**'를 선택하고 Shift 키를 누른 채 '**직급**' 필드를 클릭해 동시에 선택한 후 선택한 필드 이름을 눈금의 **첫 번째** 열로 드래그합니다.

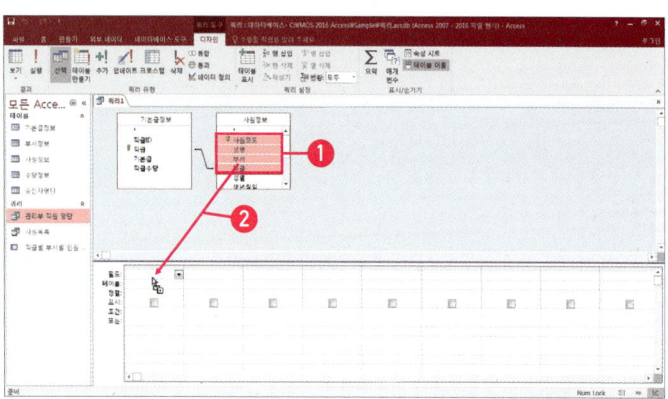

05 [기본급정보] 테이블에서 '**기본급**' 필드를 선택한 후 Ctrl 키를 누른 채 '**직급수당**' 필드를 클릭해 동시에 선택하고 선택한 필드 이름을 눈금의 '**직급**' 필드 오른쪽의 **빈** 열로 드래그합니다.

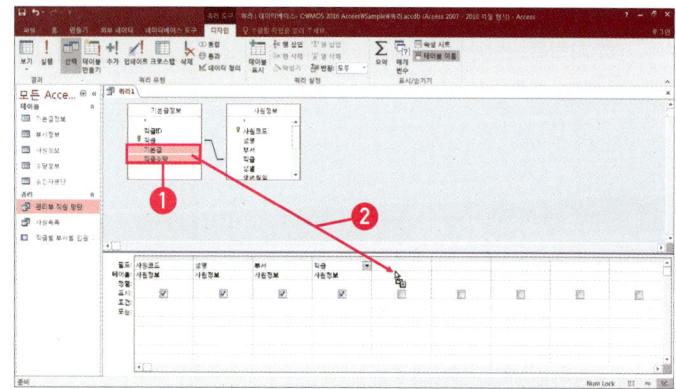

06 눈금의 '직급' 필드의 [조건]에 **'과장'**을 입력하고 Enter 키를 누릅니다.

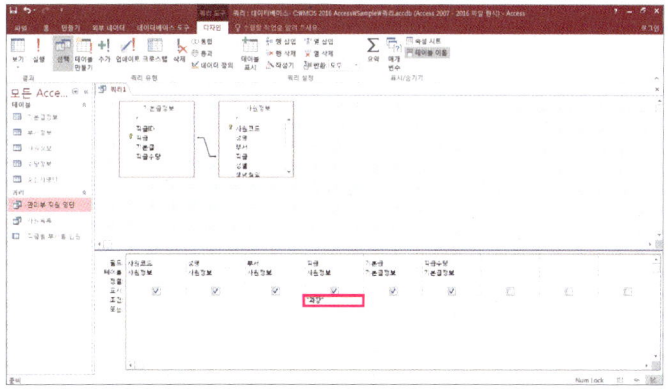

07 쿼리를 실행하기 위해 [쿼리 도구] - [디자인] 탭 - [결과] 그룹 - **[실행]**을 클릭합니다.

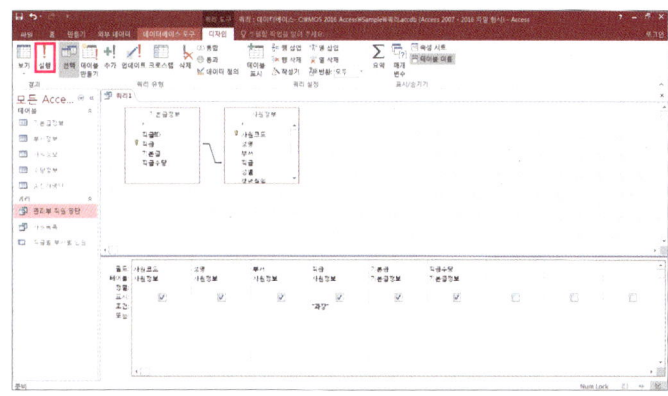

08 쿼리 결과가 데이터시트 보기로 열리면 빠른 실행 도구 모음의 **[저장(🔲)]**을 클릭합니다.

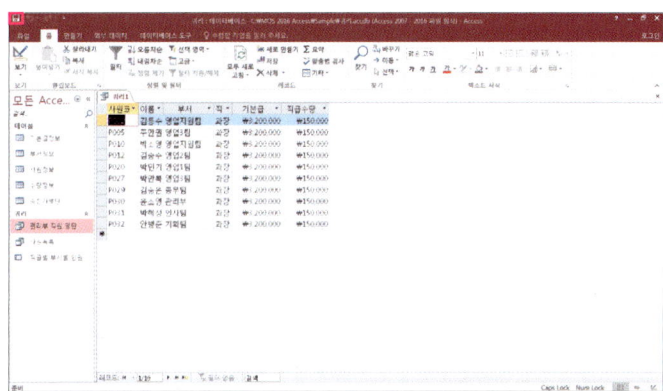

09 [다름 이름으로 저장] 대화상자가 나타나면 쿼리 이름을 **'과장 급여 정보'**라고 입력한 후 [확인] 단추를 클릭합니다.

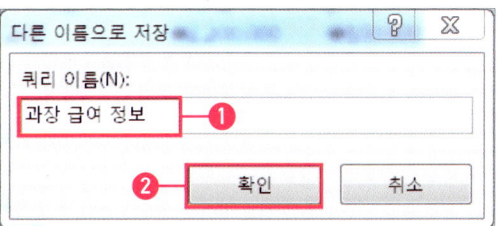

Chapter 3 • 쿼리 작성 85

10 [탐색] 창의 [쿼리]에 "과장 급여 정보" 쿼리가 추가되었습니다.

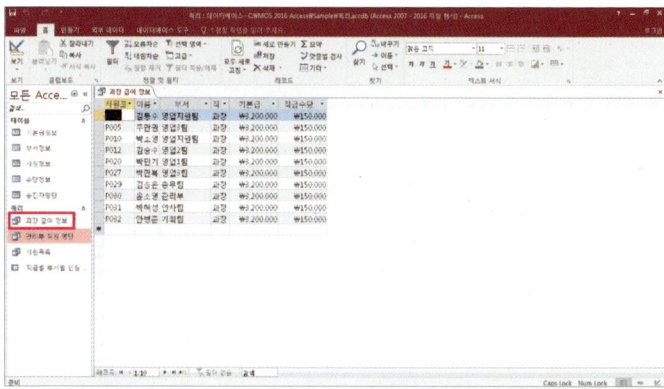

예제파일 : 예제3-01.accdb   완성파일 : 완성3-01.accdb

01. 쿼리 마법사를 사용하여 "사원정보" 테이블의 "성명", "부서" 및 "직급" 필드와 "기본급 정보" 테이블의 "기본급" 필드와 "수당" 필드를 표시하는 "사원 목록"이라는 쿼리를 만드시오.

02. "사원목록" 쿼리를 사용하여 행 머리글에는 "부서", 열 머리글에는 "직급" 필드로 설정하여 기본급의 합계를 구하는 크로스탭 쿼리를 만드시오. 쿼리를 "부서별 직급별 기본급 합계"라는 이름으로 저장하시오.

03. "사원정보" 테이블과 "기본급 정보" 테이블을 사용하여 부서가 "관리부"인 자만 표시하는 새 쿼리를 만드시오. "사원코드", "성명", "부서", "직급", "성별", "기본급", 및 "수당" 필드를 순서대로 표시하시오. 쿼리를 실행하고 "관리부 명단"이라는 이름으로 저장합니다.

Section 02 쿼리 수정하기

쿼리에서 특정 위치에 필드를 새로 추가하거나 필요 없는 필드를 제거할 수 있습니다. 또한 쿼리 목록에 추가되어 있는 필드를 다른 위치로 재배치할 수 있습니다.

Check Point 쿼리 도구, 필드 추가 · 삽입 · 삭제

◉ 예제파일 : 쿼리수정.accdb

Skill 01 새로운 필드 추가하기

"사원목록" 쿼리의 마지막 열에 "기본급정보" 테이블의 "직급수당" 필드를 추가하시오. 쿼리를 실행하고 저장하시오.

01 [탐색] 창의 [**사원목록**] 쿼리에서 마우스 오른쪽 단추를 클릭해 [**디자인 보기**]를 선택합니다.

02 쿼리가 디자인 보기로 열리면 [기본급정보] 테이블에서 '**직급수당**' 필드를 눈금의 **마지막** 열로 드래그합니다.

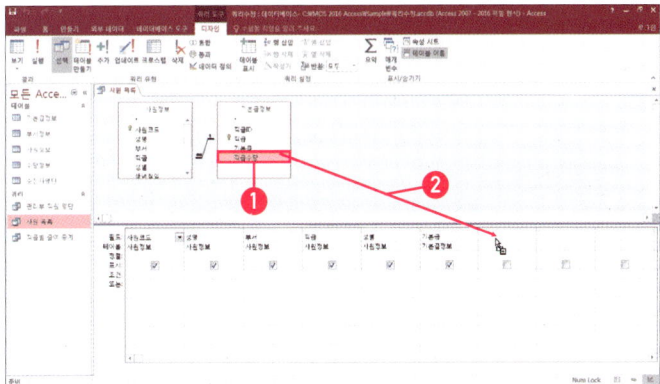

03 쿼리를 실행하기 위해 [쿼리 도구] - [디자인] 탭 - [결과] 그룹 - **[실행]**을 클릭합니다.

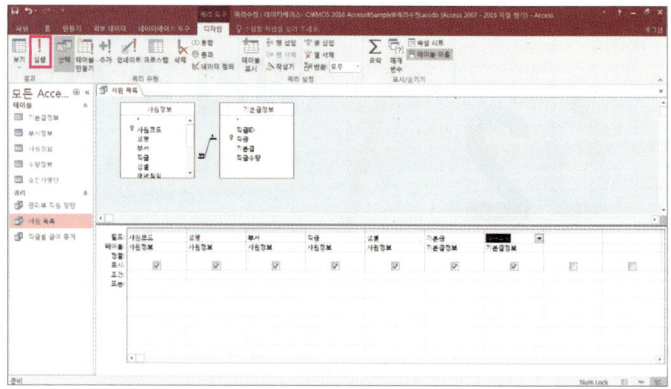

04 쿼리 결과가 데이터시트 보기로 열리면 빠른 실행 도구 모음의 **[저장(🖫)]**을 클릭합니다.

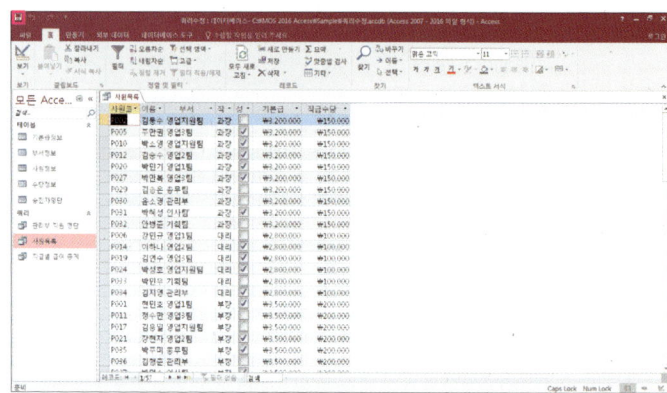

Skill 02 필드 중간에 필드 삽입하기

"사원목록" 쿼리에서 "사원정보" 테이블의 "주소" 필드를 여섯 번째 열에 포함되도록 쿼리를 수정하시오. 쿼리를 실행하고 저장하시오.

01 [탐색] 창의 **[사원목록]** 쿼리에서 마우스 오른쪽 단추를 클릭해 **[디자인 보기]**를 선택합니다.

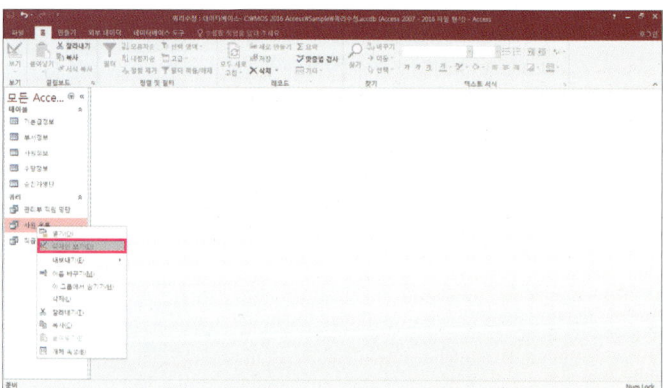

02 쿼리가 디자인 보기로 열리면 [사원정보] 테이블에서 **'주소'** 필드를 선택하고 눈금 **여섯 번째** 열 위치로 드래그합니다.

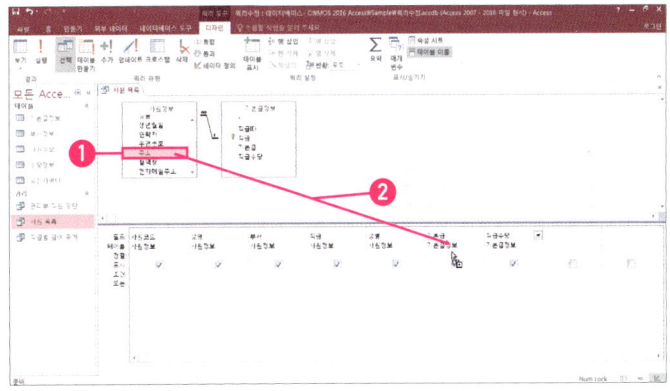

03 쿼리를 실행하기 위해 [쿼리 도구] - [디자인] 탭 - [결과] 그룹 - **[실행]**을 클릭합니다.

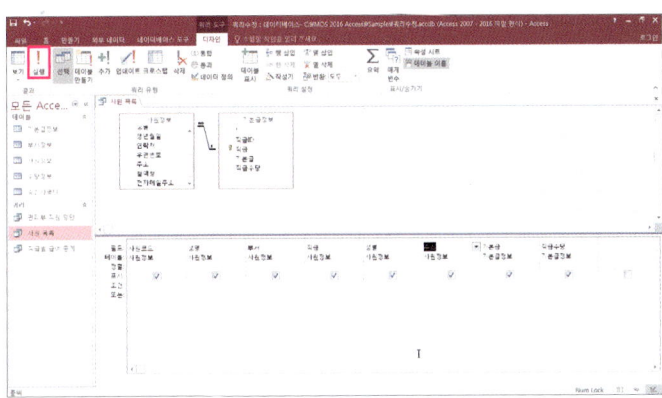

04 쿼리 결과가 데이터시트 보기로 열리면 빠른 실행 도구 모음의 **[저장(🔲)]**을 클릭합니다.

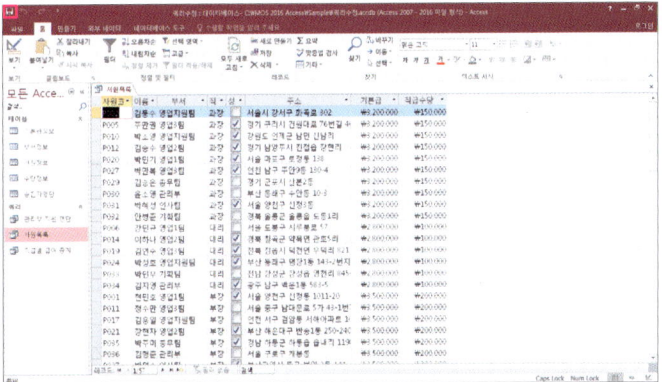

필드 삭제하기

"사원목록" 쿼리의 "주소" 필드를 삭제하시오. 쿼리를 실행하고 저장하시오.

01 [탐색] 창의 **[사원목록]** 쿼리에서 마우스 오른쪽 단추를 클릭해 **[디자인 보기]**를 선택합니다.

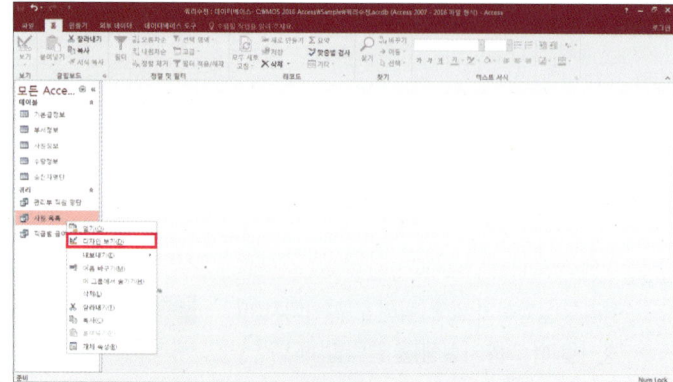

02 쿼리가 디자인 보기로 열리면 눈금에서 삭제할 **'주소'** 필드를 선택한 후 [쿼리 도구] - [디자인] 탭 - [쿼리 설정] 그룹 - **[열 삭제]**를 클릭합니다.

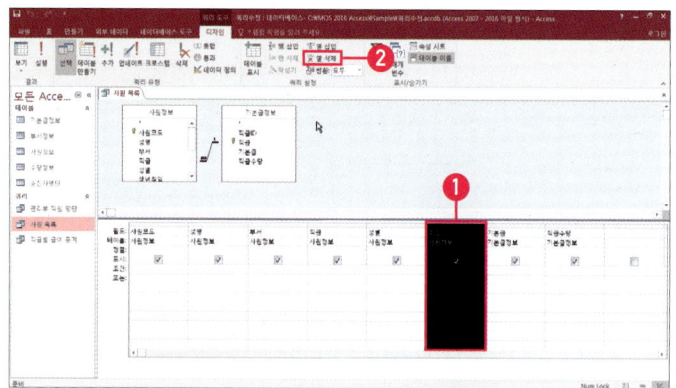

03 쿼리를 실행하기 위해 [쿼리 도구] - [디자인] 탭 - [결과] 그룹 - **[실행]**을 클릭합니다.

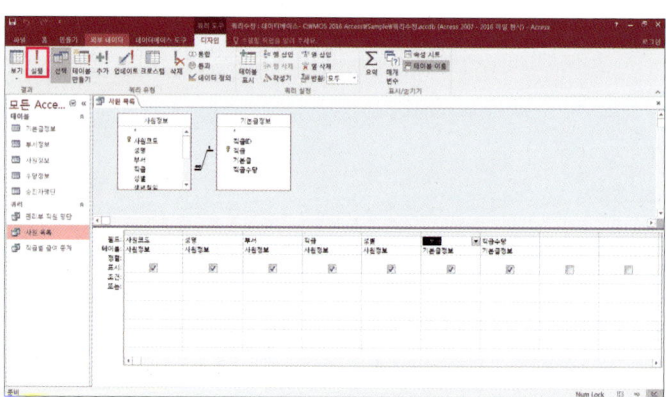

04 쿼리 결과가 데이터시트 보기로 열리면 빠른 실행 도구 모음의 [저장(🔲)]을 클릭합니다.

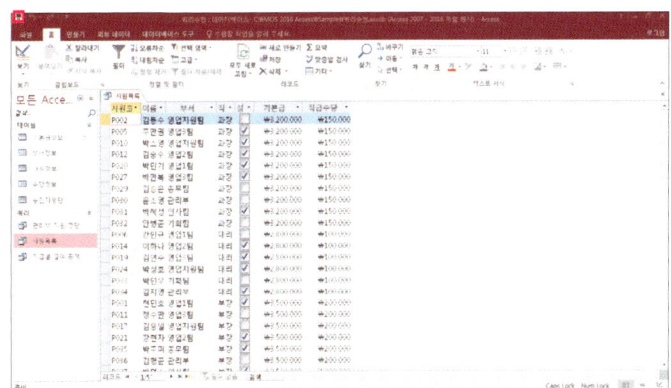

 필드 숨기기

"사원목록" 쿼리에서 "성별" 필드는 쿼리에 포함하지만 표시되지 않도록 숨기시오. 쿼리를 실행하고 저장하시오.

01 [탐색] 창의 [사원목록] 쿼리에서 마우스 오른쪽 단추를 클릭해 [디자인 보기]를 선택합니다.

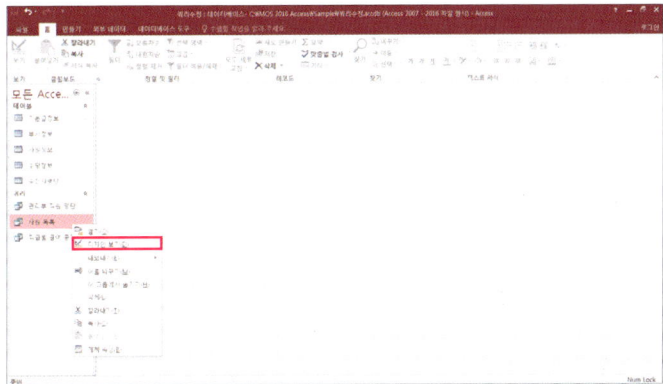

02 필드를 숨기기 위해 '성별' 필드의 [표시] 항목의 **확인란**의 선택을 해제합니다.

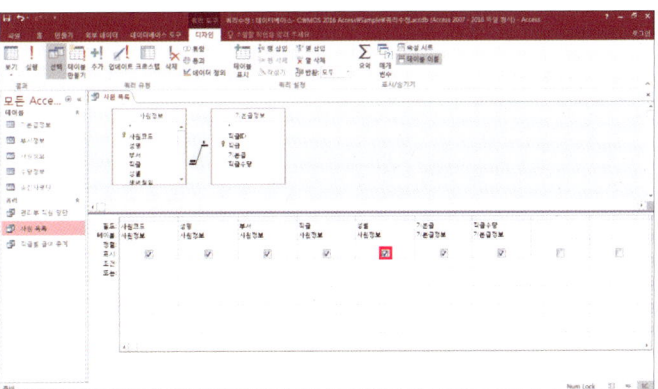

Chapter 3 • 쿼리 작성

03 쿼리를 실행하기 위해 [쿼리 도구] - [디자인] 탭 - [결과] 그룹 - [**실행**]을 클릭합니다.

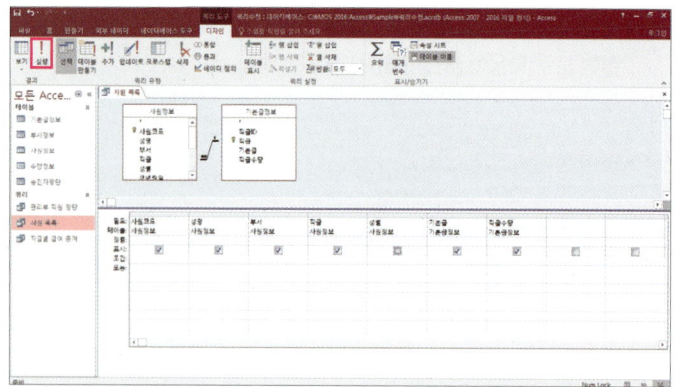

04 쿼리 결과가 데이터시트 보기로 열리면 빠른 실행 도구 모음의 [**저장(🖫)**]을 클릭합니다.

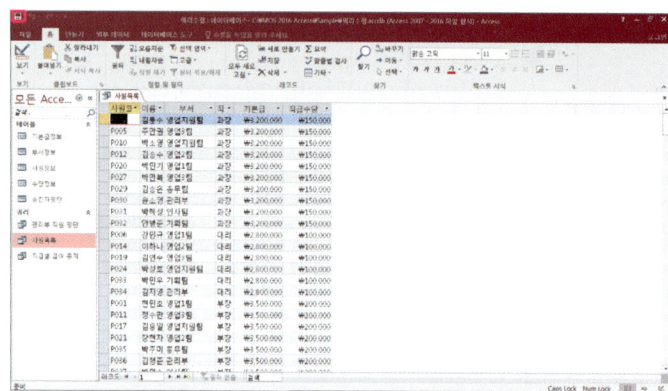

Skill 05 필드 순서 바꾸기

"관리부 직원 명단" 쿼리에서 "부서" 필드가 첫 번째에 오도록 쿼리를 수정하시오. 쿼리를 실행하고 저장하시오.

01 [탐색] 창의 [관리부 직원 명단] 쿼리에서 마우스 오른쪽 단추를 클릭해 [**디자인 보기**]를 선택합니다.

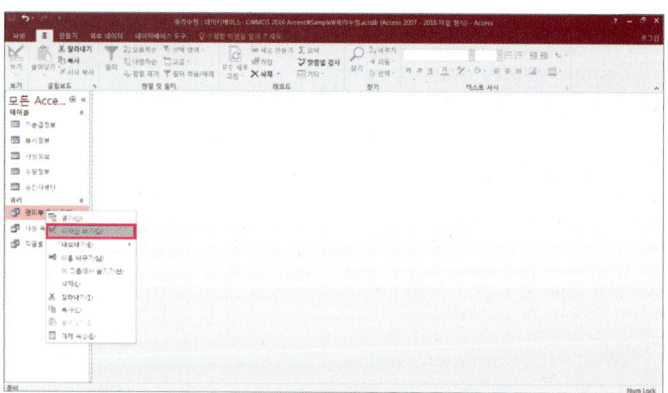

02 **'부서'** 필드를 선택한 후 첫 번째 위치인 **'사원코드'** 필드 위치로 드래그합니다.

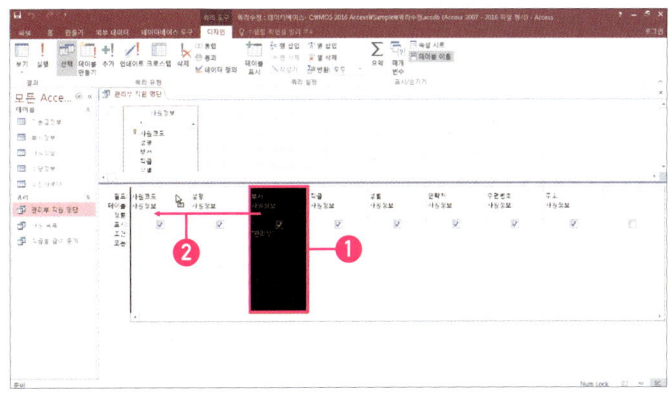

03 필드의 위치가 변경되었으면 [쿼리 도구] - [디자인] 탭 - [결과] 그룹 - **[실행]**을 클릭합니다.

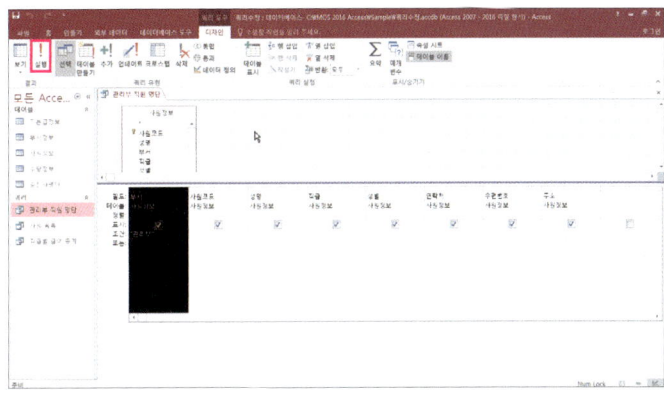

04 쿼리 결과가 데이터시트 보기로 열리면 빠른 실행 도구 모음의 **[저장(🖫)]**을 클릭합니다.

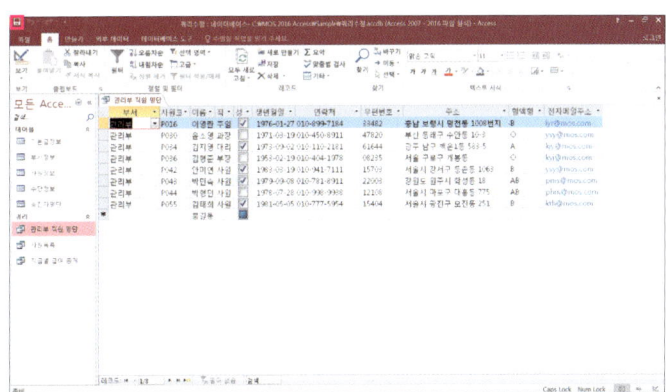

예제파일 : 예제3-02.accdb   완성파일 : 완성3-02.accdb

01. "부장 명단" 쿼리에서 "직급" 필드를 첫 번째 열에 오도록 위치를 이동하고, "사원정보" 테이블에 "주소" 필드를 마지막 열에 표시되도록 쿼리를 수정하시오.

02. "부장 명단" 쿼리에서 "직급" 필드를 숨기시오.

03. "부장 명단" 쿼리에서 "성별" 필드를 삭제하시오. 쿼리를 실행하고 저장하시오.

Section 03

계산식을 이용한 쿼리

요약은 쿼리에서 특정 필드를 기준으로 합계, 개수, 평균, 최대값, 최소값 등의 소계를 구하는 기능으로, 요약 쿼리는 Excel에 부분합과 동일한 기능입니다. 또한 필드에 다양한 계산식을 사용하여 필드 값을 설정할 수 있습니다.

Check Point 요약, 정렬, 계산식 필드 만들기

예제파일 : 계산쿼리.accdb

Skill 01 요약 쿼리 만들기

"사원정보" 테이블에 "부서" 필드와 "기본급정보" 테이블에 "기본급" 필드를 포함하여 부서를 기준으로 오름차순으로 정렬하고 기본급의 합계를 구하는 쿼리를 만드시오. "부서별 기본급 합계"라는 이름으로 저장하고 쿼리를 실행하시오.

01 요약 쿼리를 만들기 위해 [만들기] 탭 - [쿼리] 그룹 - [쿼리 디자인]을 클릭합니다.

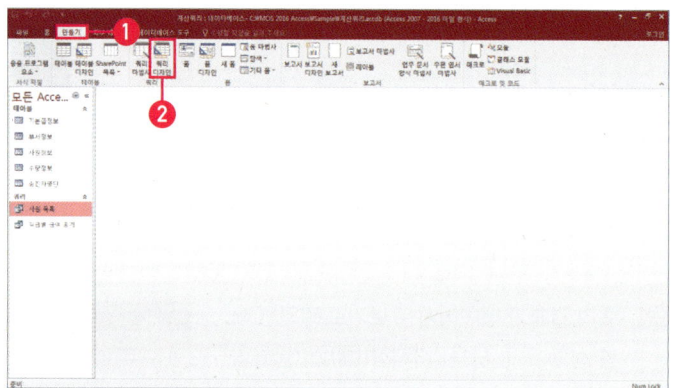

02 [테이블 표시] 대화상자에서 추가할 '기본급정보', '사원정보' 테이블을 선택하고 [추가] 단추를 클릭합니다. 테이블이 추가되면 [테이블 표시] 대화상자의 [닫기] 단추를 클릭합니다.

03 [사원정보] 테이블의 '**부서**' 필드를 선택한 후 눈금 **첫 번째** 열 위치로 드래그하여 추가하고 [기본급정보] 테이블의 '**기본급**' 필드도 눈금에 **마지막** 열로 드래그하여 추가한 후 [쿼리 도구] - [디자인] 탭 - [표시/숨기기] 그룹 - [**요약**]을 클릭합니다.

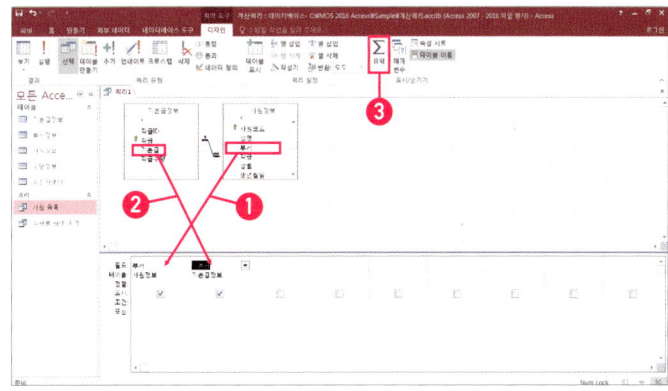

04 [요약] 항목이 추가되면 '부서' 필드의 [정렬] 항목에서 '**오름차순**'을 선택하고 '기본급'의 [요약] 항목에서 '**합계**'를 선택합니다.

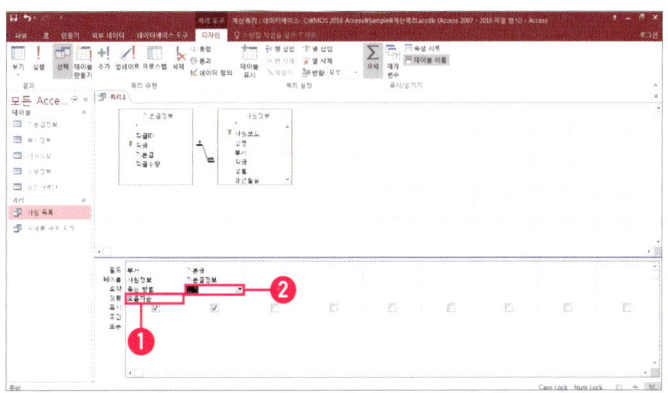

05 쿼리를 실행하기 위해 [쿼리 도구] - [디자인] 탭 - [결과] 그룹 - [**실행**]을 클릭합니다.

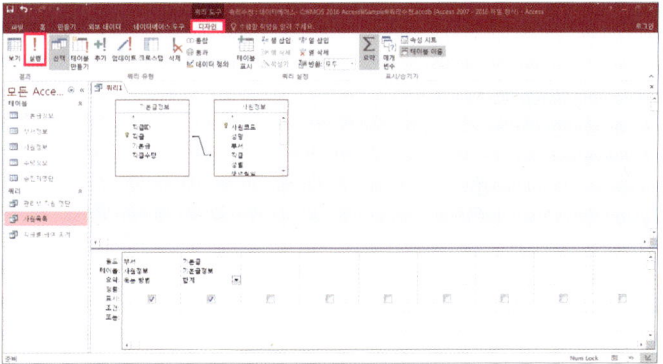

06 쿼리 결과가 데이터시트 보기로 열리면 빠른 실행 도구 모음의 [저장(📄)]을 클릭합니다.

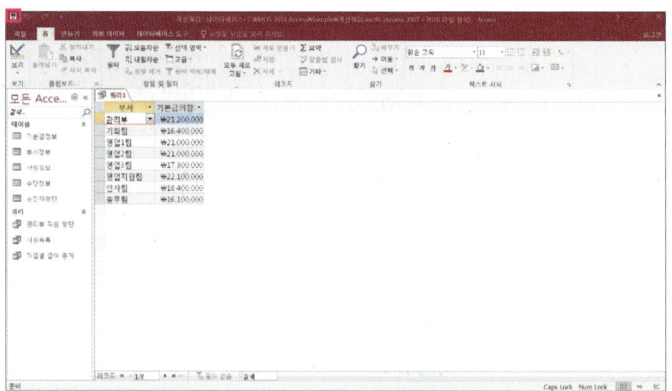

07 [다른 이름으로 저장] 대화상자에서 '**부서별 기본급 합계**'라고 입력한 후 [확인] 단추를 클릭합니다.

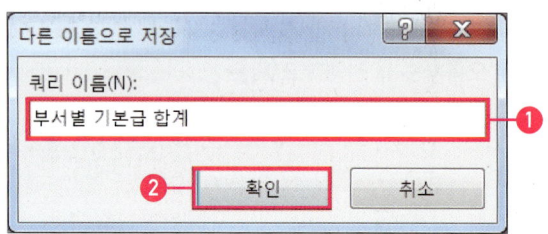

08 [탐색] 창의 쿼리에 "부서별 기본급 합계" 쿼리가 추가되었습니다.

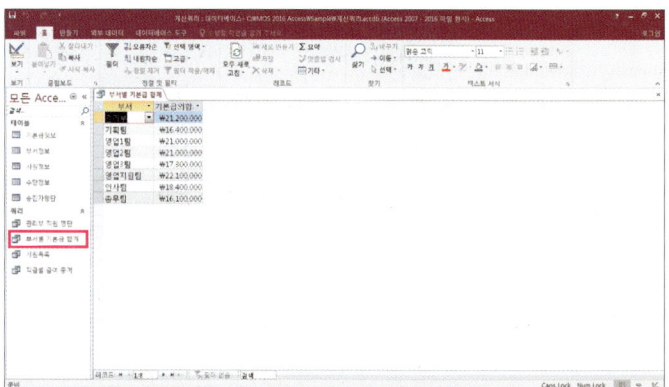

계산식 필드 만들기

"사원목록" 쿼리에서 기본급과 직급수당을 더하는 "계산" 필드를 마지막 열에 오게 하고 필드 이름을 "급여합계"로 지정하시오. 쿼리를 실행하고 저장하시오.

01 [탐색] 창의 [사원 목록] 쿼리에서 마우스 오른쪽 단추를 클릭하여 [디자인 보기]를 선택합니다.

02 쿼리 디자인 보기로 전환되면 마지막 필드에 '**급여합계:[기본급]+[직급수당]**'의 계산식을 입력하고 Enter 키를 누릅니다.

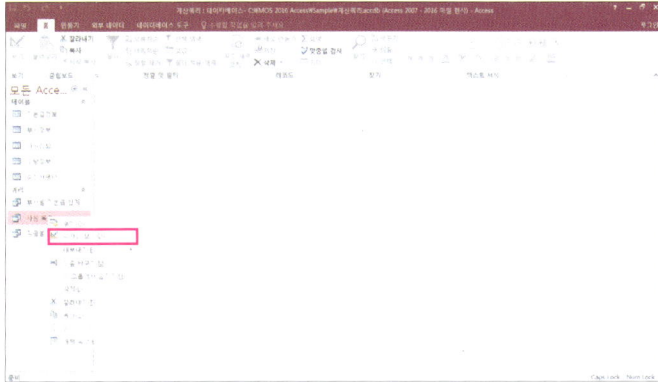

03 쿼리를 실행하기 위해 [쿼리 도구] - [디자인] 탭 - [결과] 그룹 - [**실행**]을 클릭합니다.

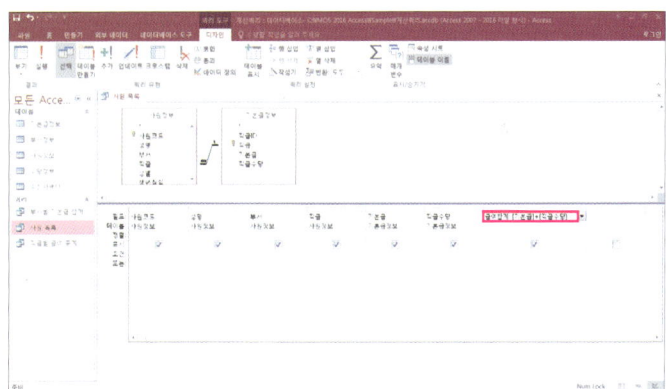

04 쿼리 결과가 데이터시트 보기로 열리면 빠른 실행 도구 모음의 [**저장**()]을 클릭합니다.

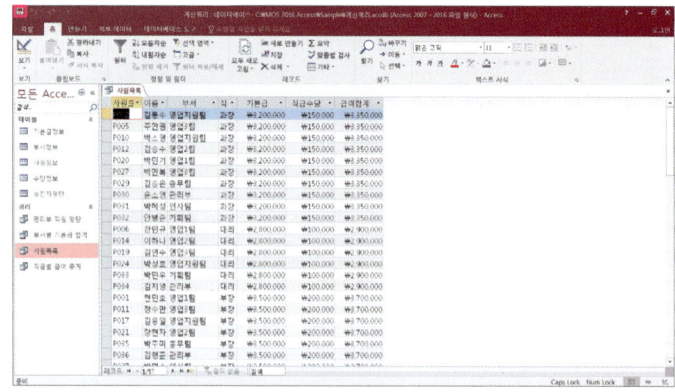

적응 문제

📀 예제파일 : 예제3-03.accdb   📀 완성파일 : 완성3-03.accdb

01. "판매 내역" 쿼리에서 "제품단가"와 "판매량"을 곱하는 "계산" 필드를 마지막 열에 오게 하고 필드 이름을 "판매금액"으로 지정하시오. 쿼리를 실행하고 저장하시오.

02. "제품별 판매 수량합계" 쿼리를 요약하여 "제품별 수량 합계"가 표시되도록 쿼리를 수정하고 실행하시오. 쿼리를 저장하시오.

Chapter 4
양식 작성

Section 01 폼 만들기
Section 02 폼 디자인 옵션 적용

Section 01 폼 만들기

테이블이나 쿼리를 레코드 원본으로 작성하며, 쉽게 레코드를 입력하거나 검색 및 관리할 수 있게 해주는 개체를 폼이라고 합니다.

Check Point 폼 마법사, 폼 디자인, 탐색 폼

예제파일 : 폼.accdb

Skill 01 폼 마법사로 새로운 폼 만들기

폼 마법사를 사용하여 "사원정보" 테이블의 "주소" 필드를 제외한 모든 필드를 포함하는 새 폼을 만드시오. 맞춤 형식 레이아웃으로 "<u>사원정보입력</u>"이라는 이름으로 저장하시오.

01 새로운 폼을 만들기 위해 [만들기] 탭 - [폼] 그룹 - **[폼 마법사]** 명령을 선택합니다.

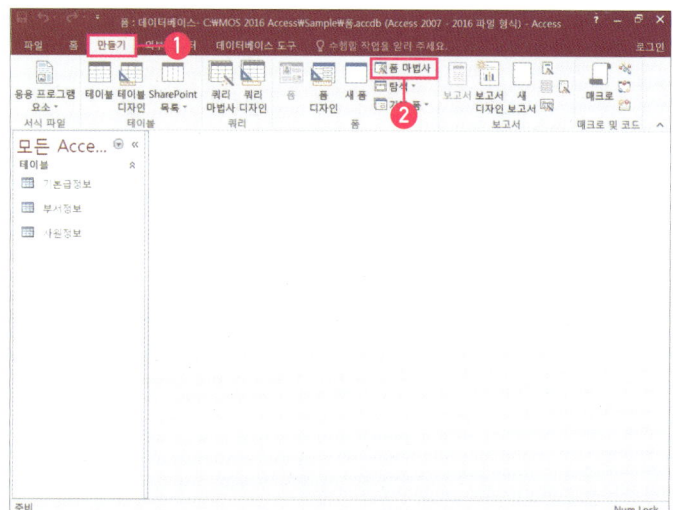

02 [폼 마법사] 대화상자에서 [테이블/쿼리]의 목록 단추(▼)를 눌러 '**테이블 : 사원정보**'를 선택한 후 [사용 가능한 필드] 목록에 사원정보 필드가 나타나면 **[전체 필드 선택(>>)]** 단추를 클릭합니다.

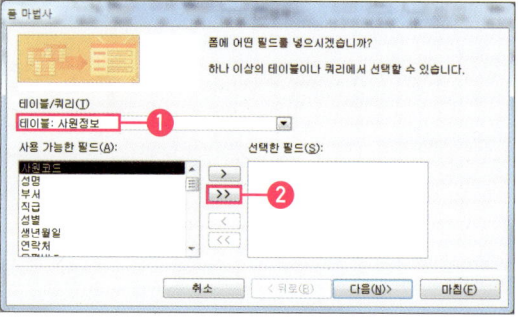

03 [선택한 필드] 목록에 모든 필드가 추가되면 **'주소'** 필드를 선택하고 [**필드 제거(<)**] 단추를 클릭합니다.

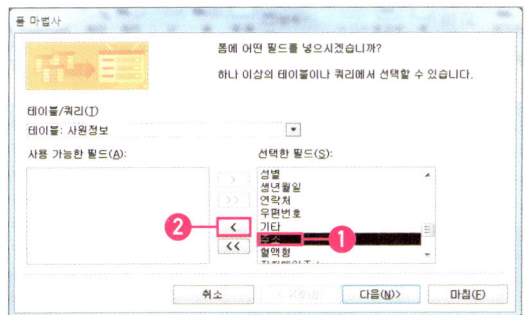

04 '주소' 필드가 제거되면 [**다음**] 단추를 클릭합니다.

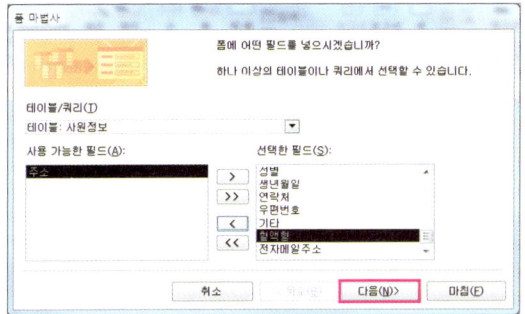

05 [폼 마법사]의 다음 단계에서는 폼 형식을 **'맞춤'**으로 선택하고 [**다음**] 단추를 클릭합니다.

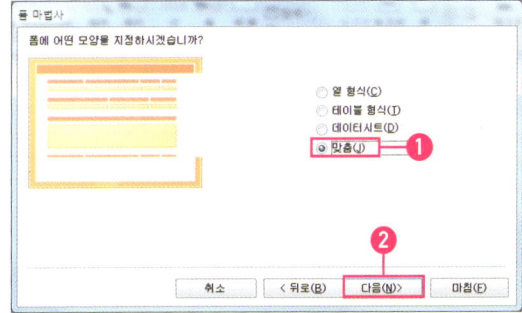

06 [폼 마법사]의 다음 단계에서는 새 폼의 이름을 **'사원정보입력'**으로 입력하고 [**마침**] 단추를 클릭합니다.

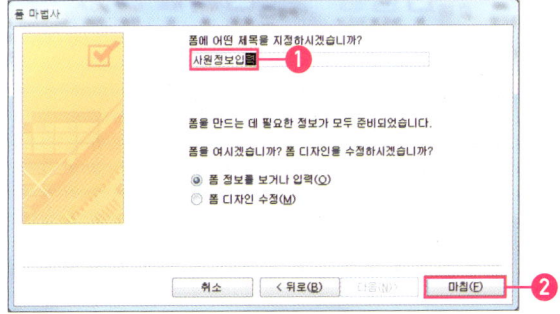

PLUS
- **폼 정보를 보거나 입력** : 완성된 폼이 보기로 열립니다.
- **폼 디자인 수정** : 완성된 폼이 디자인 보기로 열립니다.

Chapter 4 · 양식 작성 **101**

07 맞춤 형식의 새 폼이 폼 보기로 나타나고 [탐색] 창의 [폼] 목록에 **"사원정보입력"** 폼이 나타납니다.

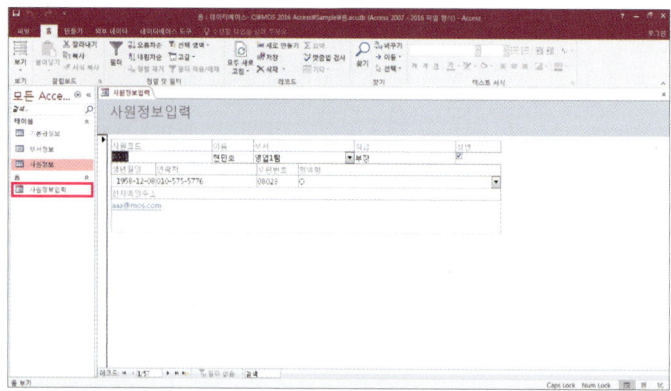

08 [폼] 창의 [**닫기**(☒)] 단추를 클릭합니다.

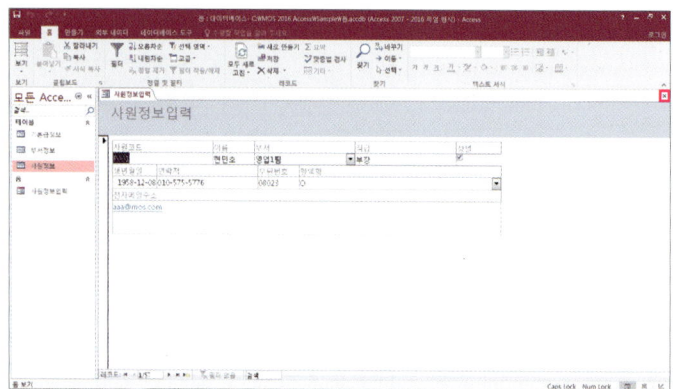

새 폼으로 새로운 폼 만들기

새 폼을 사용하여 "부서정보" 테이블의 모든 필드를 포함하는 "**부서정보**"라는 이름의 새 폼을 만드시오.

01 새로운 폼을 만들기 위해 [만들기] 탭 - [폼] 그룹 - [**새 폼**]을 클릭합니다.

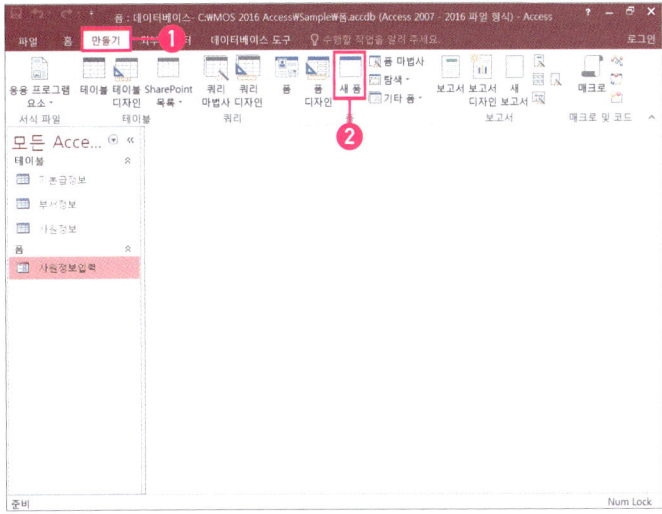

02 새 폼이 표시되면 [필드 목록] 작업 창에서 [**모든 테이블 표시**]를 클릭합니다.

PLUS
[필드 목록] 작업 창을 표시하려면 [디자인] 탭의 [도구] 그룹에서 [기존 필드 추가]를 선택하거나 바로 가기 키 Alt + F8 을 눌러 사용합니다.

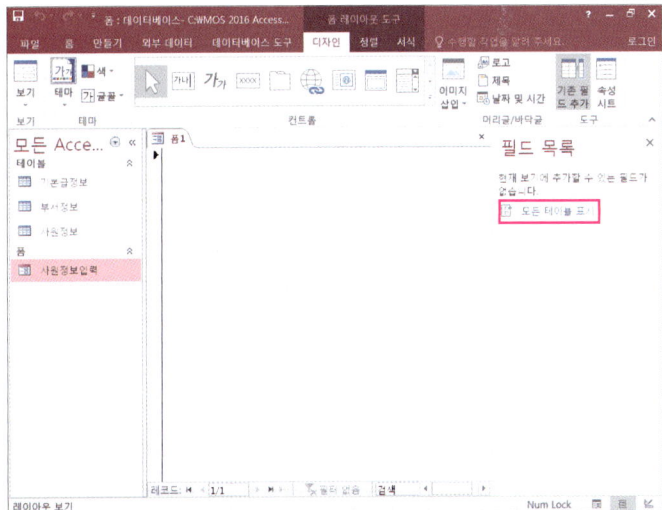

Chapter 4 • 양식 작성 103

03 테이블 목록이 표시되면 [부서정보] 테이블의 ➕를 클릭하면 모든 필드 목록이 나타납니다.

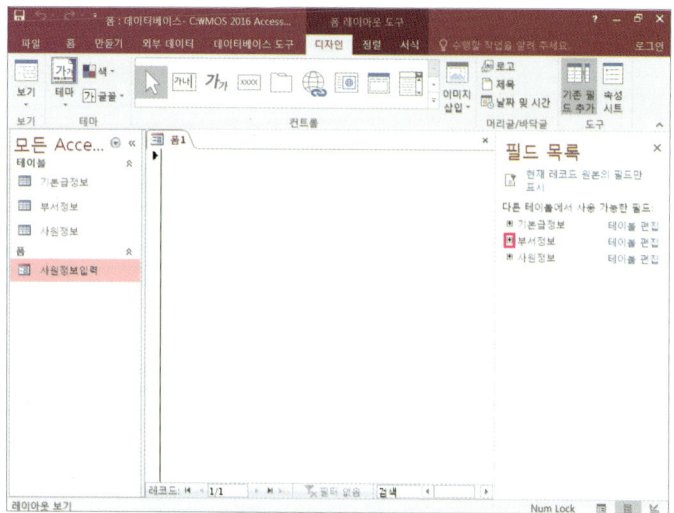

04 [폼1]로 '**부서코드**' 필드를 드래그해 추가합니다.

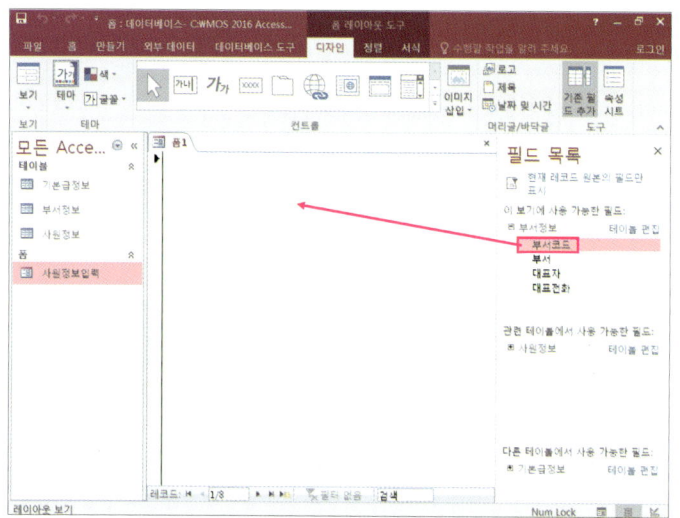

05 '**부서**', '**대표자**', '**대표전화**' 필드도 폼으로 드래그하여 추가합니다.

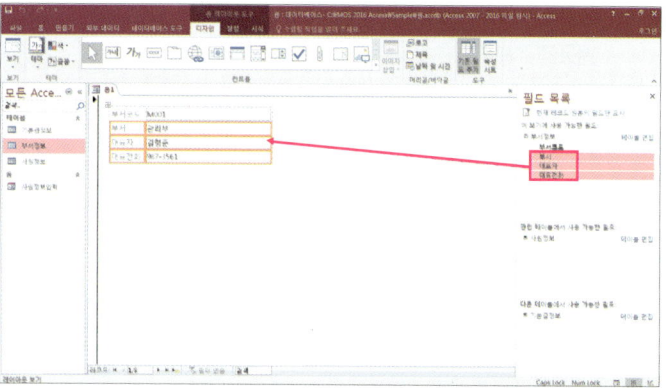

06 완성된 폼을 저장하기 위해 빠른 실행 도구 모음의 [**저장(📁)**]을 클릭합니다.

07 [다른 이름으로 저장] 대화상자가 나타나면 폼 이름을 '**부서정보**'로 입력하고 [**확인**] 단추를 클릭합니다.

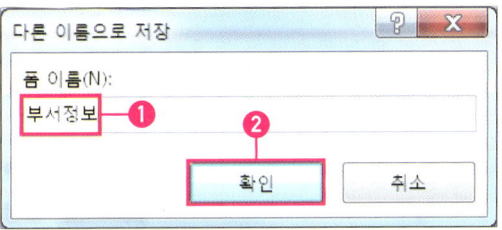

08 [탐색] 창의 폼 목록에 "부서정보" 폼이 만들어집니다.

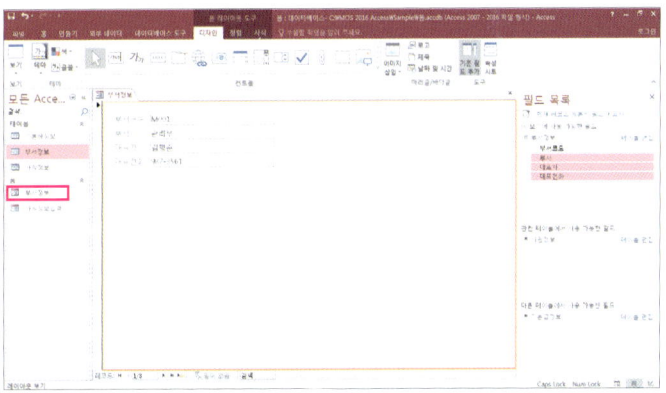

09 [폼] 창의 [닫기(X)] 단추를 클릭합니다.

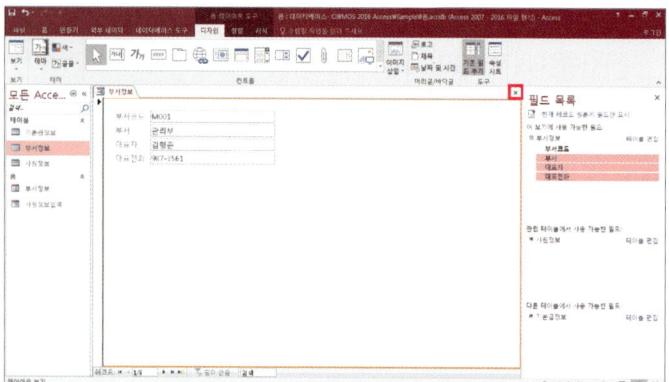

Skill 03 폼 디자인으로 새로운 폼 만들기

폼 디자인을 사용하여 "기본급정보" 테이블의 모든 필드를 포함하여 "기본급정보"라는 이름으로 새 폼을 만드시오.

01 새로운 폼을 만들기 위해 [만들기] 탭 - [폼] 그룹 - [폼 디자인]을 클릭합니다.

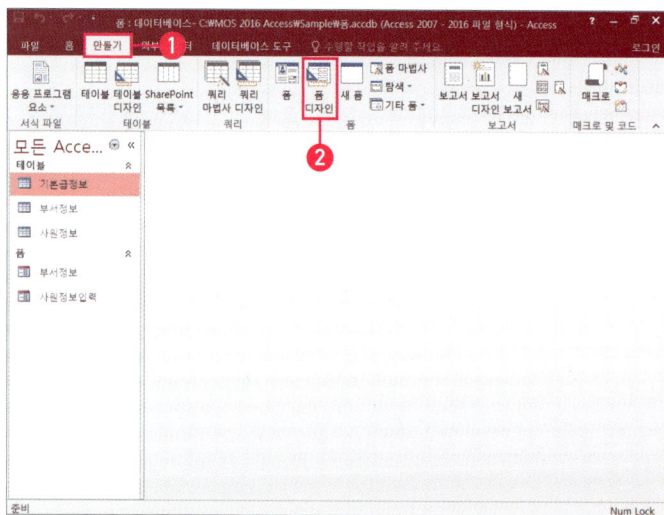

PLUS
폼 디자인을 이용하면 새 폼과 마찬가지로 필요한 필드만 쉽게 구성할 수 있습니다. 디자인 보기에서 사용자가 직접 컨트롤 및 필드를 원하는 형태로 디자인할 수 있습니다.

02 새 폼 디자인 보기가 나타나면 오른쪽의 [필드 목록] 작업 창에서 **[모든 테이블 표시]**를 클릭한 후 **[기본급정보]** 테이블의 **+**를 클릭합니다.

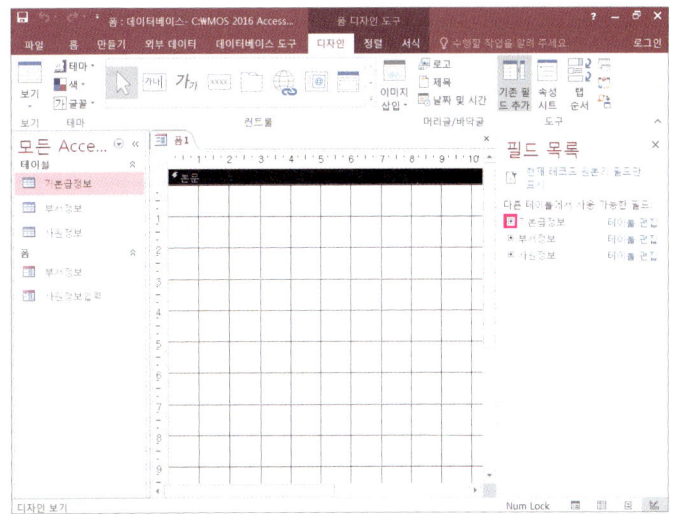

03 그림과 같이 테이블의 모든 필드 목록이 나타납니다.

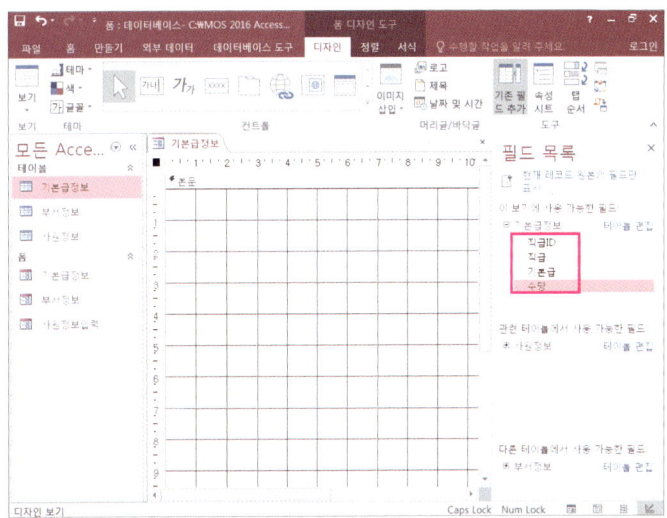

04 [폼1]로 **'직급ID'** 필드를 드래그해 추가합니다.

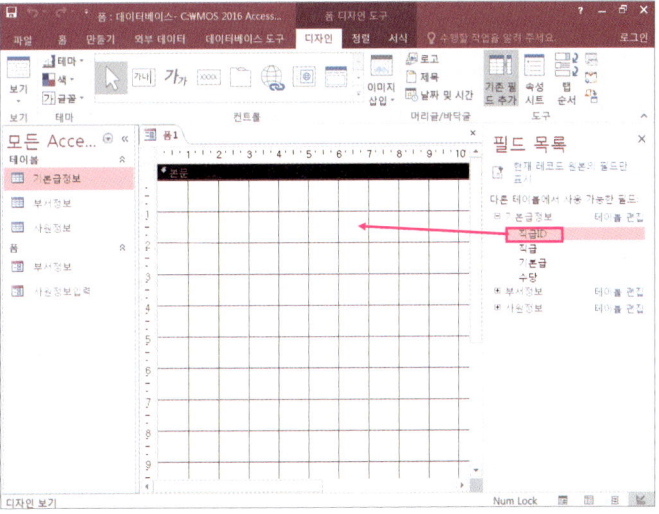

Chapter 4 • 양식 작성 **107**

05 '**직급**', '**기본급**', '**수당**' 필드도 [**폼1**]로 드래그하여 추가합니다.

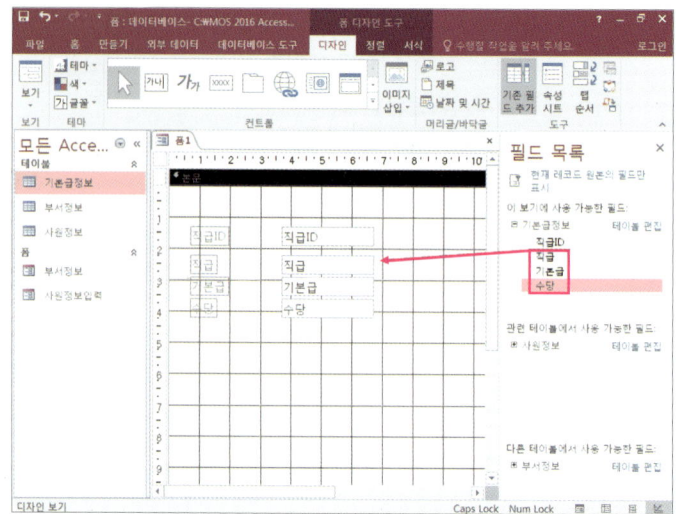

06 완성된 폼을 저장하기 위해 빠른 실행 도구 모음의 [**저장(🔲)**]을 클릭합니다.

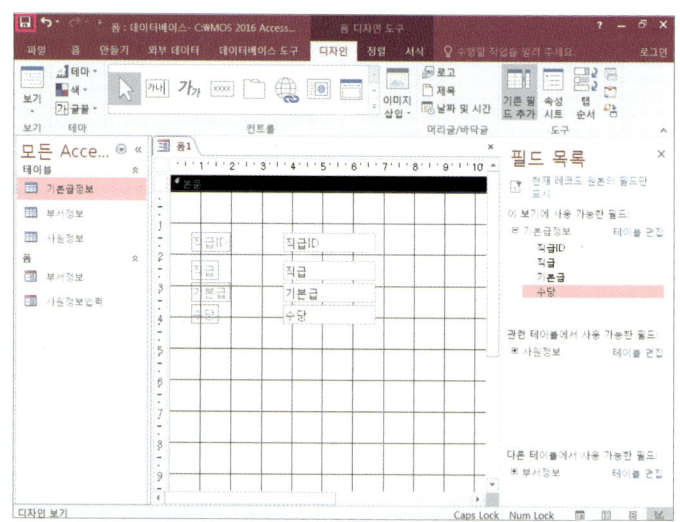

07 [다른 이름으로 저장] 대화상자가 나타나면 폼 이름을 '**기본급정보**'로 입력하고 [**확인**] 단추를 클릭합니다.

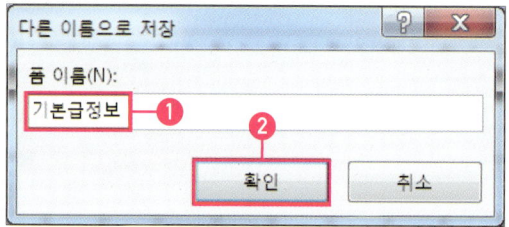

08 [탐색] 창의 폼 목록에 "기본급정보" 폼이 만들어집니다.

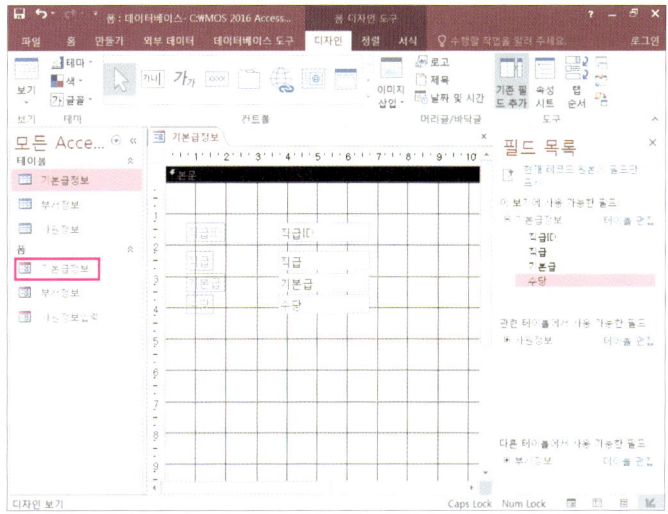

09 [폼] 창의 [닫기(⊠)] 단추를 클릭합니다.

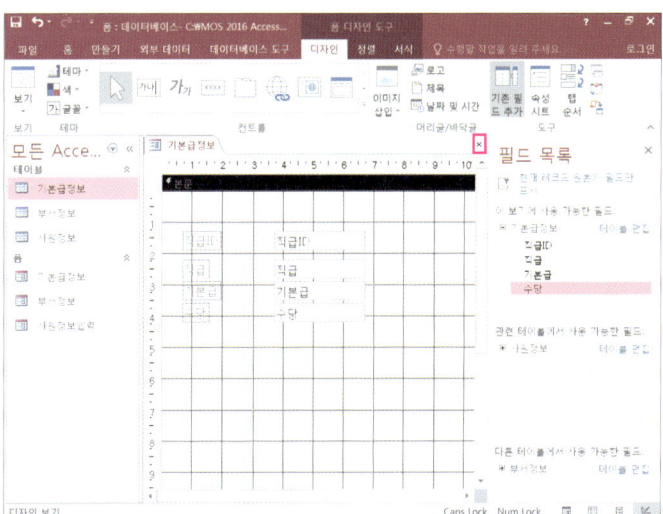

탐색 폼 만들기

가로 탭을 사용하는 새로운 탐색 폼을 만드시오. 새 폼에 "기본급정보" 폼 및 "사원정보입력" 폼을 별도의 탭으로 추가하시오. 폼을 "인사정보 탐색"이라는 이름으로 저장하시오.

01 탐색 폼을 만들기 위해 [만들기] 탭 - [폼] 그룹 - [탐색] - **[가로 탭]**을 클릭합니다.

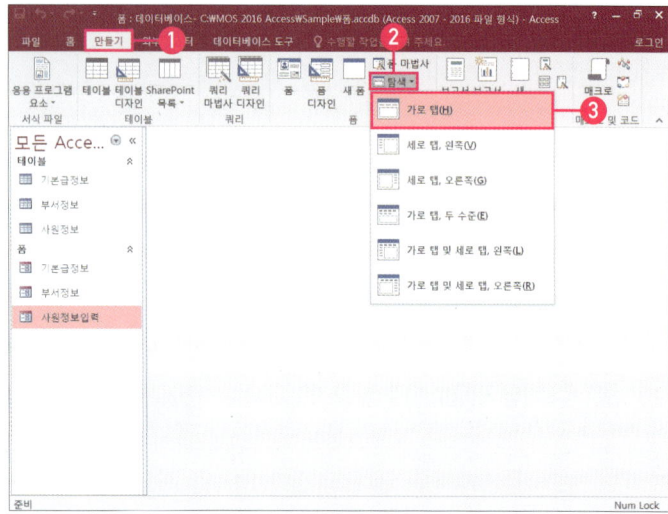

02 탐색 폼이 만들어지면 [탐색] 창의 **[기본급정보]** 폼을 **[새로 추가]** 탭 부분으로 드래그합니다.

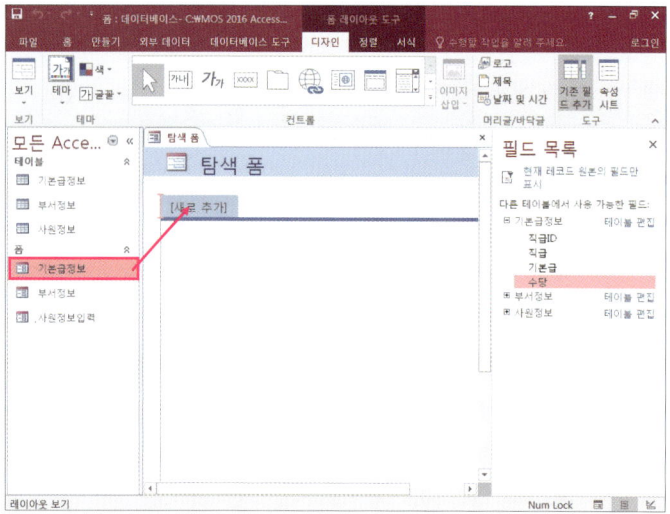

03 그림과 같이 폼이 추가됩니다.

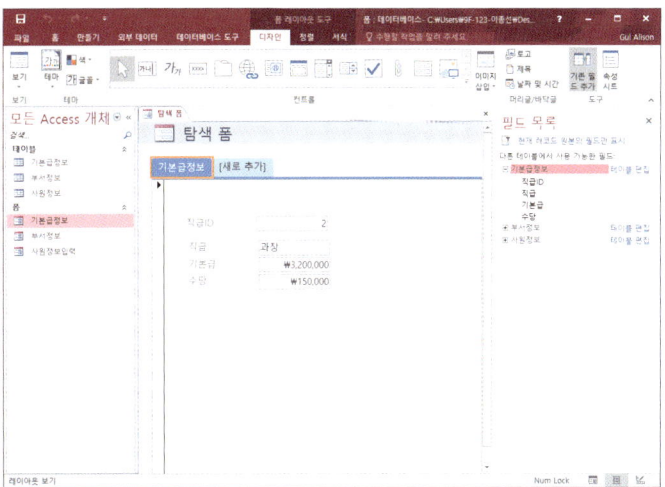

04 같은 방법으로 [탐색] 창의 **[사원정보입력]** 폼을 **[새로 추가]** 탭에 드래그하여 추가합니다.

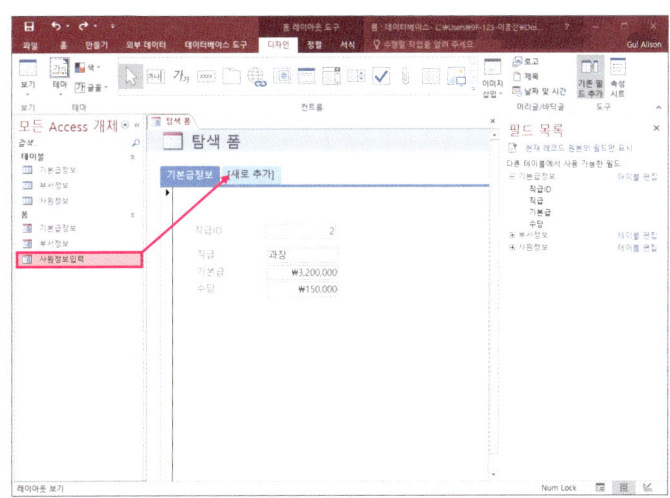

05 완성된 폼을 저장하기 위해 빠른 실행 도구 모음의 **[저장(🖫)]**을 클릭합니다.

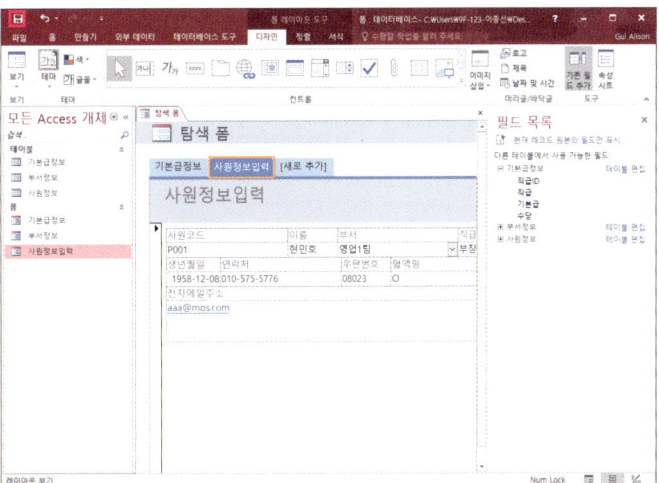

06 [다른 이름으로 저장] 대화상자가 나타나면 폼 이름을 '**인사정보 탐색**'으로 입력하고 [**확인**] 단추를 클릭합니다.

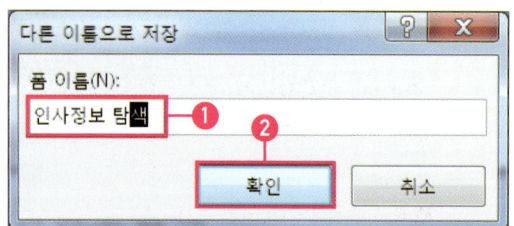

07 [탐색] 창의 폼 목록에 **"인사정보 탐색"** 폼이 만들어집니다.

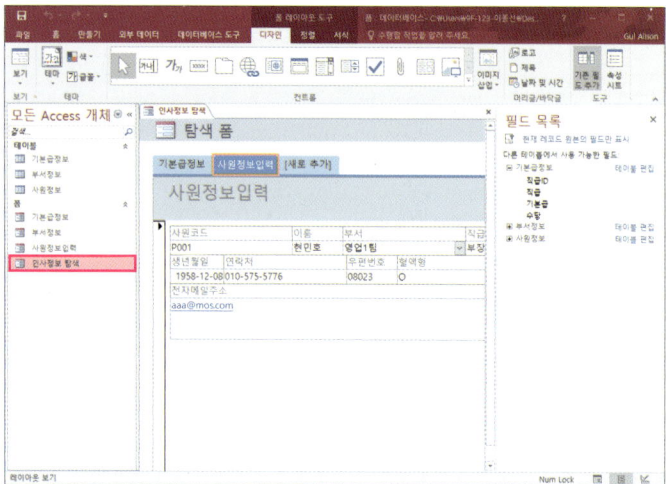

08 [폼] 창의 [**닫기(☒)**] 단추를 클릭합니다.

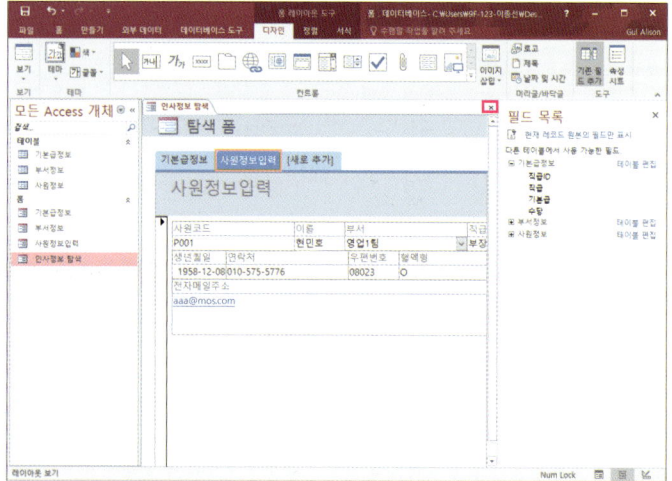

폼 삭제하기

데이터베이스에서 "부서정보" 폼을 삭제하시오.

01 [탐색] 창에서 삭제할 [**부서정보**] 폼에서 마우스 오른쪽 단추를 클릭한 후 [**삭제**]를 선택합니다.

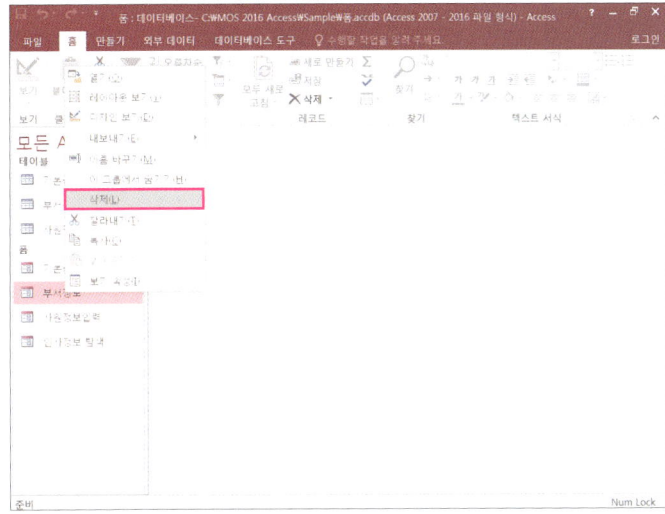

02 "영구적으로 삭제하시겠습니까?"라고 묻는 대화상자가 나타나면 [**예**] 단추를 클릭합니다.

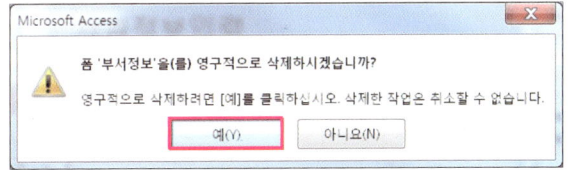

03 그림과 같이 선택한 폼이 삭제됩니다.

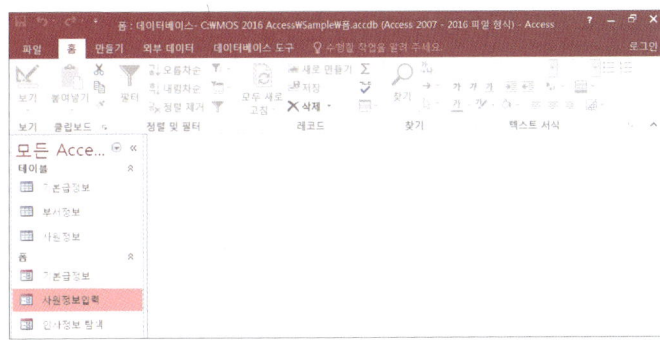

> **PLUS**
> 폼을 삭제하면 영구적으로 삭제되어 복원할 수 없습니다.

📄 예제파일 : 예제4-01.accdb 📄 완성파일 : 완성4-01.accdb

01. 폼 마법사를 이용하여 "거래처목록" 테이블의 모든 필드를 포함하는 "<u>거래처목록</u>"이라는 이름의 새 폼을 만드시오.

02. 왼쪽 가로 탭에는 "거래처목록" 폼을, 오른쪽 가로 탭에는 "납품현황" 폼을 표시하는 "<u>관리</u>"라는 탐색 폼을 추가하시오.

03. "제품목록" 폼을 삭제하시오.

Section 02 폼 디자인 옵션 적용

폼에 머리글이나 바닥글, 날짜 및 시간 등과 같은 요소나 여러 가지 컨트롤을 삽입하여 폼을 디자인 할 수 있습니다. 또한 테마 서식을 적용하여 폼을 디자인할 수 있습니다.

Check Point 테마 설정, 서식 변경, 컨트롤 추가, 머리글/바닥글, 정렬

◉ 예제파일 : 폼 디자인 변경.accdb

Skill 01 폼 디자인 변경하기

"제품목록" 폼의 머리글에 "날짜 및 시간"을 삽입하고 폼을 저장하시오.

01 [탐색] 창에서 디자인을 변경할 [제품목록] 폼에서 마우스 오른쪽 단추를 클릭한 후 [디자인 보기]를 선택합니다.

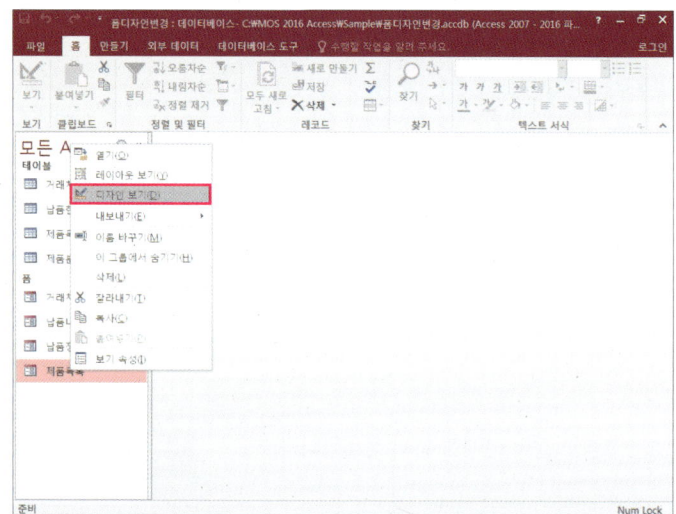

02 폼의 머리글에 날짜 및 시간을 추가하기 위해 [폼 디자인 도구] - [디자인] 탭 - [머리글/바닥글] 그룹 - [날짜 및 시간]을 클릭합니다.

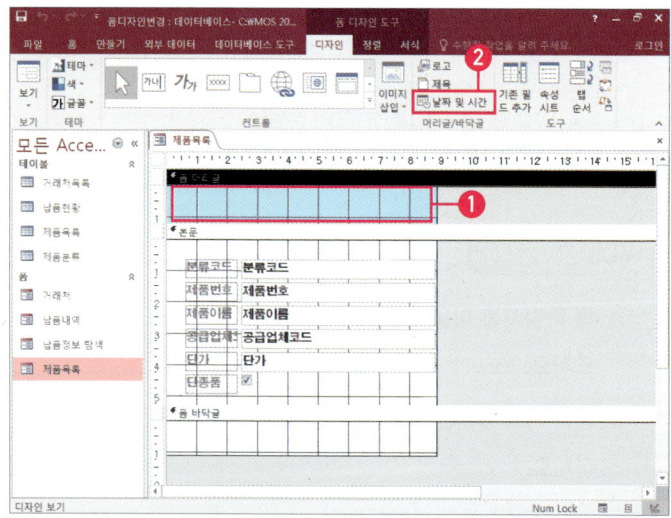

03 [날짜 및 시간] 대화상자가 나타나면 그림과 같이 삽입할 '**날짜**'와 '**시간**' 형식을 선택한 후 [**확인**] 단추를 클릭합니다.

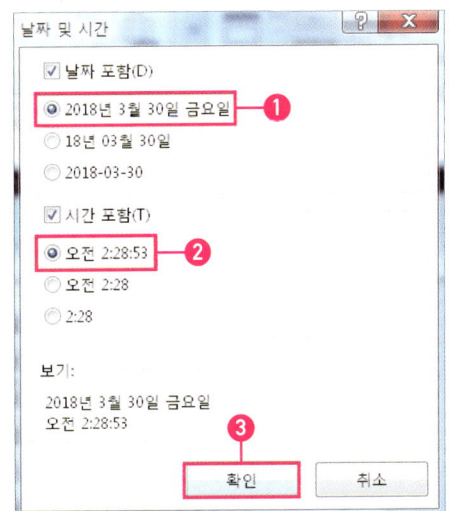

04 선택한 구역에 '날짜 및 시간'이 삽입됩니다.

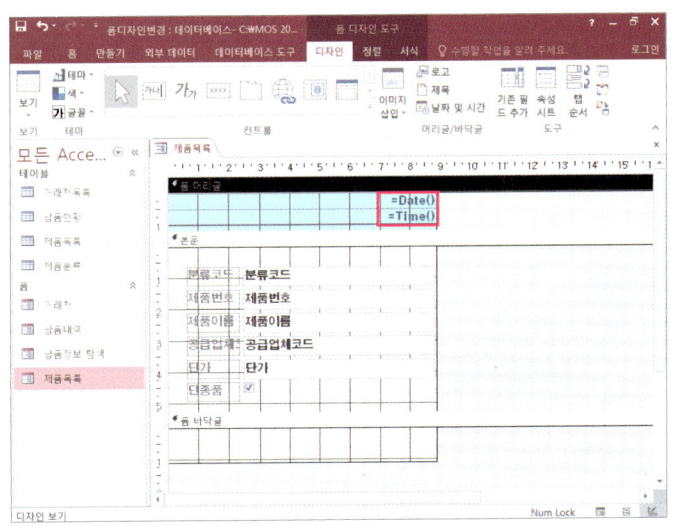

05 수정한 폼을 저장하기 위해 빠른 실행 도구 모음의 [**저장(🖫)**]을 클릭합니다.

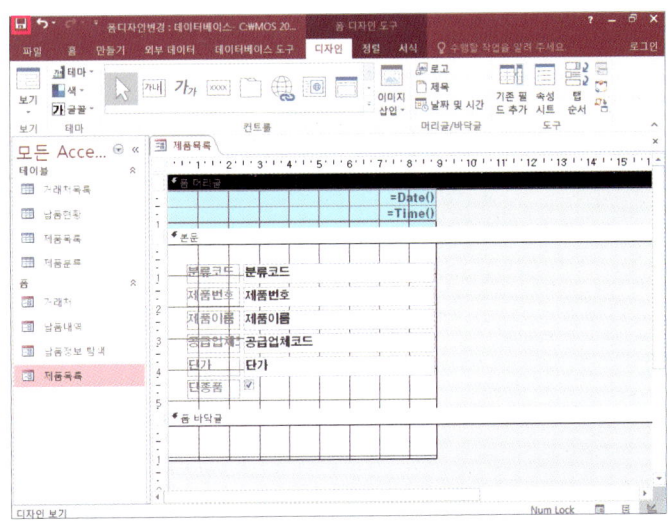

Skill 02 폼 서식 변경하기

"거래처" 폼에 추억 테마를 적용하고, 테마 색을 Office, 테마 글꼴을 돋움으로 적용하고 폼을 저장하시오.

01 [탐색] 창에서 디자인을 변경할 [거래처] 폼에서 마우스 오른쪽 단추를 클릭한 후 [디자인 보기]를 선택합니다.

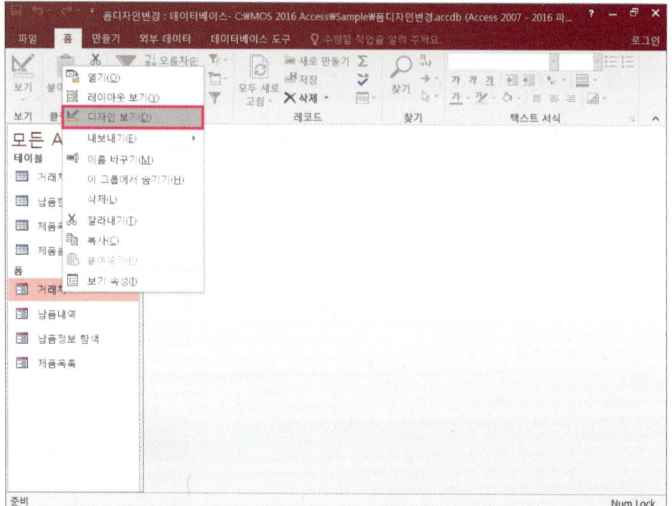

02 [폼 디자인 도구] - [디자인] 탭 - [테마] 그룹 - [테마] - [추억] 테마를 선택합니다.

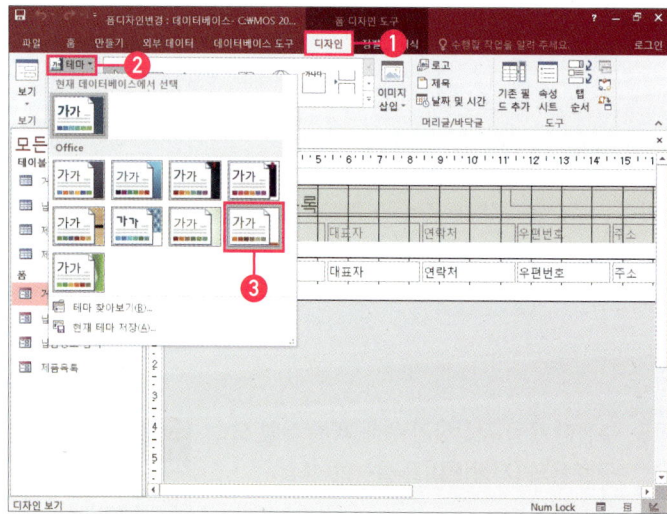

PLUS
테마를 적용한 후 테마 색이나 테마 글꼴은 부분적으로 변경이 가능합니다.

03 선택한 테마에 따라 색, 글꼴 등이 모두 바뀝니다.

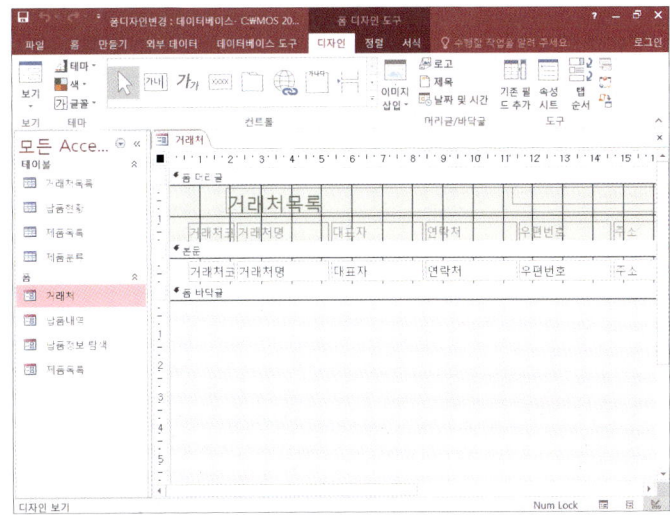

04 [폼 디자인 도구] - [디자인] 탭 - [테마] 그룹 - [색] - **[Office]**를 선택합니다.

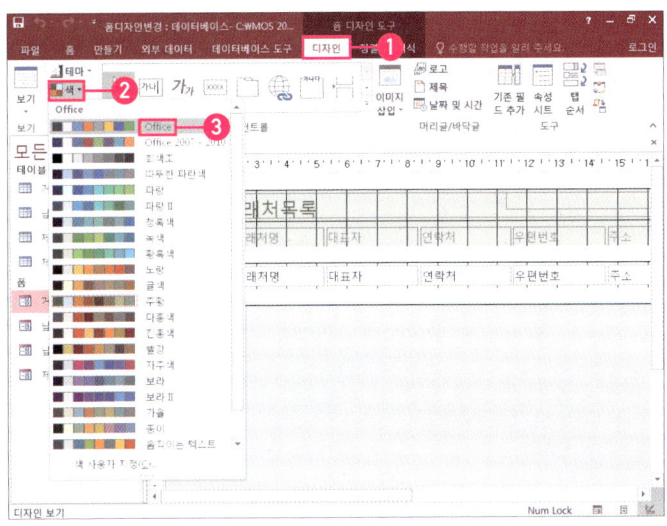

05 지정한 색으로 폼의 배경색이 바뀝니다.

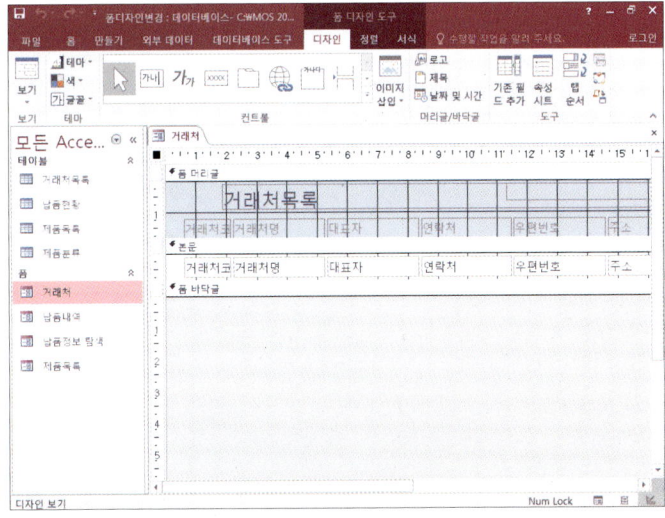

06 [폼 디자인 도구] - [디자인] 탭 - [테마] 그룹 - [글꼴] - [**굴림**]을 선택합니다.

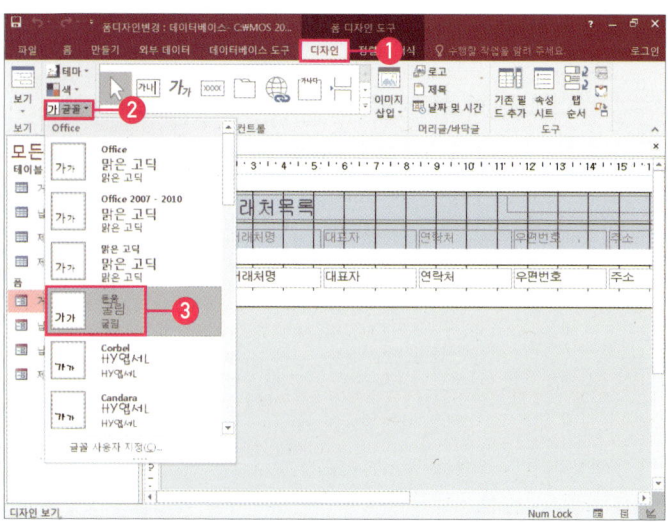

07 그림과 같이 선택한 글꼴로 바뀝니다.

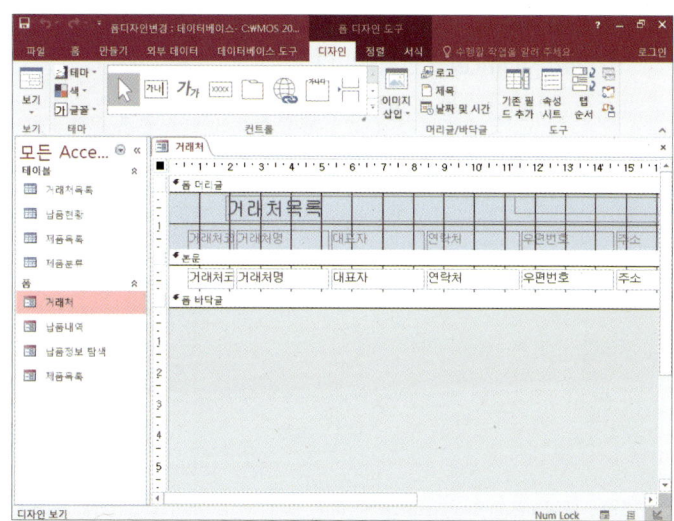

08 수정한 폼을 저장하기 위해 빠른 실행 도구 모음의 [**저장(🔲)**]을 클릭합니다.

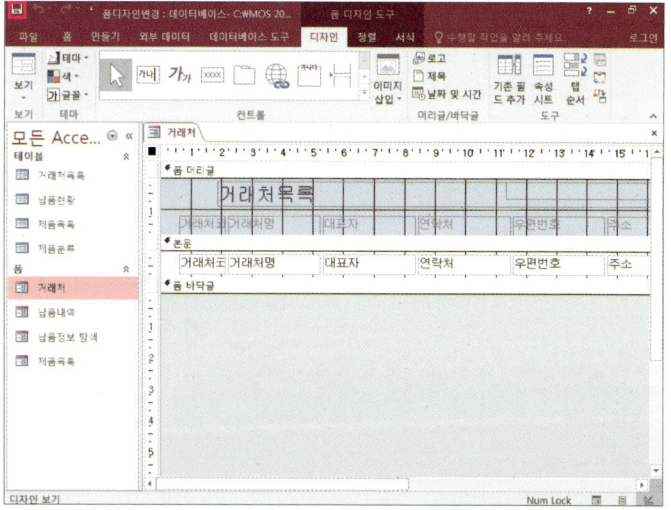

컨트롤 추가

"제품목록" 폼에 명령 단추 컨트롤을 삽입하고, 새 레코드를 추가하는 매크로 함수를 지정하시오. 명령 단추에 "**레코드 추가**"라고 표시하고, 명령 단추 이름을 "**레코드 추가**"라고 지정하시오.

01 [탐색] 창에서 디자인을 변경할 [**제품목록**] 폼에서 마우스 오른쪽 단추를 클릭한 후 [**디자인 보기**]를 선택합니다.

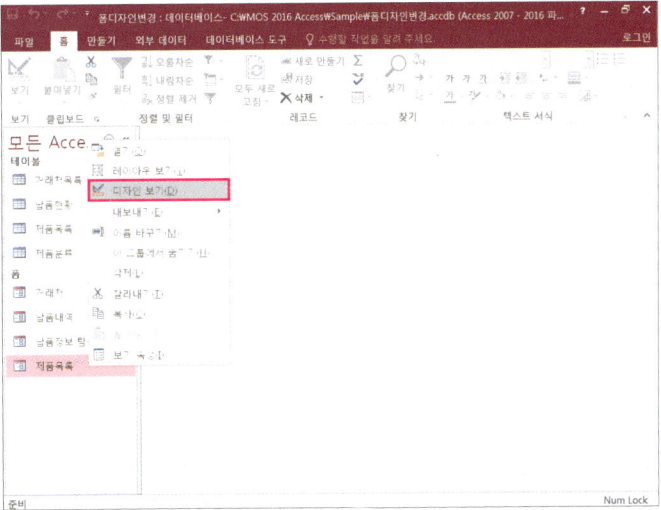

02 [폼 디자인 도구] - [디자인] 탭 - [컨트롤] 그룹에서 추가할 [**단추**] 양식 컨트롤을 선택합니다.

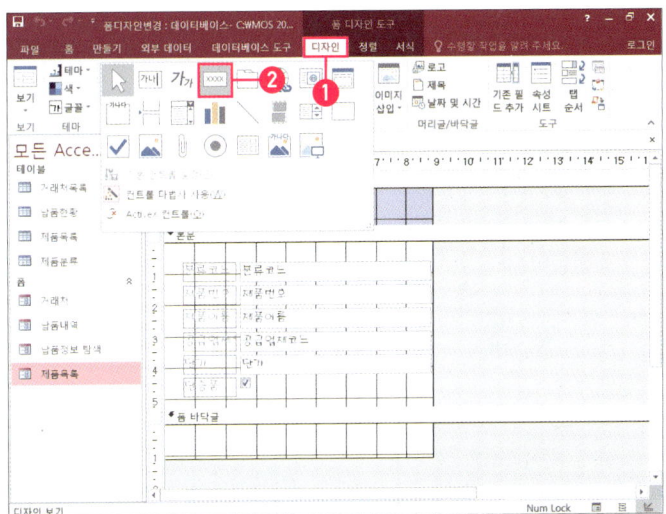

03 마우스 포인터 모양이 🖽로 바뀌면 폼에 드래그해 **컨트롤**을 그립니다.

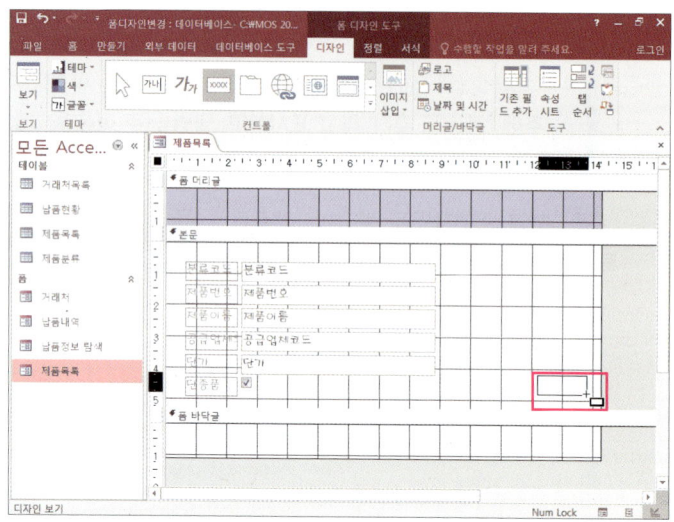

04 [명령 단추 마법사] 대화상자가 나타나면 종류는 '**레코드 작업**', 매크로 함수는 '**새 레코드 추가**'를 선택하고 [**다음**] 단추를 클릭합니다.

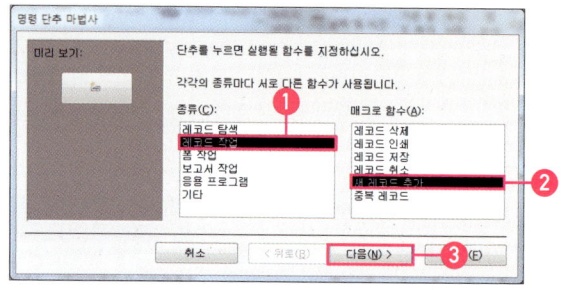

05 '**텍스트**'를 선택하고 표시할 텍스트에 '**레코드 추가**'를 입력한 후 [**다음**] 단추를 클릭합니다.

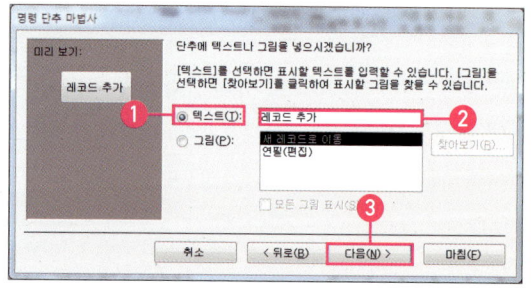

06 단추 이름을 '**레코드 추가**'라고 입력한 후 [**마침**] 단추를 클릭합니다.

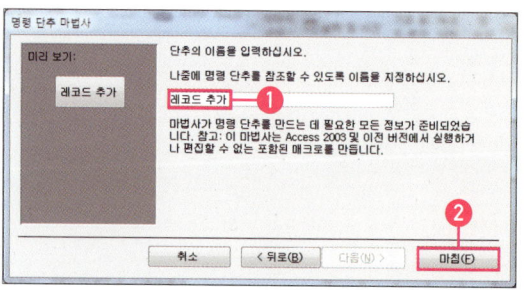

07 폼에 "레코드 추가" 단추가 만들어집니다.

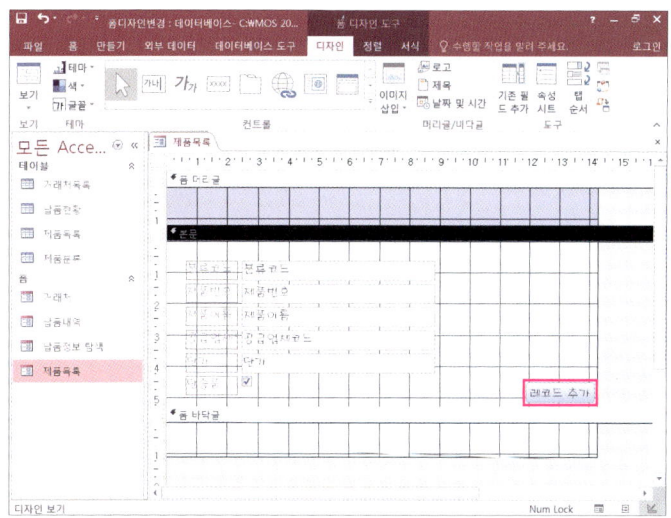

08 수정한 폼을 저장하기 위해 빠른 실행 도구 모음의 [**저장(** 🖫 **)**]을 클릭합니다.

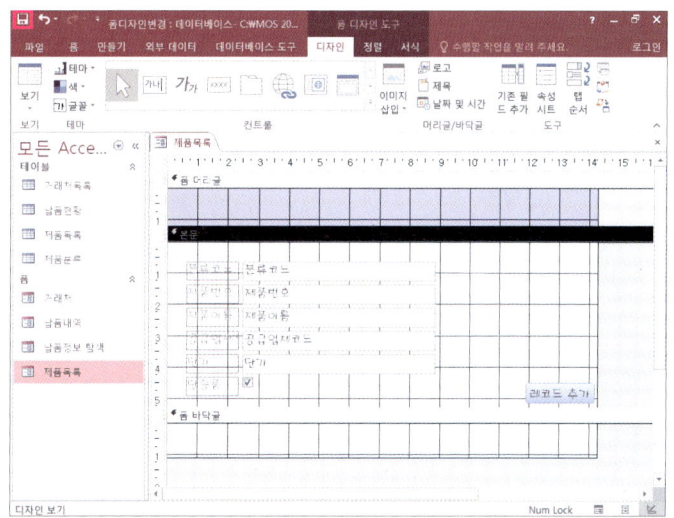

Skill 04 폼 머리글/바닥글 영역

"제품분류" 폼의 머리글에 "제품분류"라는 제목을 삽입한 후, 폼을 저장하시오.

01 [탐색] 창에서 디자인을 변경할 [제품분류] 폼에서 마우스 오른쪽 단추를 클릭한 후 [디자인 보기]를 선택합니다.

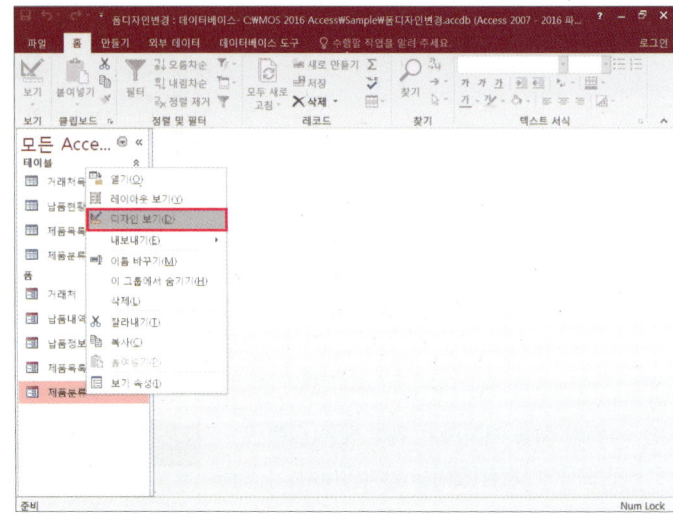

02 폼 머리글을 추가하기 위해 폼의 빈 부분에서 마우스 오른쪽 단추를 클릭한 후 [폼 머리글/바닥글]을 선택합니다.

PLUS
폼 머리글 섹션은 항상 폼 상단에 표시할 내용을 배치하는 곳입니다. 로고, 제목, 날짜 및 시간 또는 기타 컨트롤을 삽입해 테이블에 데이터와 연결하여 표시할 수도 있습니다.

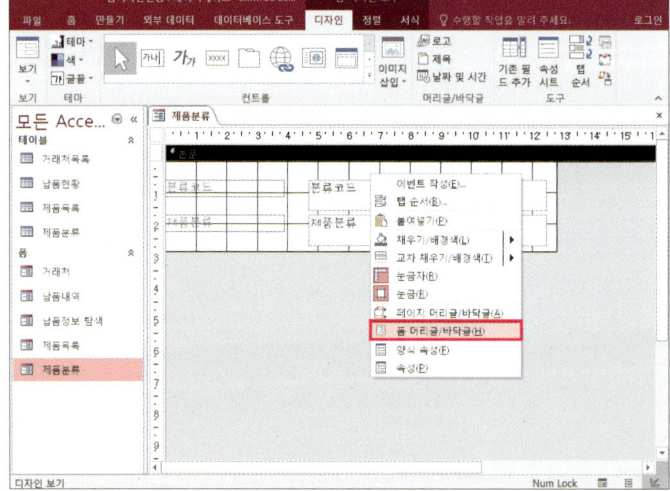

03 머리글이 나타나면 [폼 디자인 도구] - [디자인] 탭 - [머리글/바닥글] 그룹 - **[제목]**을 클릭합니다.

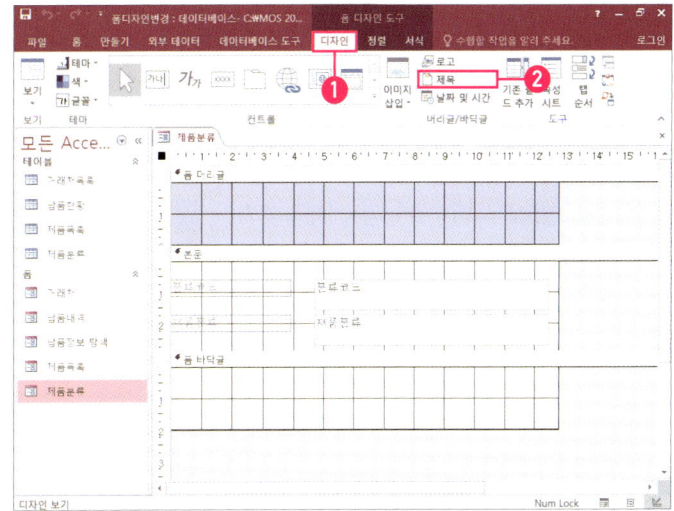

04 폼 머리글에 제목이 만들어집니다.

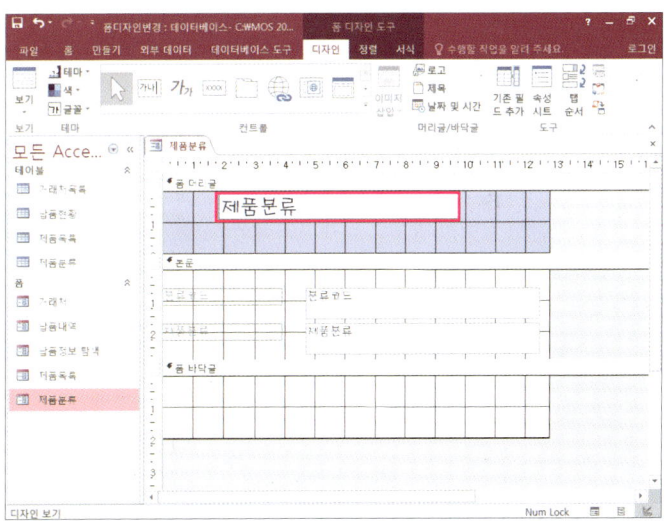

05 수정한 폼을 저장하기 위해 빠른 실행 도구 모음의 **[저장(🔲)]**을 클릭합니다.

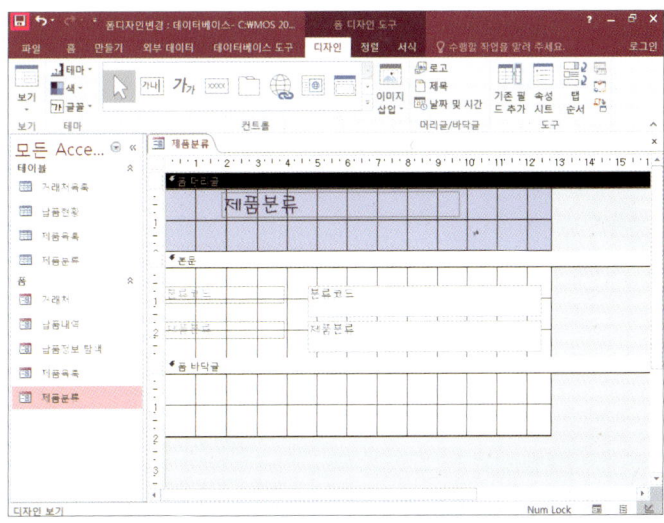

컨트롤의 크기 및 순서 조정하기

"제품 추가 입력" 폼에서 모든 컨트롤을 세로 간격이 모두 같아지도록 조정하고, 왼쪽으로 맞추시오. 폼을 저장하시오.

01 [탐색] 창에서 디자인을 변경할 [제품 추가 입력] 폼에서 마우스 오른쪽 단추를 클릭한 후 [디자인 보기]를 선택합니다.

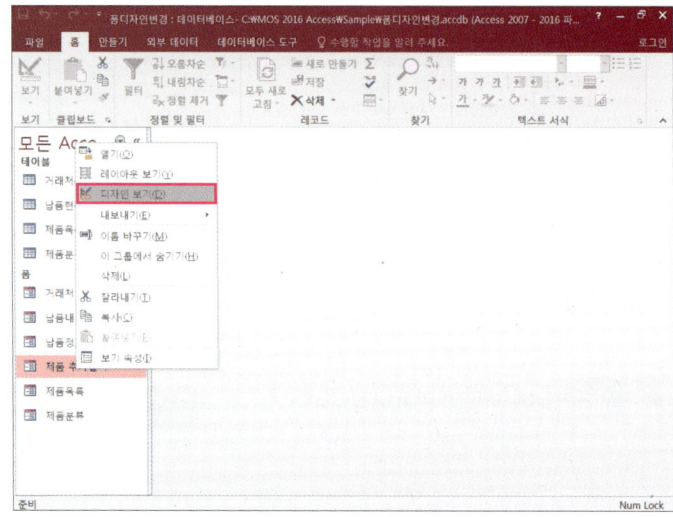

02 [폼 디자인] 창에서 마우스 드래그로 **모든 컨트롤**을 선택합니다.

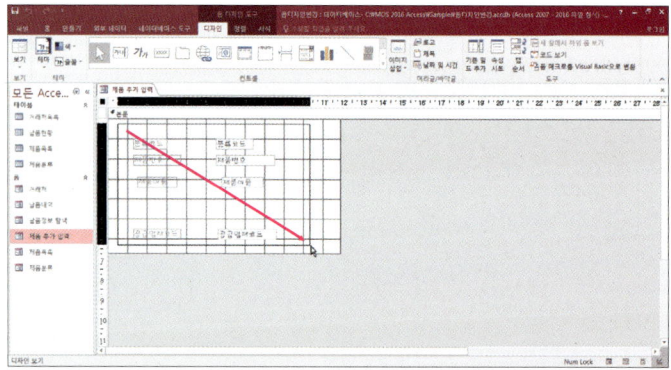

03 [폼 디자인 도구] - [정렬] 탭 - [크기 및 순서 조정] 그룹에서 [크기/공간] - [가장 넓은 너비에] 명령을 클릭합니다.

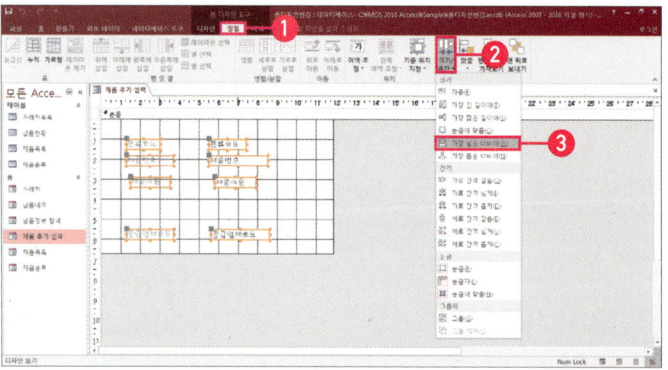

04 컨트롤의 크기가 가장 넓은 너비의 크기와 같게 바뀝니다.

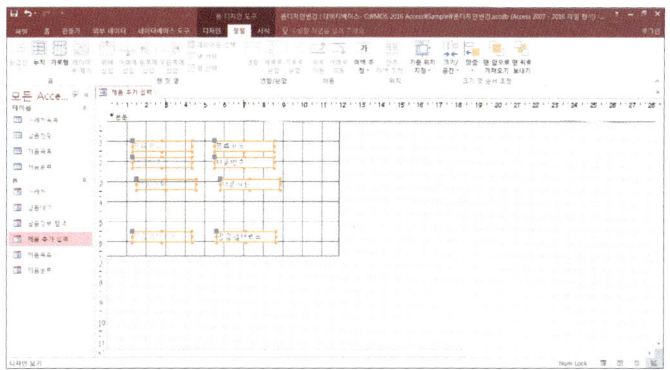

05 컨트롤의 세로 간격을 조절하기 위해 [폼 디자인 도구] - [정렬] 탭 - [크기 및 순서 조정] 그룹에서 [크기/공간] - **[세로 간격 같음]**을 선택합니다.

06 세로 간격이 같게 조정이 됩니다.

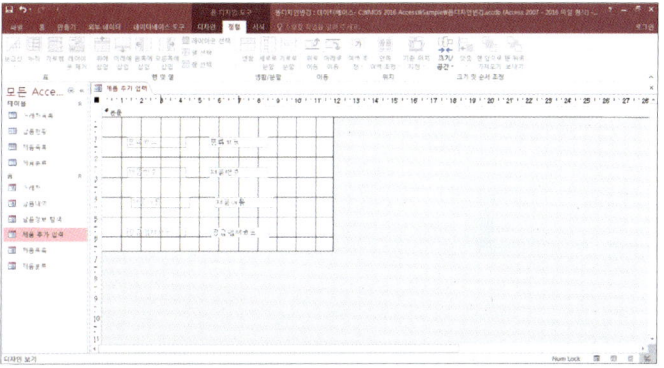

07 이번에는 왼쪽으로 맞추기 위해 [폼 디자인 도구] - [정렬] 탭 - [크기 및 순서 조정] 그룹 - [맞춤] - **[왼쪽]**을 클릭합니다.

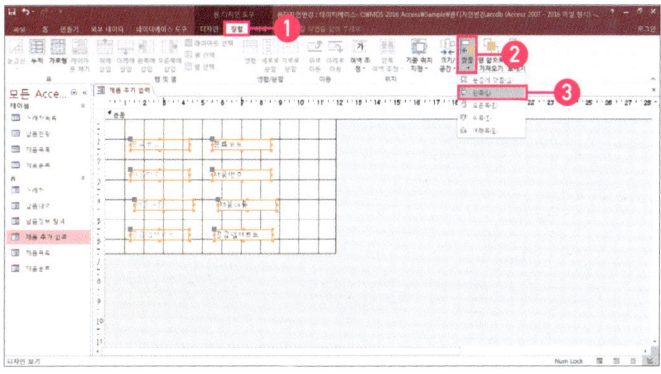

08 수정한 폼을 저장하기 위해 빠른 실행 도구 모음의 [저장(🖫)]을 클릭합니다.

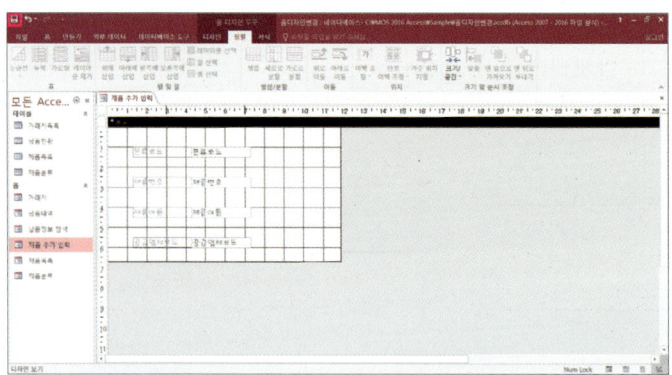

Skill 06 폼 탭 순서 자동 정렬

"제품목록" 폼에서 탭 순서를 자동으로 정렬하여 모든 요소의 순서대로 이동하게 한 후, 해당 폼을 저장하시오.

01 [탐색] 창에서 디자인을 변경할 [제품목록] 폼에서 마우스 오른쪽 단추를 클릭한 후 [디자인 보기]를 선택합니다.

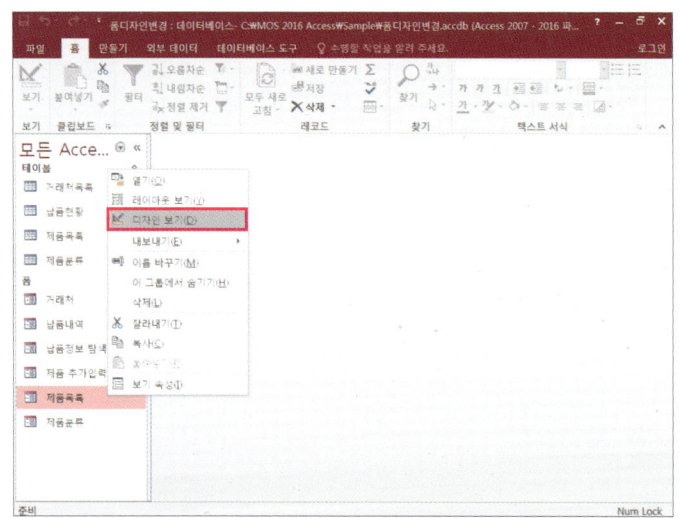

02 탭 순서를 지정하기 위해 [폼 디자인 도구] - [디자인] 탭 - [도구] 그룹 - [탭 순서]를 클릭합니다.

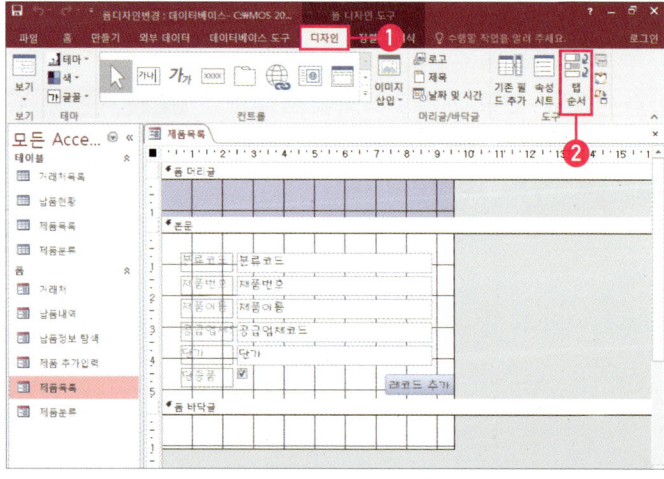

03 [탭 순서] 대화상자가 나타나면 [**자동 순서**] 단추를 클릭합니다.

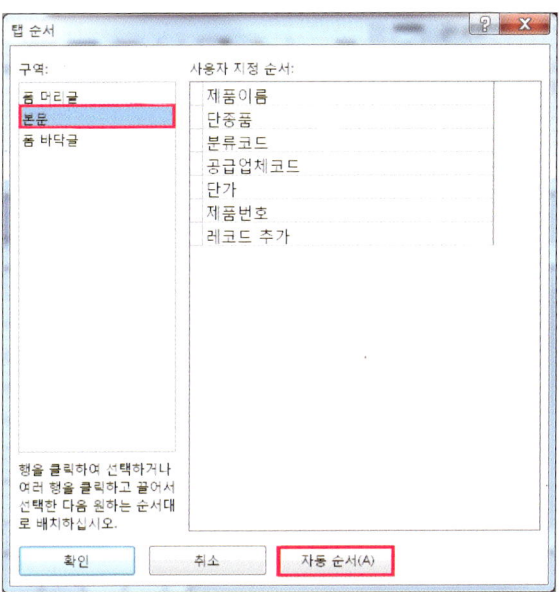

04 폼에 삽입되어 있는 컨트롤 순서에 맞춰 탭 순서가 바뀌면 [**확인**] 단추를 클릭합니다.

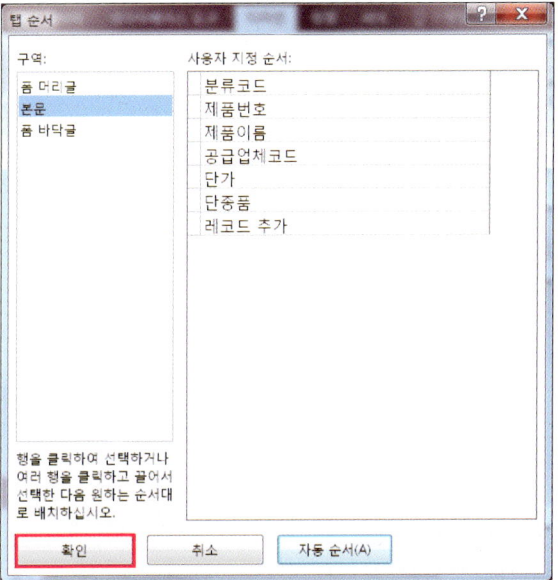

05 수정한 폼을 저장하기 위해 빠른 실행 도구 모음의 [저장(■)]을 클릭합니다.

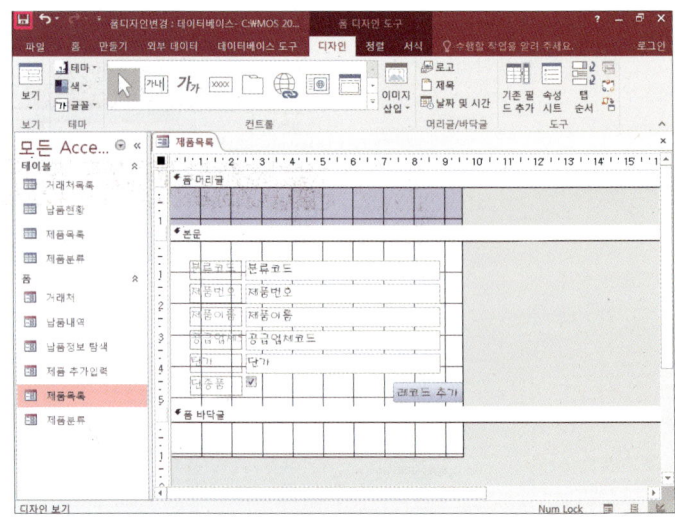

※ 예제파일 : 예제4-02.accdb   ※ 완성파일 : 완성4-02.accdb

01. "사원정보입력" 폼에 추억 테마를 적용하시오.

02. "사원정보입력" 폼에서 모든 컨트롤에 볼록 효과를 적용하시오.

03. "사원정보입력" 폼에서 탭 순서를 자동으로 정렬하여 모든 요소의 순서대로 이동하게 한 후 해당 폼을 저장하시오.

Chapter 5
보고서 작성

Section 01 보고서 만들기
Section 02 보고서 페이지 설정하기

Section 01 보고서 만들기

보고서는 테이블이나 쿼리 데이터를 원하는 형식의 인쇄물로 출력해 보기 위한 개체입니다. 보고서는 테이블이나 쿼리를 원본으로 하여 작성합니다.

Check Point 보고서 마법사, 보고서 디자인 도구

예제파일 : 보고서.accdb

Skill 01 보고서 마법사로 새로운 보고서 만들기

보고서 마법사를 "사원 정보" 테이블의 "혈액형"을 제외한 모든 필드가 포함된 보고서를 만드시오. "부서" 필드와 "성명" 필드를 내림차순으로 정렬하고, 테이블 형식 세로 방향으로 만든 후, 보고서의 이름은 **"부서별 사원정보"**로 지정하시오. '부서별 사원정보' 보고서를 미리 보기로 표시하시오.

01 새로운 보고서를 만들기 위해 [만들기] 탭 - [보고서] 그룹 - **[보고서 마법사]**를 클릭합니다.

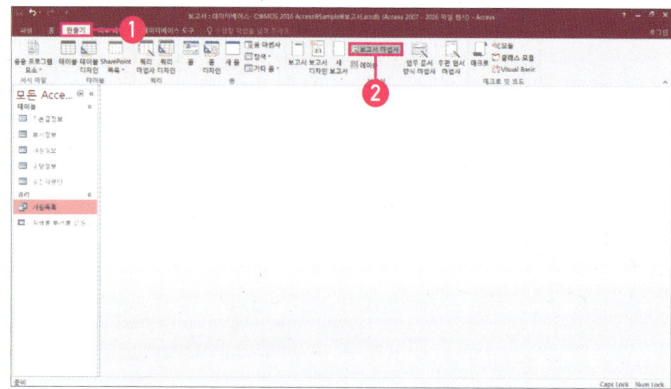

02 [보고서 마법사] 대화상자가 나타나면 보고서에 넣을 **'테이블: 사원정보'**를 선택합니다. [사용 가능한 필드]에서 '혈액형'을 제외한 필드를 모두 선택하고 **[필드 선택(>)]** 단추를 클릭해 필드를 추가한 후, **[다음]** 단추를 클릭합니다.

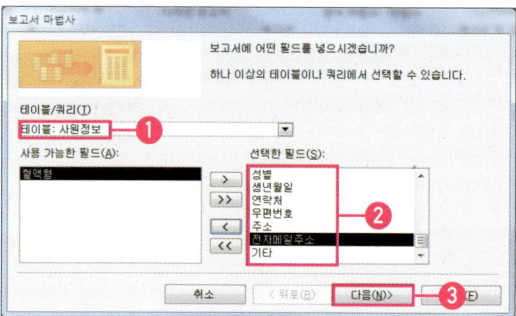

03 그룹 수준을 지정하지 않으려면 [필드 제거(◁)] 단추를 클릭해 해제하고 [다음] 단추를 클릭합니다.

> **PLUS**
> 그룹 수준은 [필드 선택(▷)] 또는 [필드 제거(◁)] 단추를 사용하여 지정하거나 해제할 수 있습니다.

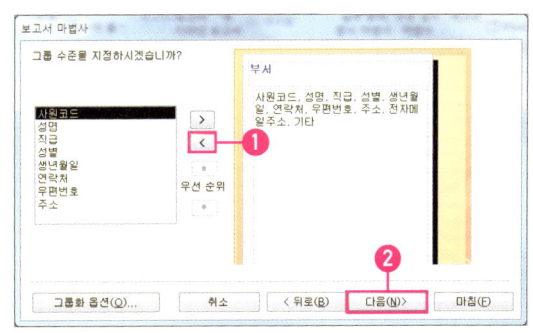

04 레코드 정렬 순서를 지정하기 위해 정렬할 기준 필드로 **1 수준의 목록단추(▼)**를 클릭해 '**부서**' 필드를 선택하고, [**오름차순**] 단추를 클릭해 '내림차순'으로 선택합니다. **2 수준의 목록 단추(▼)**를 클릭해 '**성명**'을 선택하고, [**오름차순**] 단추를 클릭해 '내림차순'으로 선택한 후 [**다음**] 단추를 클릭합니다.

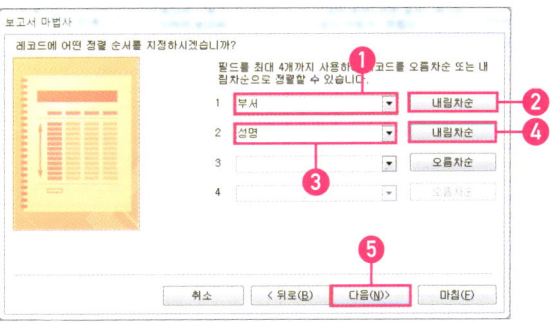

05 [모양]은 '**테이블 형식**', [용지 방향]은 '**세로**'를 지정한 후 [**다음**] 단추를 클릭합니다.

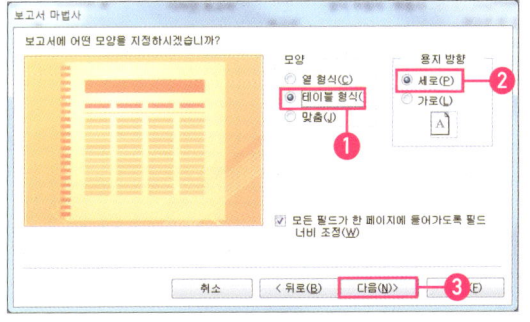

> **PLUS**
> - 모양 : 보고서에서 필드의 배치 레이아웃을 단계, 열 형식, 테이블 형식, 맞춤 중에서 선택합니다.
> - 용지 방향 : 보고서 용지의 방향을 세로 및 가로 중에서 선택합니다.
> - 모든 필드가 한 페이지에 들어가도록 필드 너비 조정 : 보고서의 모든 필드가 한 페이지 너비에 모두 포함되지 않는다면 필드의 너비를 조정해 한 페이지에 포함되도록 자동으로 설정하는 옵션입니다.

06 보고서 제목은 '**부서별 사원정보**'로 입력한 후 '**보고서 미리 보기**'를 지정하고 [**마침**] 단추를 클릭합니다.

> **PLUS**
> - 보고서 미리 보기 : 완성된 보고서가 인쇄 미리 보기로 열립니다.
> - 보고서 디자인 수정 : 완성된 보고서가 디자인 보기로 열립니다.

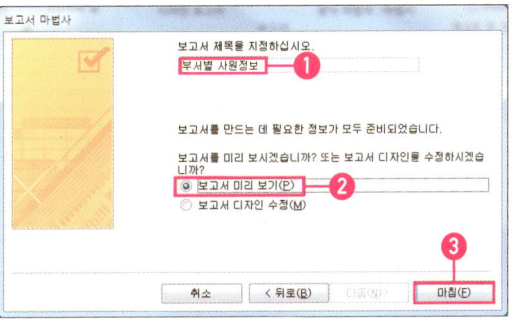

07 보고서가 만들어집니다.

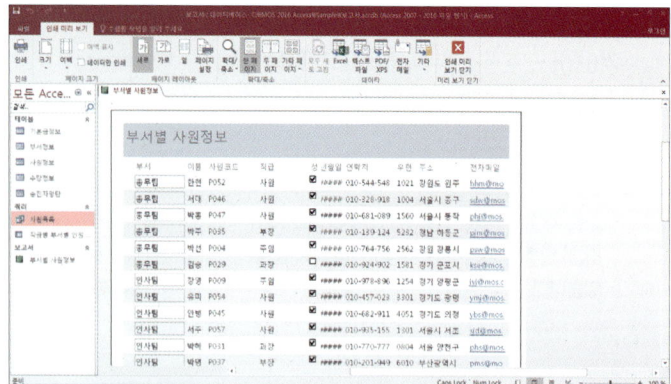

Skill 02 새 보고서로 새로운 보고서 만들기

새 보고서를 사용하여 "사원정보" 테이블의 "직급", "성명", "연락처", "주소", "전자메일주소" 필드를 포함하는 "사원 주소록" 이름의 새 보고서를 만드시오.

01 새로운 보고서를 만들기 위해 [만들기] 탭 - [보고서] 그룹 - [새 보고서]를 클릭합니다.

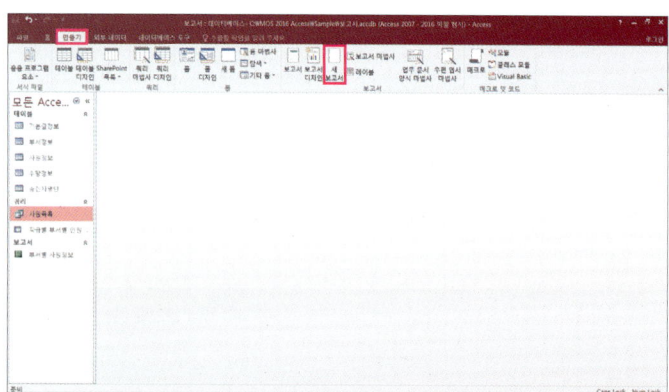

02 [필드 목록] 작업 창에서 [모든 테이블 표시]를 클릭합니다.

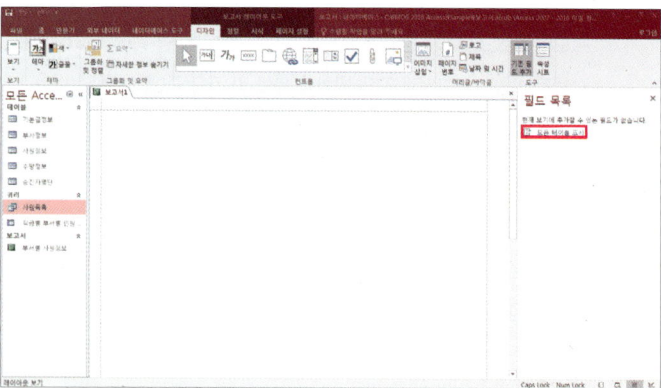

03 테이블 목록이 표시되면 [사원정보] 테이블의 ⊞를 클릭해 테이블을 확장한 후 '**직급**' 필드를 보고서 레이아웃 화면으로 드래그합니다.

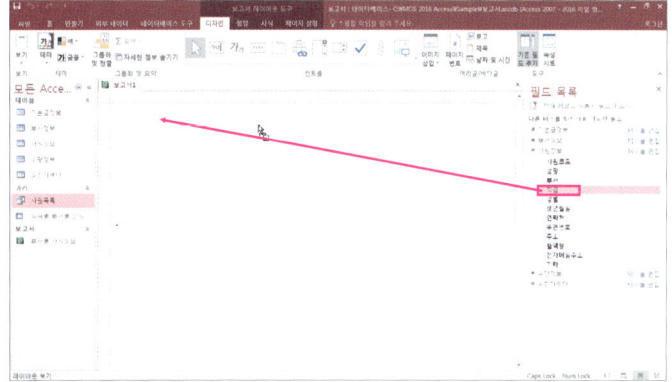

04 계속해서 '**성명**'을 선택하고 Ctrl 키를 누른 상태에서 '**연락처**', '**주소**', '**전자메일주소**' 필드를 차례로 클릭해 동시에 선택한 후, 보고서의 '**직급**' 필드 오른쪽으로 드래그 합니다.

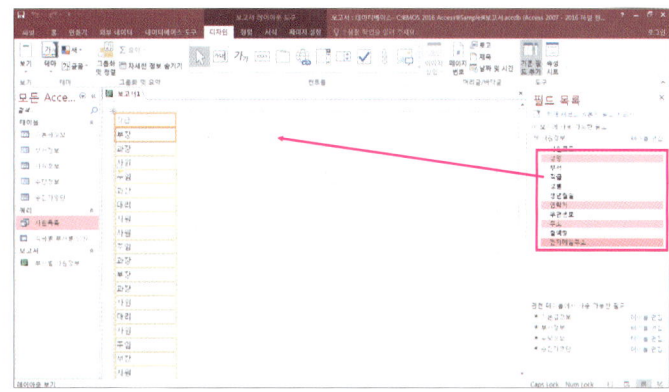

05 보고서를 저장하기 위해 빠른 실행 도구 모음의 [**저장(🖫)**]을 클릭합니다.

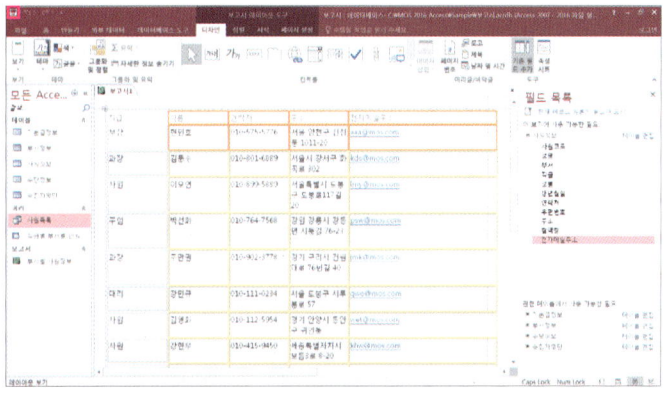

06 [다른 이름으로 저장] 대화상자가 나타나면 '**사원 주소록**'을 입력하고 [**확인**] 단추를 클릭합니다.

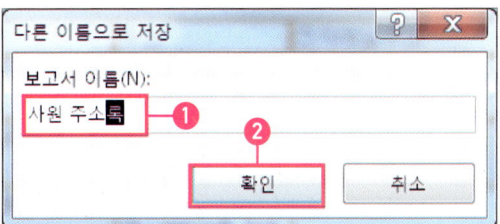

07 보고서가 만들어집니다.

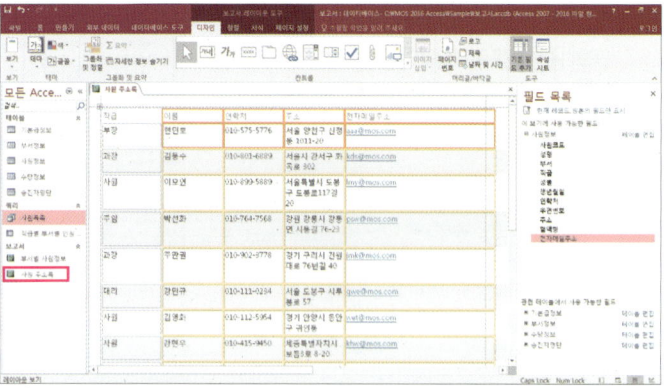

Skill 03 보고서 디자인으로 새로운 보고서 만들기

보고서 디자인을 사용하여 "승진자 명단" 테이블의 모든 필드를 포함하여 "승진자 명단"이라는 이름으로 저장해 새 보고서를 만드시오.

01 새로운 보고서를 만들기 위해 [만들기] 탭 - [보고서] 그룹 - [보고서 디자인]을 클릭합니다.

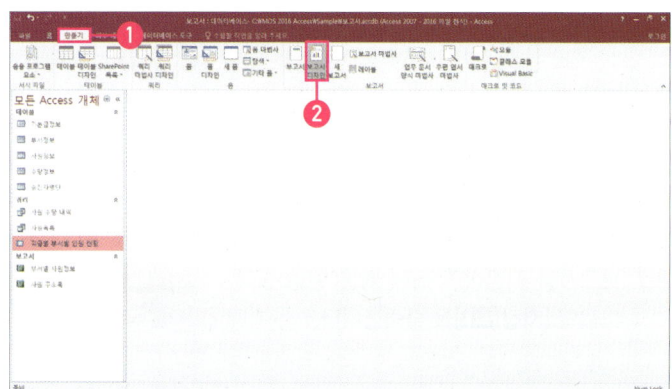

02 [필드 목록] 작업 창에서 [모든 테이블 표시]를 클릭합니다.

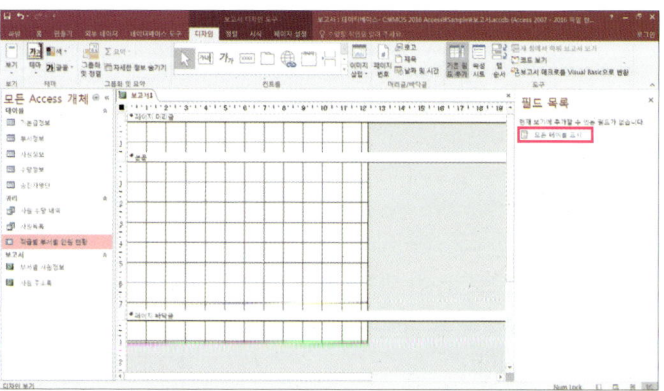

134 Part 01 • 유형분석

03 테이블 목록이 표시되면 [승진자명단] 테이블의 ⊞를 클릭해 테이블을 확장한 후 '**사원코드**' 필드를 보고서 레이아웃 화면으로 드래그합니다.

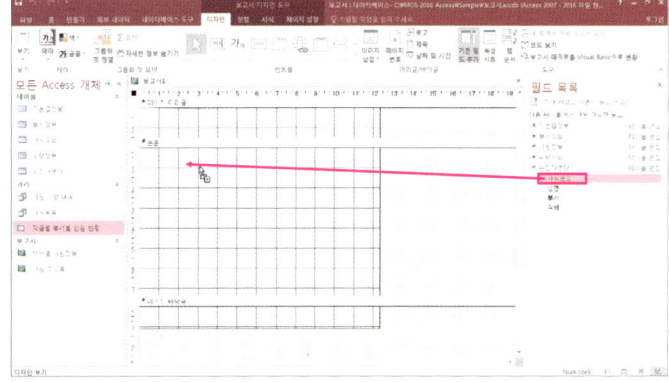

04 계속해서 '**성명**'을 선택하고 Ctrl 키를 누른 상태에서 '**부서**', '**직급**' 필드를 차례로 클릭해 동시에 선택한 후 보고서의 '사원코드' 필드 아래쪽으로 드래그 합니다.

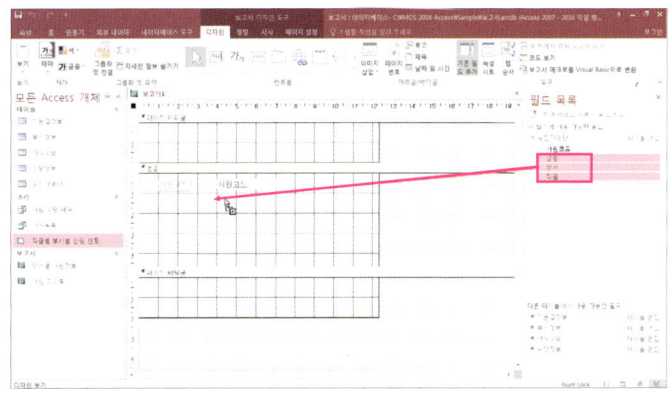

05 보고서를 저장하기 위해 빠른 실행 도구 모음의 [**저장(**🖫**)**]을 클릭합니다.

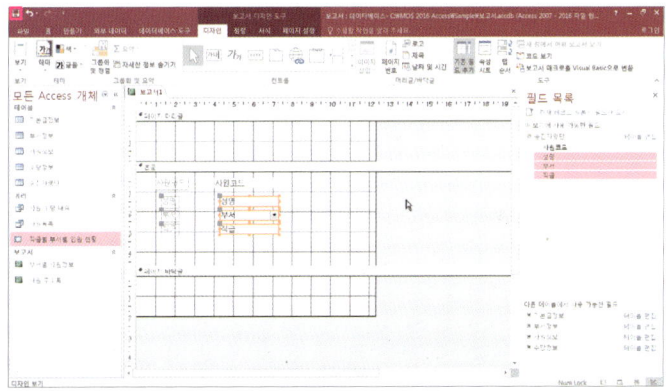

06 [다른 이름으로 저장] 대화상자가 나타나면 '**승진자 명단**'을 입력하고 [**확인**] 단추를 클릭합니다.

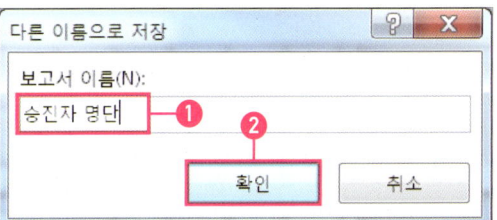

07 보고서가 만들어집니다.

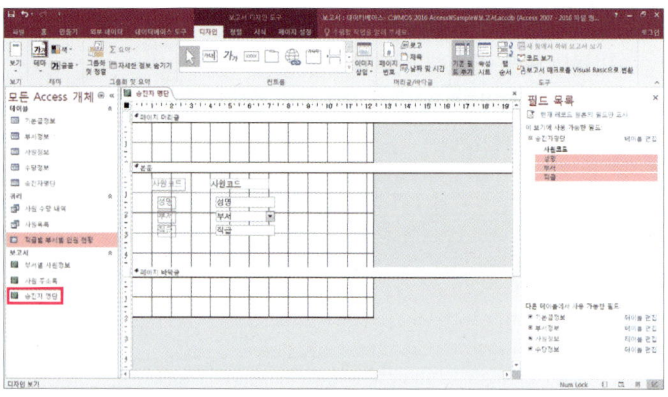

◉ 예제파일 : 예제5-01.accdb ◉ 완성파일 : 완성5-01.accdb

01. 보고서 마법사를 이용하여 "판매내역" 쿼리의 모든 필드가 포함된 보고서를 만드시오. "판매일자" 필드를 오름차순으로 정렬하고, 테이블 형식의 세로 방향으로 만든 후, 보고서의 이름은 "판매 내역 인쇄"로 지정하시오. "판매 내역 인쇄" 보고서를 인쇄 미리 보기로 표시하시오.

02. 새 보고서를 이용하여 "판매" 테이블의 모든 필드를 사용하여 "판매 보고"라는 이름의 보고서를 만드시오.

Section 02 보고서 페이지 설정하기

보고서의 여백을 조정하거나 페이지 레이아웃, 테마 등을 변경하여 보고서 페이지를 설정할 수 있습니다.

Check Point 보고서 페이지 · 테마 · 서식 · 정렬 · 페이지 번호 설정

◉ 예제파일 : 보고서 페이지 설정.accdb

Skill 01 보고서에서 여백 조정하기

"부서별 사원정보" 보고서에서 여백을 좁게로 변경한 후, 보고서를 저장하시오.

01 [탐색] 창의 [부서별 사원정보] 보고서에서 마우스 오른쪽 단추를 클릭한 후 [디자인 보기]를 선택합니다.

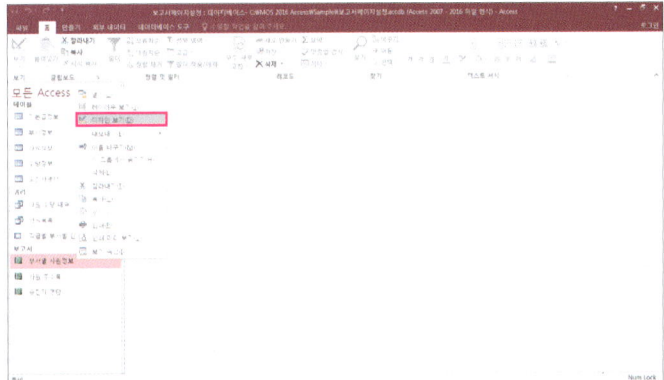

02 보고서가 디자인 보기로 표시됩니다.

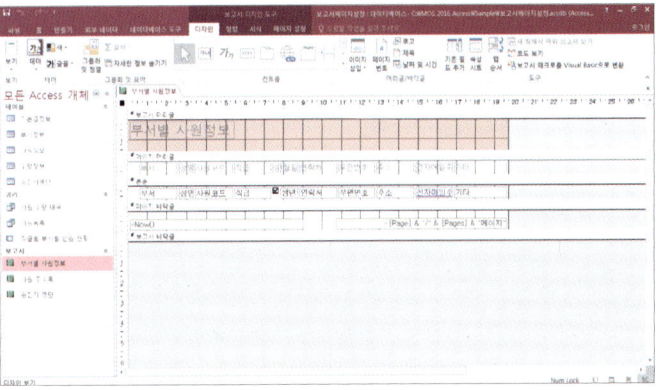

03 [보고서 디자인 도구] - [페이지 설정] 탭 - [페이지 크기] 그룹 - [여백] - **[좁게]**를 선택합니다.

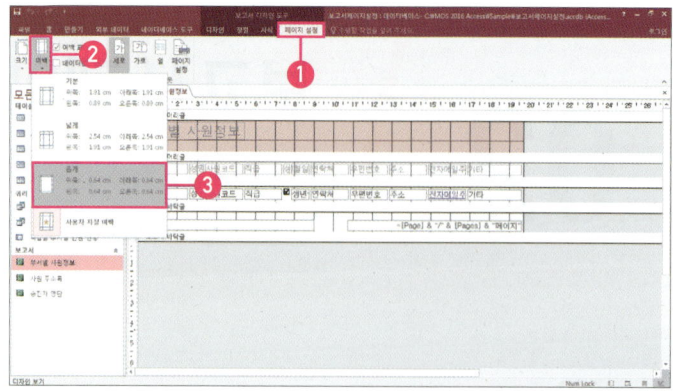

04 보고서를 저장하기 위해 빠른 실행 도구 모음의 **[저장(**□**)]**을 클릭합니다.

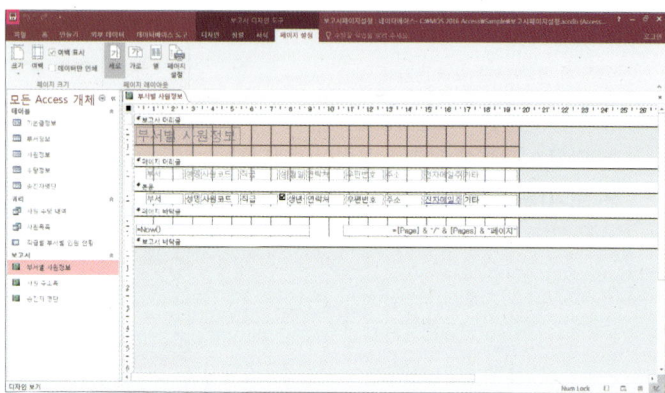

Skill 02 페이지 방향 변경하기

"사원 주소록" 보고서에서 보고서 방향을 가로로 변경하시오. 보고서를 저장한 후, 인쇄 미리 보기를 표시하시오.

01 [탐색] 창의 **[사원 주소록]** 보고서에서 마우스 오른쪽 단추를 클릭한 후 **[디자인 보기]**를 선택합니다.

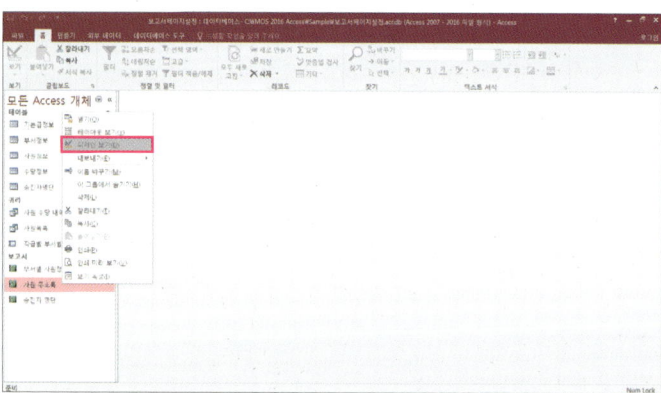

138 Part 01 • 유형분석

02 [보고서 디자인 도구] - [페이지 설정] 탭 - [페이지 레이아웃] 그룹 - **[가로]** 명령을 선택합니다.

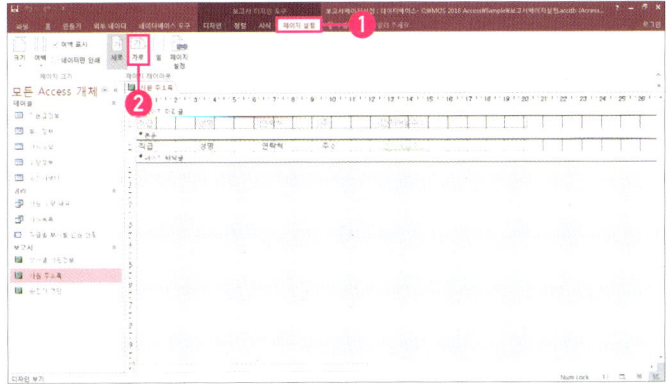

03 보고서를 저장하기 위해 빠른 실행 도구 모음의 [**저장(**■**)**]을 클릭합니다.

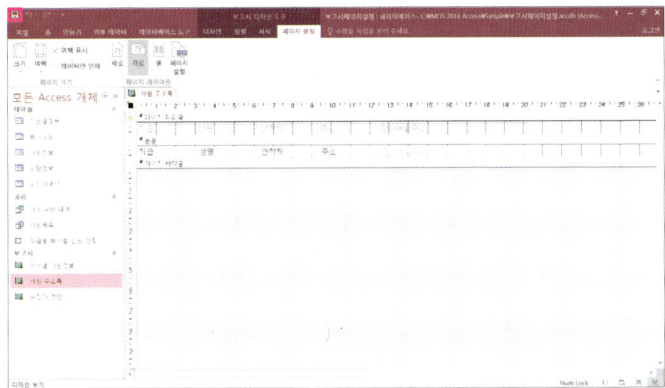

04 인쇄되는 모양을 미리 보기 위해 [보고서 디자인 도구] - [디자인] 탭 - [보기] 그룹 - **[인쇄 미리 보기]**를 클릭합니다.

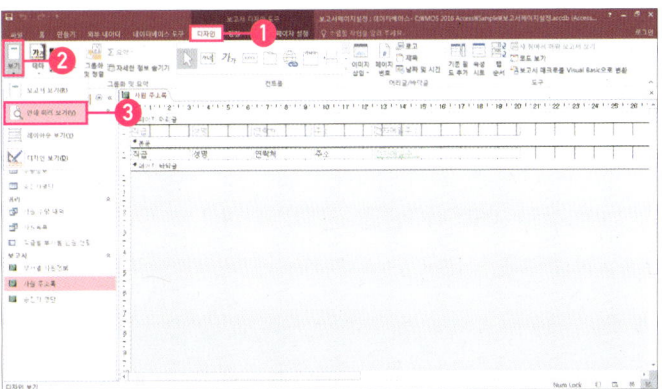

05 인쇄 미리 보기가 나타납니다.

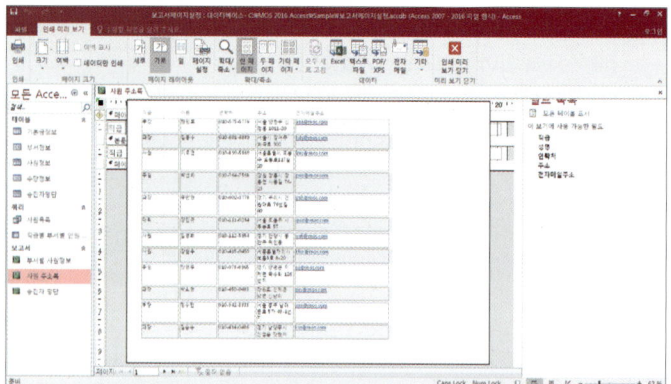

Skill 03 보고서 테마 변경하기
"사원 주소록" 보고서에 이온 테마를 적용한 후, 보고서를 저장하시오.

01 [탐색] 창의 **[사원 주소록]** 보고서에서 마우스 오른쪽 단추를 클릭한 후 **[디자인 보기]**를 선택합니다.

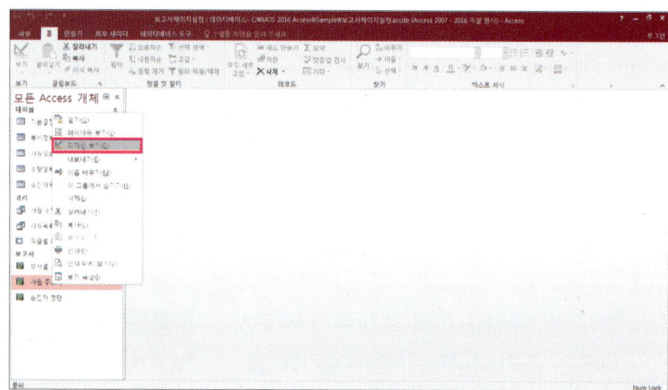

02 [보고서 디자인 도구] - [디자인] 탭 - [테마] 그룹 - [테마] - **[이온]**을 선택합니다.

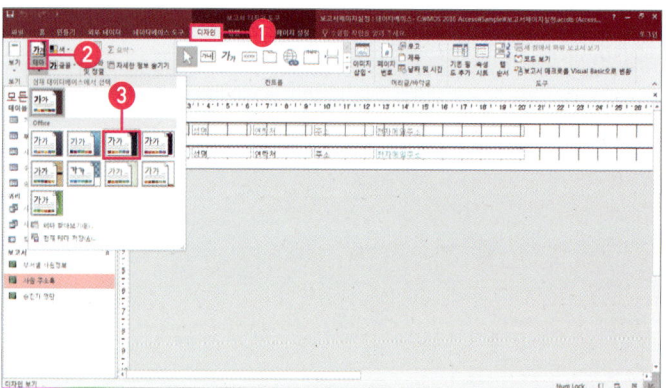

03 보고서를 저장하기 위해 빠른 실행 도구 모음의 [저장(🖫)]을 클릭합니다.

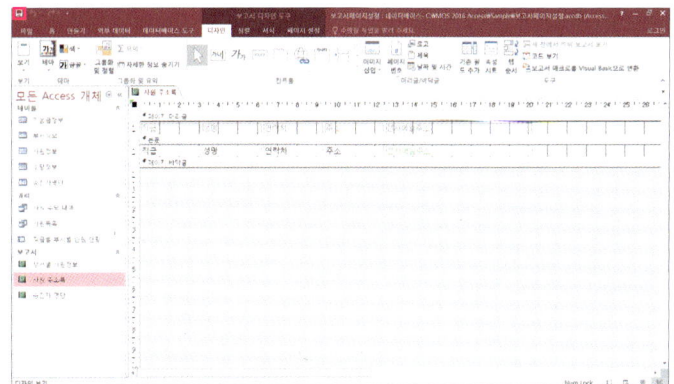

보고서의 컨트롤 글꼴 변경하기

"부서별 사원정보" 보고서에서 보고서 머리글의 텍스트 컨트롤 글꼴을 HY 견고딕으로 바꾼 후, 보고서를 저장하시오.

01 [탐색] 창의 [부서별 사원정보] 보고서에서 마우스 오른쪽 단추를 클릭한 후 [디자인 보기]를 선택합니다.

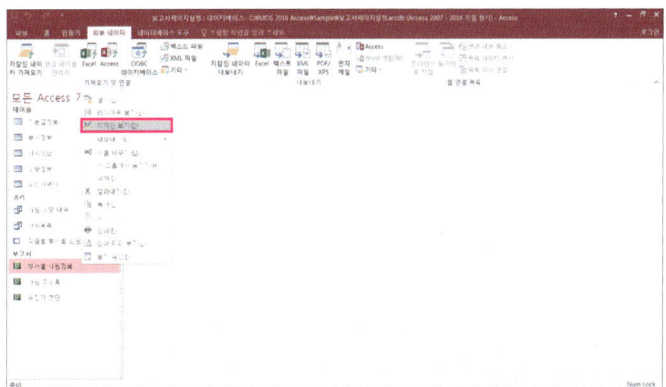

02 [보고서 머리글]에서 글꼴을 변경할 '부서별 사원정보' 컨트롤을 선택한 후 [보고서 디자인 도구] - [서식] 탭 - [글꼴] 그룹 – [글꼴] 목록에서 [HY 견고딕]을 선택합니다.

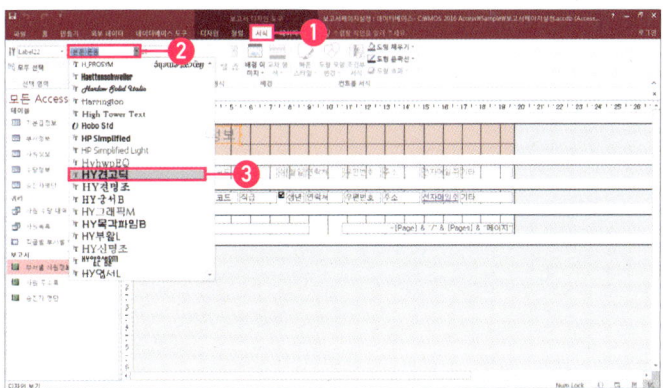

Chapter 5 • 보고서 작성

03 보고서를 저장하기 위해 빠른 실행 도구
모음의 [저장(🔲)]을 클릭합니다.

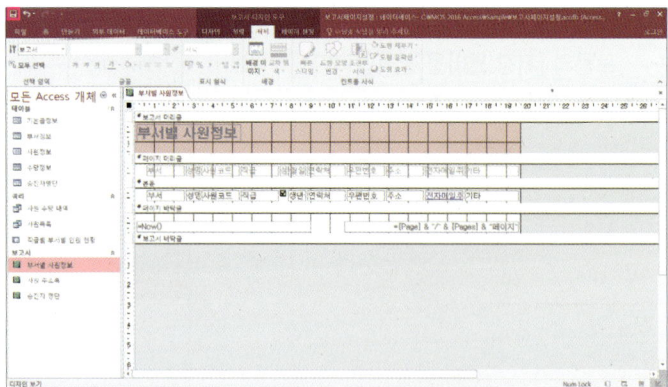

Skill 05 보고서의 모든 요소의 배경색 바꾸기

"부서별 사원정보" 보고서에서 모든 컨트롤의 배경색을 노랑으로 변경하시오. 보고서를 저장하시오.

01 [탐색] 창의 [부서별 사원정보] 보고서에서 마우스 오른쪽 단추를 클릭한 후 [디자인 보기]를 선택합니다.

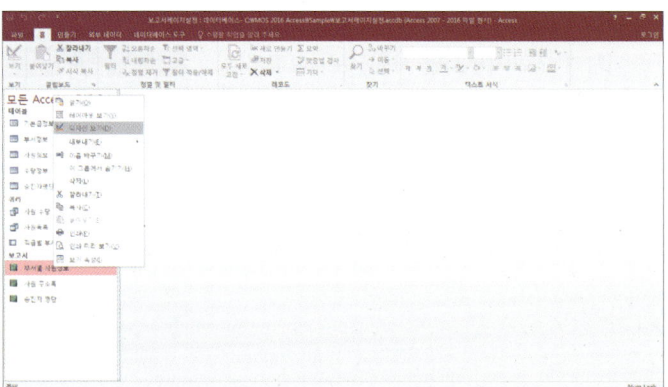

02 Ctrl + A 키를 눌러 모든 컨트롤을 선택합니다.

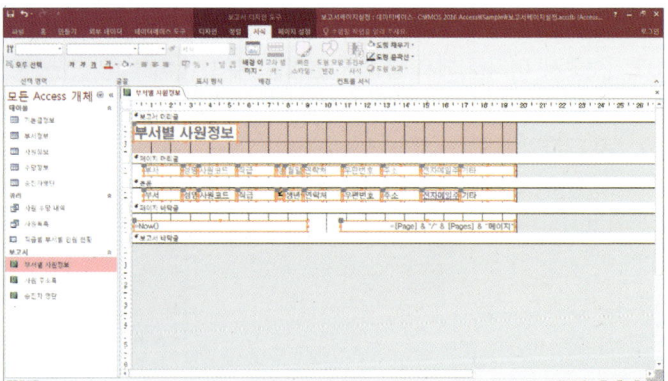

03 컨트롤의 배경색을 바꾸기 위해 [보고서 디자인 도구] - [서식] 탭 - [컨트롤 서식] - [도형 채우기] - **[노랑]**을 선택합니다.

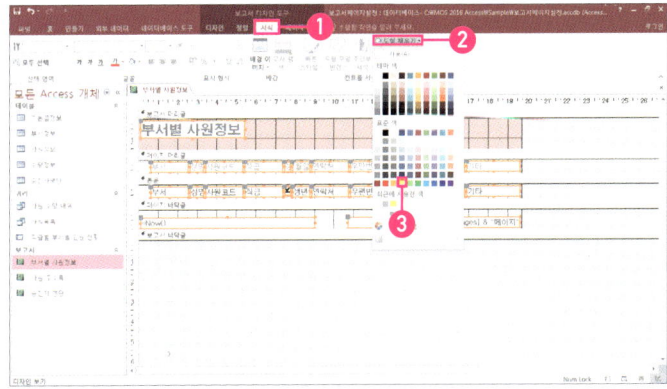

04 보고서를 저장하기 위해 빠른 실행 도구 모음의 [저장(🔳)]을 클릭합니다.

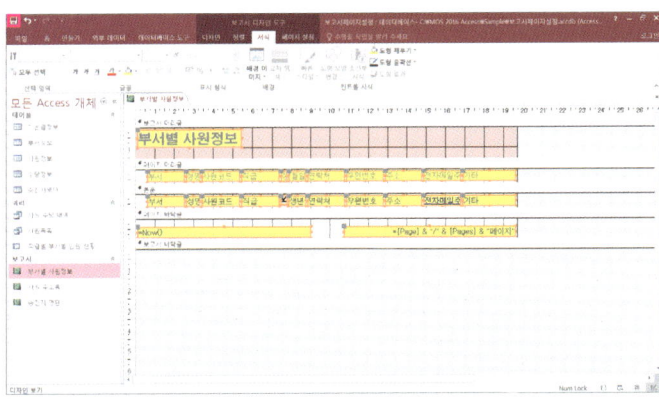

 **필드 여백 조정하기**

"부서별 사원정보" 보고서에서 모든 컨트롤 여백을 좁게로 변경하시오. 보고서를 저장하시오.

01 [탐색] 창의 [**부서별 사원정보**] 보고서에서 마우스 오른쪽 단추를 클릭한 후 [**디자인 보기**]를 선택합니다.

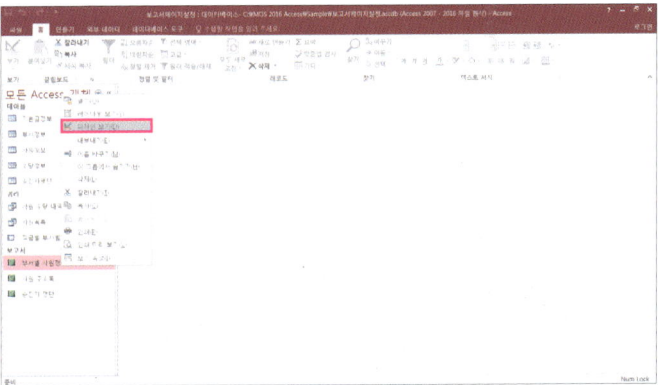

02 Ctrl + A 키를 눌러 모든 컨트롤을 선택합니다.

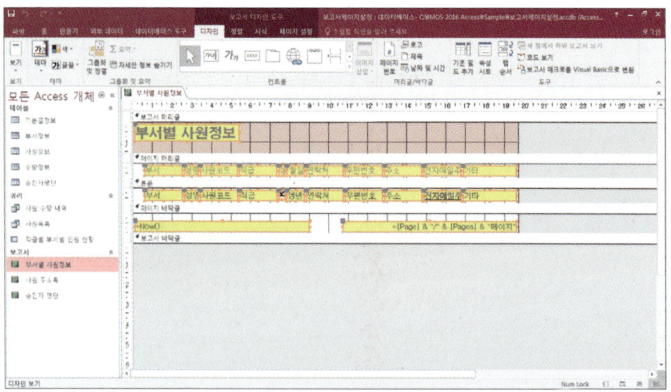

03 컨트롤의 여백을 바꾸기 위해 [보고서 디자인 도구] - [정렬] 탭 - [위치] 그룹 - [여백 조정] - **[좁게]**를 선택합니다.

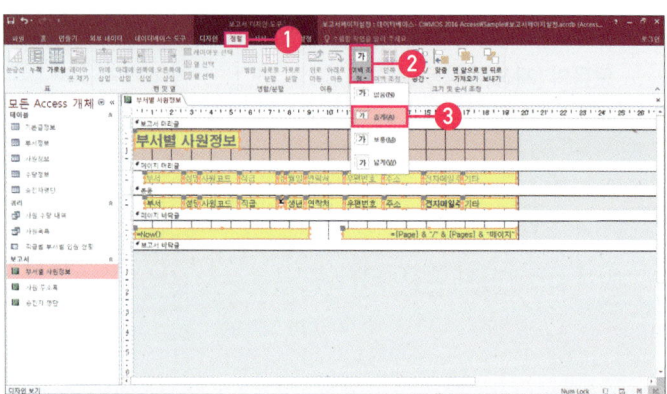

04 보고서를 저장하기 위해 빠른 실행 도구 모음의 **[저장(🔲)]**을 클릭합니다.

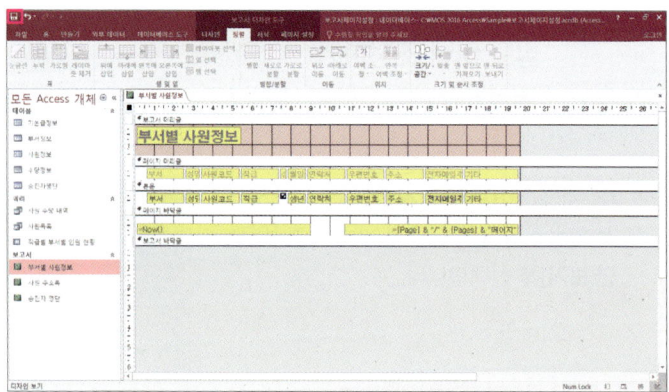

정렬하기

"사원 주소록" 보고서에서 "직급" 순으로 내림차순 정렬하고, "성명" 순으로 오름차순 정렬하시오. "사원 주소록" 보고서를 저장하고 미리 보기로 표시하시오.

01 [탐색] 창의 [사원 주소록] 보고서에서 마우스 오른쪽 단추를 클릭한 후 [디자인 보기]를 선택합니다.

02 [보고서 디자인 도구] - [디자인] 탭 - [그룹화 및 요약] 그룹 - [그룹화 및 정렬]을 선택합니다.

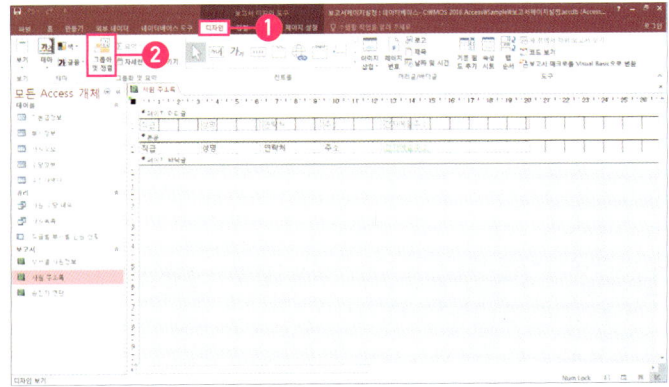

03 [그룹, 정렬 및 요약] 작업 창이 나타나면 [정렬 추가] 단추를 클릭합니다.

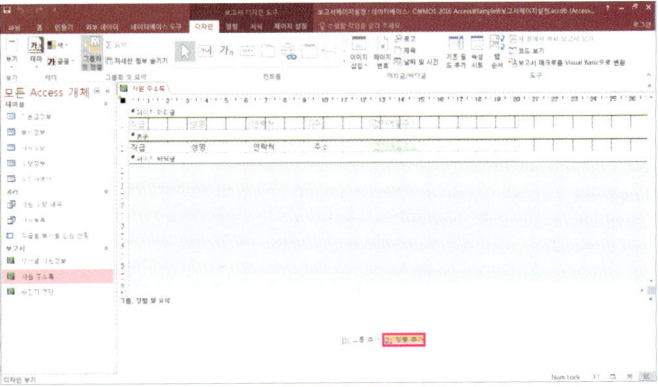

Chapter 5 • 보고서 작성 145

04 [정렬 기준]의 [필드 선택] 목록이 나타나면 **'직급'** 필드를 선택합니다.

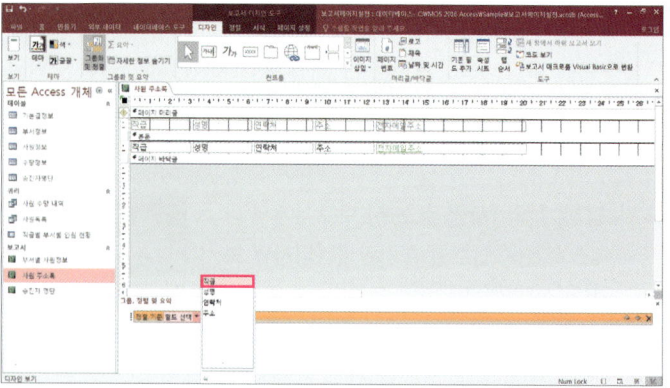

05 [오름차순]의 목록 단추(▼)를 클릭해 **'내림차순'**을 선택합니다.

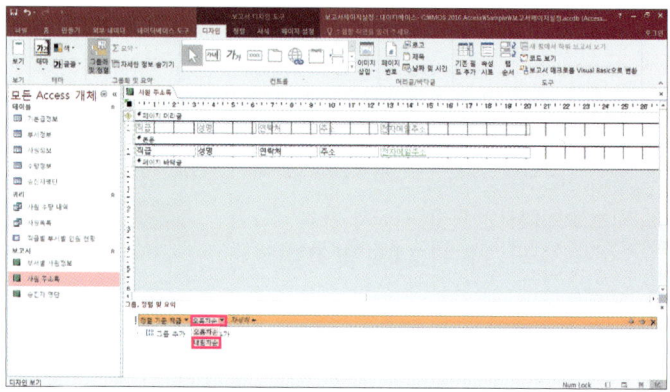

06 두 번째 정렬 기준을 추가하기 위해 [정렬 추가] 단추를 클릭합니다.

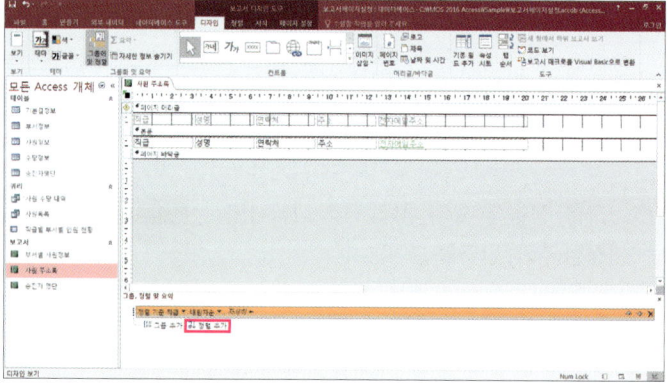

07 필드 선택 목록에서 **'성명'**을 선택한 후 정렬 방법은 **'오름차순'**으로 그대로 둡니다.

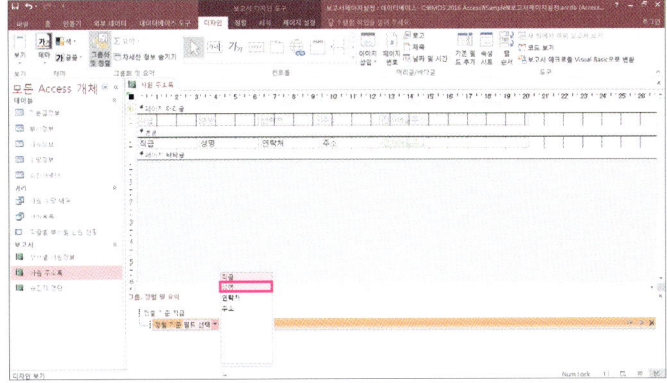

08 필드를 모두 추가했으면 [그룹, 정렬 및 요약] 작업 창의 [**닫기(⊠)**] 단추를 클릭합니다.

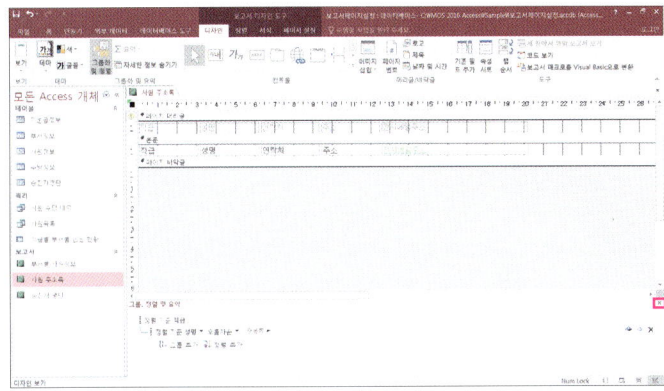

09 보고서를 저장하기 위해 빠른 실행 도구 모음의 [**저장(🖫)**]을 클릭합니다.

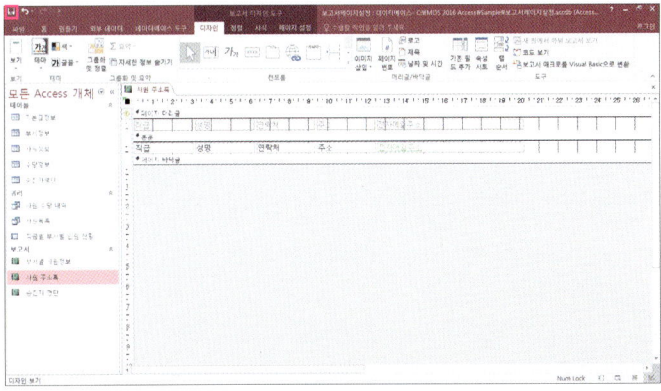

10 [보고서 디자인 도구] - [디자인] 탭 - [보기] 그룹 - [보기] - **[인쇄 미리 보기]**를 선택합니다.

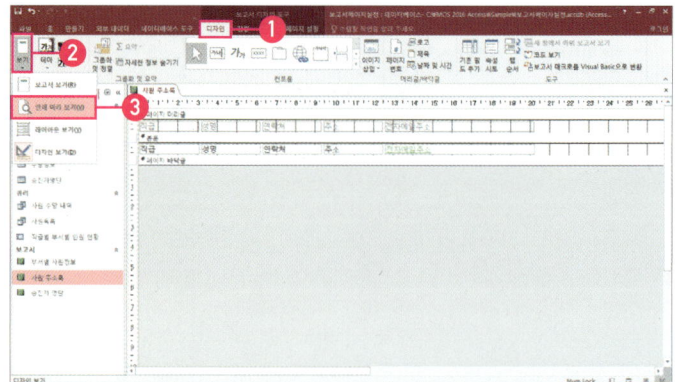

Skill 08 페이지 번호 삽입하기

"사원 주소록" 보고서에 N/M 형식의 페이지 번호를 보고서의 왼쪽 아래에 추가하고 보고서를 저장하시오.

01 [탐색] 창의 **[사원 주소록]** 보고서에서 마우스 오른쪽 단추를 클릭한 후 **[디자인 보기]**를 선택합니다.

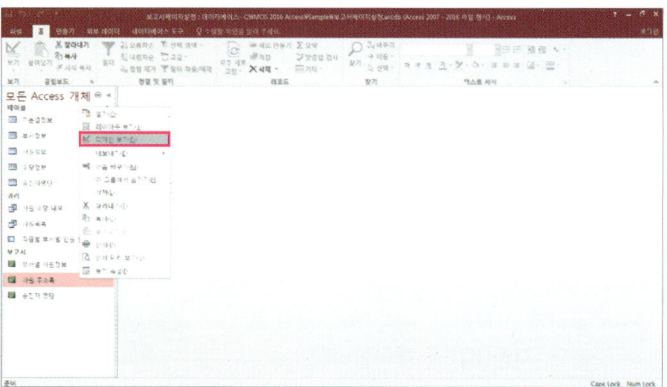

02 페이지 바닥글에 페이지 번호를 삽입하기 위해 [보고서 디자인 도구] - [디자인] 탭 - [머리글/바닥글] 그룹 - **[페이지 번호]**를 클릭합니다.

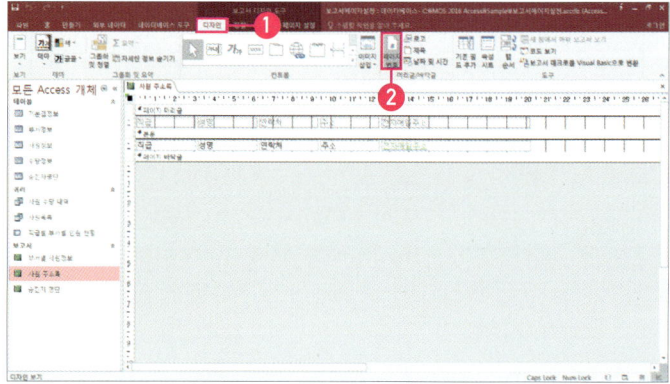

03 [페이지 번호] 대화상자가 나타나면 [형식]에서 'N/M 페이지'를 선택하고, [위치]는 '페이지 아래쪽[바닥글]', [맞춤]은 '왼쪽'을 지정한 후 [확인] 단추를 클릭합니다.

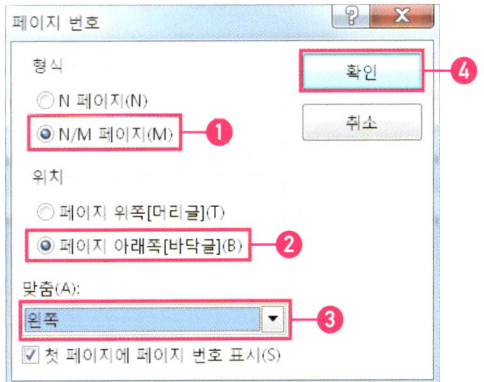

04 보고서를 저장하기 위해 빠른 실행 도구 모음의 [저장(🖫)]을 클릭합니다.

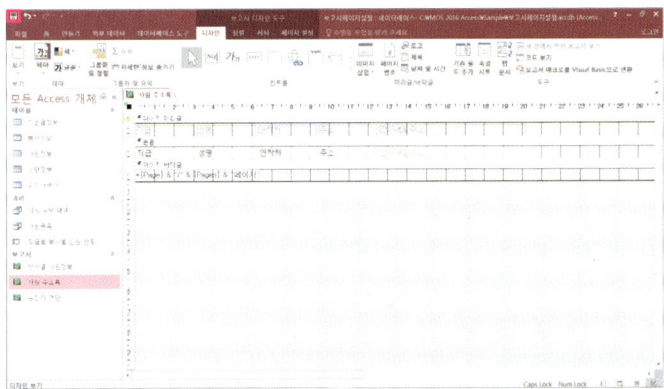

 적응 문제

● 예제파일 : 예제5-02.accdb ● 완성파일 : 완성5-02.accdb

01. "회원 목록 보고서" 보고서에 모든 컨트롤 여백을 좁게로 변경하시오.

02. "회원 목록 보고서" 보고서에 여백을 숨기고, 페이지 방향을 가로로 변경하시오.

03. "회원 목록 보고서" 보고서에 N/M 형식의 페이지 번호를 보고서의 왼쪽 아래에 추가하고 보고서를 저장하시오.

Part 02

실전 문제

Chapter 1

모의고사

01 실전 모의고사
02 실전 모의고사
03 실전 모의고사

01 실전 모의고사

MOS Access 2016

프로젝트 01

개요

대성유통에서 상품 판매를 추적하는 데 사용할 Access를 만들고 있습니다.

● 예제파일 : 프로젝트1.accdb | ● 완성파일 : 프로젝트1(완성).accdb, 2018년 제품목록.xlsx

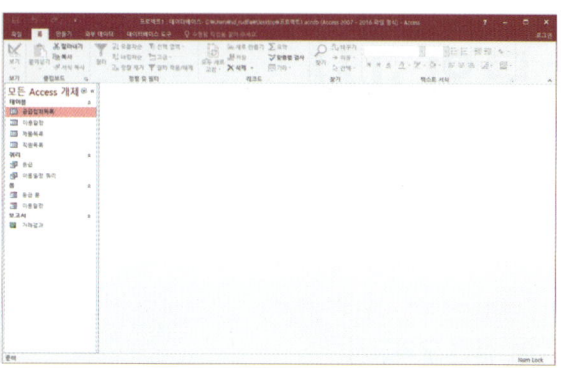 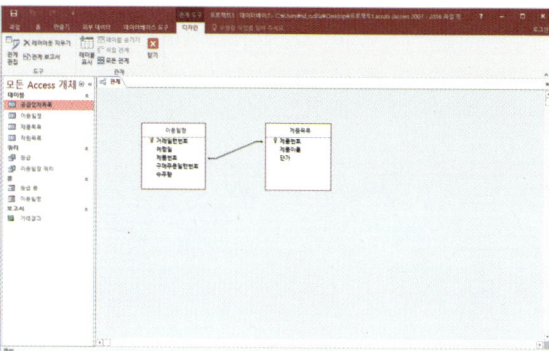

작업 1	"제품목록의 사본"이라는 이름의 숨겨진 테이블이 보여지도록 설정합니다.
작업 2	"제품목록" 테이블의 "제품번호" 필드와 "이용일정" 테이블의 "제품번호" 필드 간에 일 대 다 관계를 만드시오. 이 관계는 "제품목록"에는 모든 레코드를 포함하고, "이용일정"에는 조인된 필드가 일치하는 레코드만 포함되도록 설정하시오. 기타 모든 값을 유지하시오.
작업 3	"제품목록" 테이블을 문서 폴더에 "2018년 제품목록"이라는 Excel 통합 문서로 저장하시오. 서식 및 레이아웃 정보를 유지하시오.
작업 4	"제품목록" 테이블에 "제품"이라는 설명을 추가하시오.
작업 5	"제품목록" 테이블의 "제품이름" 필드와 "이용일정" 테이블에 "예정일", "수주량" 필드를 포함하는 "제품 검색"이라는 폼을 만드시오. 하위 폼 이름이 "이용일정" 폼인 데이터시트 형식의 하위 폼을 만드시오.

개요

Education Inc.에서는 회원정보를 관리하는 데 사용할 Access 데이터베이스를 만들고 있습니다.

● 예제파일 : 프로젝트2.accdb | ● 완성파일 : 프로젝트2(완성).accdb

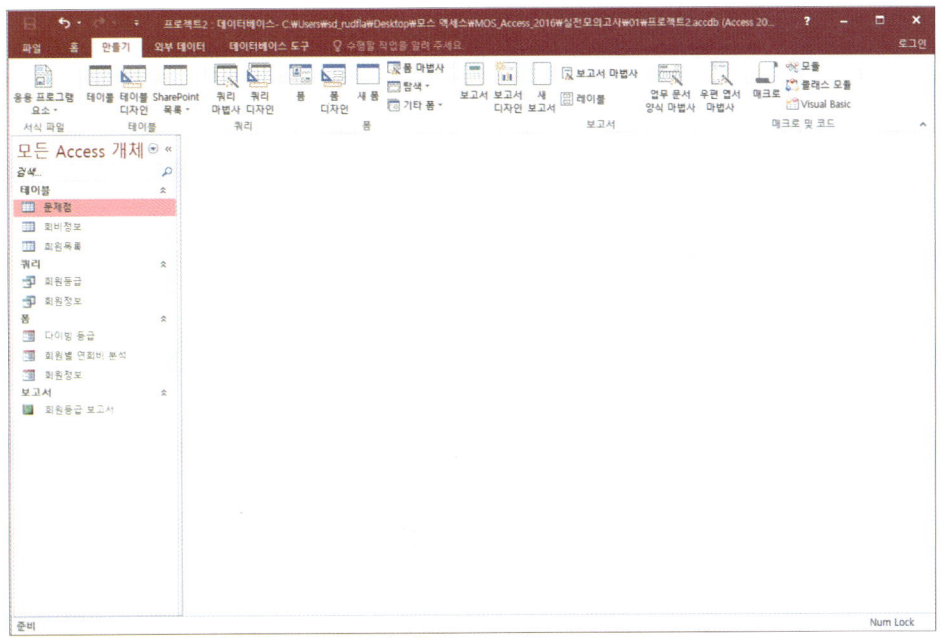

작업 1	"문제점" 테이블의 "간략 설명", "재현 단계", "할당 대상", "수정됨"이라는 필드를 사용하여 "수정현황"이라는 쿼리를 만드시오. "수정됨"이라는 매개 변수를 사용하고 "예/아니요" 데이터 형식을 지정하시오. 쿼리를 저장하고 닫으시오.
작업 2	"회원정보" 폼의 "성별" 필드 바로 아래에 "회비정보" 테이블의 "회원등급" 필드를 표시하도록 수정하시오. 변경 사항은 저장하시오.
작업 3	"회원정보" 폼의 레코드를 "성별" 필드를 대상으로 오름차순으로 정렬하시오.
작업 4	"회원등급 보고서"의 레코드를 "회원등급" 필드를 기준으로 그룹화 하시오. 저장하고 닫으시오.
작업 5	"회원등급" 쿼리를 삭제하시오.

개요

School of Fine에서 다양한 기관의 학생 수강 신청을 추적하는 데 사용할 Access 데이터베이스를 만들고 있습니다.

예제파일 : 프로젝트3.accdb | 완성파일 : 프로젝트3(완성).accdb

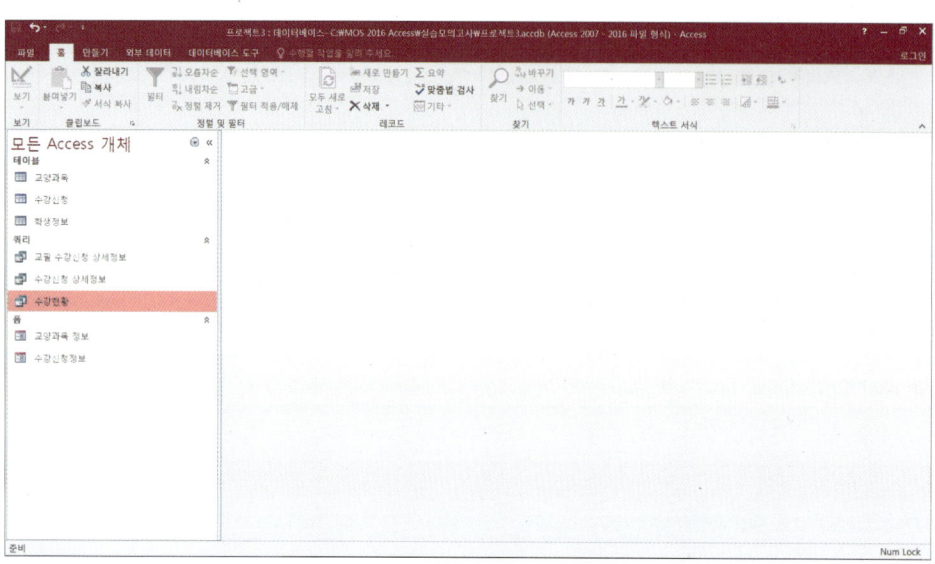

작업 1	9월에 수강 신청한 학생만 표시하도록 "수강신청" 테이블을 필터링하시오.
작업 2	"학생정보" 테이블의 "전화번호" 필드에 전화번호 입력 마스크를 적용하시오. 모든 기본 설정을 수락하시오.
작업 3	"학생정보" 테이블에서 "학과" 필드를 포함하도록 "수강신청 상세정보" 쿼리를 수정하시오. 쿼리 실행은 선택 사항입니다.
작업 4	활성 학생만 나타나도록 "수강현황" 쿼리의 조건을 추가하시오. 쿼리 실행은 선택 사항입니다.
작업 5	"수강신청정보"라는 폼에 추억 테마를 적용하시오.

개요
회원관리 데이터베이스의 사용자 적합성을 검토하는 중입니다.

예제파일 : 프로젝트4.accdb | 완성파일 : 프로젝트4(완성).accdb

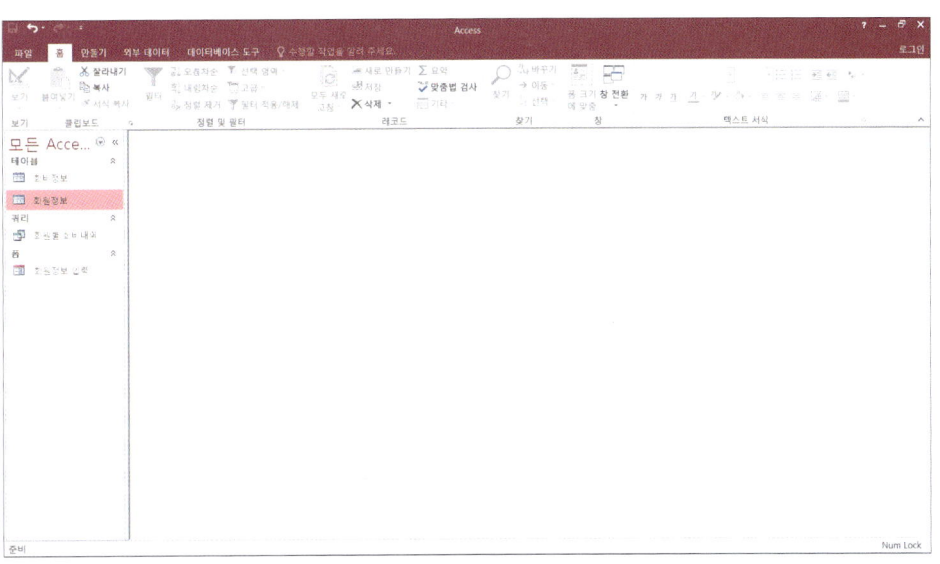

작업 1	"회원정보" 테이블의 "주민번호" 필드에 "주민등록번호"라는 캡션을 추가하시오.
작업 2	"회원정보" 테이블의 레코드를 "성명"을 기준으로 가나다라 순으로 정렬한 다음, "직급" 필드를 오름차순으로 정렬하시오.
작업 3	"회원정보" 테이블의 요약 행을 추가하시오.
작업 4	데이터베이스를 닫을 때 자동으로 압축되도록 "프로젝트4" 데이터베이스를 구성하시오. 이 데이터베이스를 닫지 마시오.
작업 5	"회원정보 입력"이라는 폼을 사용하여 현재 데이터베이스에 폼을 표시하도록 옵션을 설정하시오. 이 데이터베이스를 닫지 마시오.

개요

대성 Travel에서 인적 자원 정보를 추적하는 데 사용할 Access 데이터베이스를 만들고 있습니다.

예제파일 : 프로젝트5.accdb, 의료보험.xlsx | 완성파일 : 프로젝트5(완성).accdb

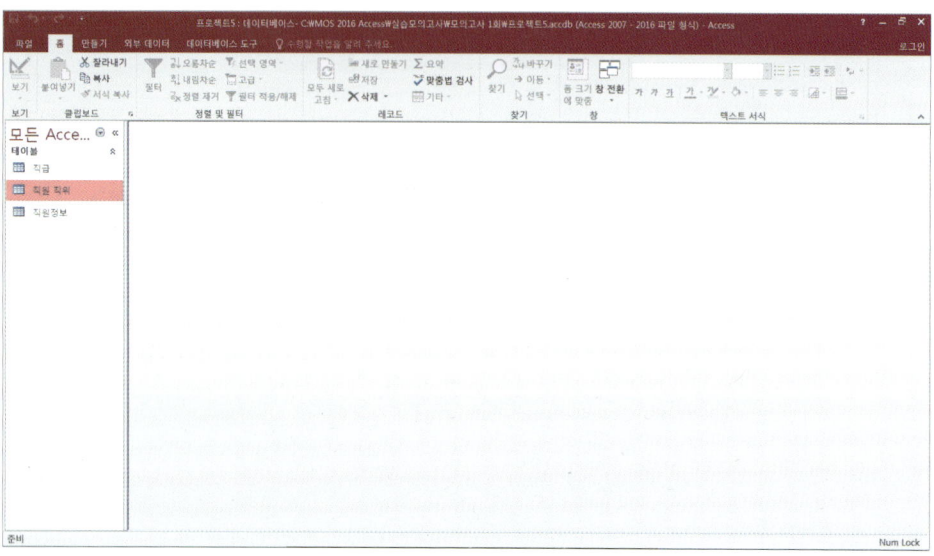

작업 1	문서 폴더에 있는 *의료보험.xlsx* 통합 문서에 연결된 "보험료"라는 이름의 테이블을 만드시오.
작업 2	"직원정보" 테이블의 "입사날짜" 및 "퇴사날짜" 필드 형식을 보통 날짜로 변경하시오.
작업 3	"직원 직위" 테이블에서 필드의 일부인 것을 포함하여 "영업부"라는 모든 단어를 "고객 전문가"로 바꾸시오. 변경 사항을 저장하고 테이블을 닫으시오.
작업 4	"직원정보" 테이블의 "퇴사날짜" 필드에 필드 값이 Null이거나 또는 오늘 날짜 이후 인지를 확인하는 유효성 검사 규칙을 추가하시오.
작업 5	기본 파일의 이름을 사용하여 데이터베이스를 문서 폴더에 백업하시오. 문서 폴더가 여러 개 표시되는 경우 어떤 폴더를 선택해도 괜찮습니다.

02 실전 모의고사

MOS Access 2016

개요

굿모닝 여행사에서 회원정보를 관리하는 데 사용할 Access 데이터베이스를 만들고 있습니다.

⊙ 예제파일 : 프로젝트1.accdb, 신입회원관리.accdb | ⊙ 완성파일 : 프로젝트1(완성).accdb

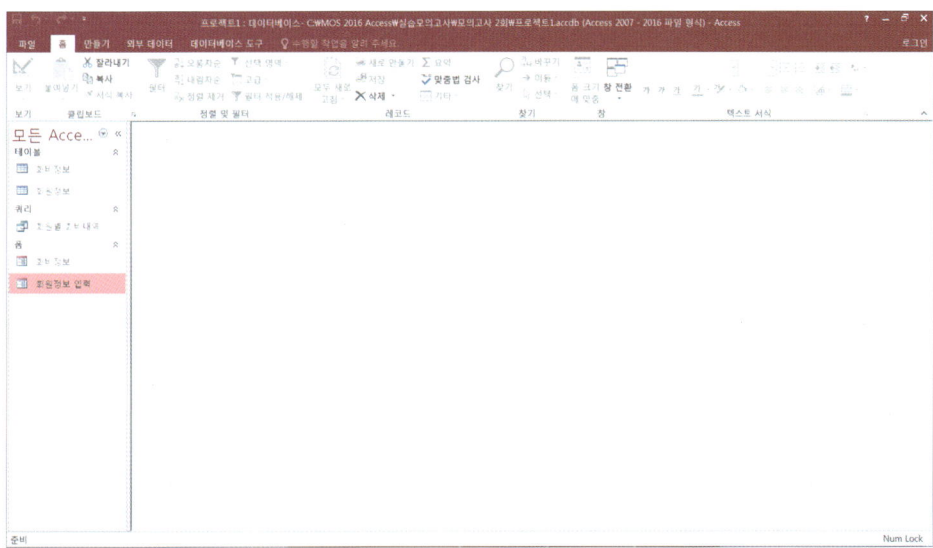

작업 1	"회비정보" 테이블과 "회원정보" 테이블의 관계에 참조 무결성이 유지되도록 설정하시오. 다른 모든 기본 설정을 기본값으로 유지하시오.
작업 2	왼쪽 가로 탭에는 "회원정보 입력" 폼을, 오른쪽 가로 탭에는 "회비정보" 폼을 표시하는 "회원 검색"이라는 탐색 폼을 만드시오.
작업 3	문서 폴더에 위치한 *신입회원관리.accdb* 에서 "추가회원" 테이블을 가져오시오. 가져오기 단계를 저장하시오.
작업 4	"회원정보" 테이블에서 "주민번호" 필드를 숨기시오.

개요
대성유통 소매처의 상품 판매를 추적하는 데 사용할 Access 데이터베이스를 만들고 있습니다.

예제파일 : 프로젝트2.accdb | 완성파일 : 프로젝트2(완성).accdb

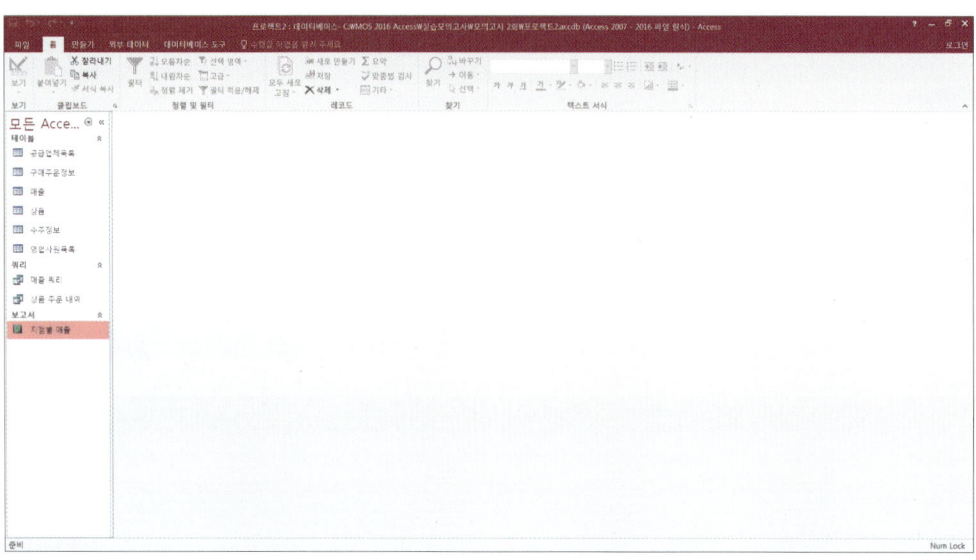

작업 1	"상품 주문 내역" 쿼리에 "무게" 필드의 값을 소수점 한 자리까지 표시하도록 수정하시오. 쿼리 실행은 선택 사항입니다.
작업 2	평균 매출이 300개가 넘는 상품만 보여지도록 "매출 쿼리"를 수정하시오. 쿼리 실행은 선택 사항입니다.
작업 3	"지점별 매출" 보고서의 "가격" 이름 오른쪽에 "상품" 테이블의 "무게" 필드 및 레이블을 추가하시오.
작업 4	"지점별 매출" 보고서의 "가격" 필드 아래쪽에 각 매장에서 판매로 얻은 총금액을 보여주는 필드를 추가하시오. 이 필드의 레이블은 "총 매출"로 지정하고 값은 "가격*수량"으로 계산하시오. 이 필드의 형식을 통화로 지정할 필요는 없습니다.
작업 5	"지점별 매출" 보고서에 있는 모든 레이블 컨트롤의 글꼴을 굵게, 색깔은 파랑색으로 적용하시오.

개요

상품 조사를 수행하는 데 사용할 Access 데이터베이스를 만들고 있습니다.

◉ 예제파일 : 프로젝트3.accdb | ◉ 완성파일 : 프로젝트3(완성).accdb

작업 1	현재 데이터베이스를 닫을 때 자동으로 압축되도록 설정하시오. 이 데이터베이스를 닫지 마시오.
작업 2	"상품" 테이블의 레코드를 "추가 상품" 테이블에 추가하는 "조사 상품"이라는 쿼리를 만드시오. "ID" 필드는 포함하지 마시오. 쿼리 실행은 선택 사항입니다.
작업 3	"조사 상품"이라는 폼의 "상품" 필드의 컨트롤 팁 텍스트를 추가하시오. 컨트롤 팁에는 "취득 년도 또는 마지막으로 수정한 연도를 입력하십시오"라는 표시가 되도록 하시오.
작업 4	"조사 상품"이라는 폼에 추억 테마를 적용하시오.

개요
작품 목록 데이터베이스를 업데이트하는 중입니다.

예제파일 : 프로젝트4.accdb, 신작.xlsx | 완성파일 : 프로젝트4(완성).accdb

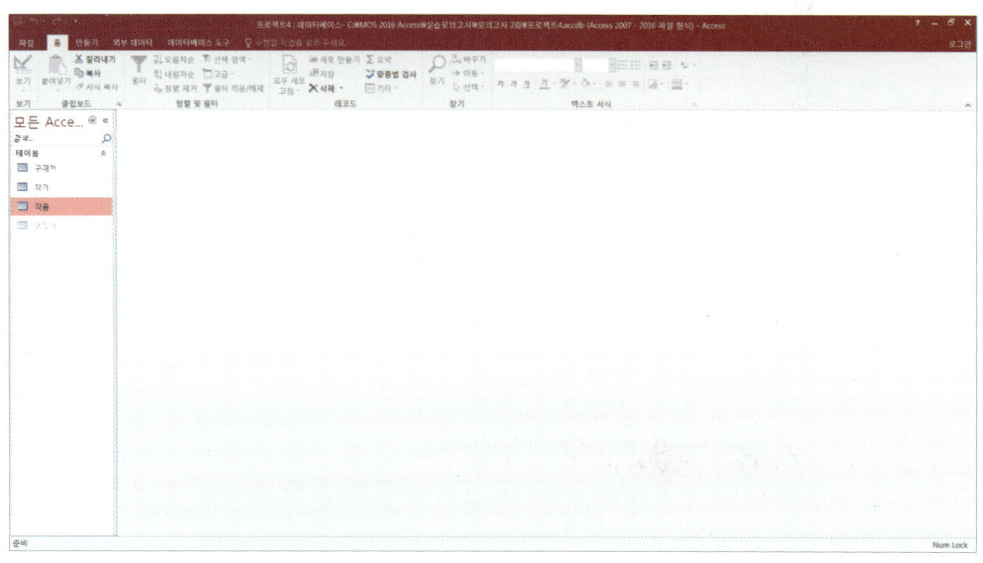

작업 1	"작품" 테이블에서 "전시 번호" 필드를 기본 키로 설정하시오.
작업 2	문서 폴더에 있는 *신작.xlsx* 파일의 데이터를 "작품" 테이블에 레코드로 추가하시오. 파일의 첫 번째 행에는 필드 이름이 포함되어 있습니다.
작업 3	설명이라는 템플릿을 기반으로 "설명"이라는 테이블을 만드시오. 하나의 "작품"에 여러 설명을 연결하시오. "설명" 테이블에는 "전시 번호" 필드를 기반으로 "작품 번호"라는 조회 열이 있어야 합니다.
작업 4	"작가" 테이블의 "아티스트 성" 필드의 크기를 70으로 변경하시오.
작업 5	새로운 레코드를 입력할 때에 "대여 중" 필드의 기본값이 "No"가 되도록 "작품" 테이블을 업데이트 하시오.

개요

회원정보를 관리하는 Access 데이터베이스를 만들고 있습니다.

예제파일 : 프로젝드5.accdb | 완성파일 : 프로젝드5(완성).accdb

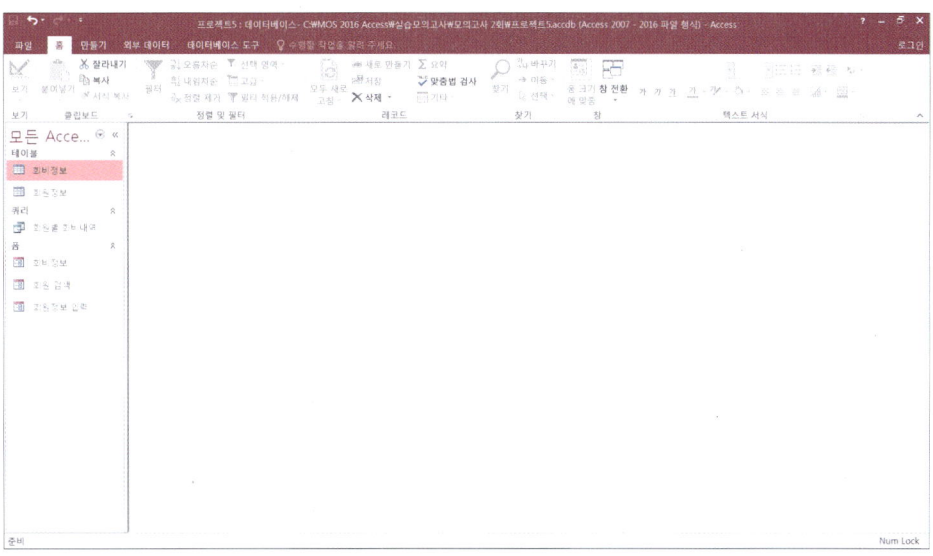

작업 1	데이터 형식이 일련 번호인 "고객 번호" 필드와 데이터 형식이 숫자인 "시간" 필드를 입력하여 "청구됨"이라는 새 테이블을 만드시오. "고객 번호"를 기본 키로 설정하시오. 테이블을 저장하시오.
작업 2	"회원별 회비 내역" 쿼리를 수정하여 "성별" 필드를 기준으로 내림차순, "성명" 필드를 기준으로 오름차순 정렬하시오. 변경 사항을 저장하시오. 쿼리 실행은 선택 사항입니다.
작업 3	"회원정보" 테이블의 "성명" 및 "직급" 필드와 "회비정보" 테이블의 "회원등급" 및 "연회비" 필드를 표시하는 "회원 정보"라는 쿼리를 만드시오. 쿼리 실행은 선택 사항입니다.
작업 4	기본 파일 이름으로 사용하여 "프로젝드5" 데이터베이스를 백업하시오.

03 실전 모의고사

MOS Access 2016

프로젝트 01

개요
근무 중인 병원에서 의사별 환자 목록 보고서의 디자인을 수정 및 개선하고 있습니다.

예제파일 : 프로젝트1.accdb | 완성파일 : 프로젝트1(완성).accdb

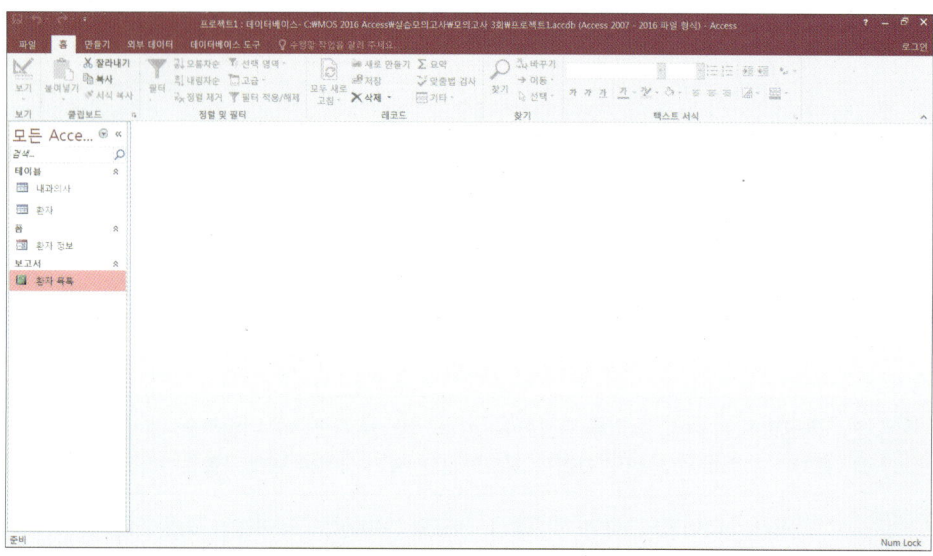

작업 1	"환자 목록" 보고서에서 "환자ID" 레이블의 컨트롤이 잘못된 데이터 원본에 연결되었습니다. 데이터 원본을 "환자 테이블"의 "환자ID" 필드로 변경하시오.
작업 2	"환자 목록" 보고서에서 "이름"이라는 레이블의 캡션을 <u>마지막 환자</u>로 변경하시오.
작업 3	"환자 목록" 보고서에서 "본문" 섹션의 모든 컨트롤의 여백을 보통으로 변경하시오.
작업 4	"환자 목록" 보고서에서 "마지막 의사" 형식으로 의사의 이름을 표시하도록 "첫 번째 의사" 필드를 "마지막 의사" 필드로 변경하시오.
작업 5	"환자 목록" 보고서에서 인쇄되는 양식의 행 간격을 1.27cm로 설정하시오. 보고서를 저장한 후 닫으시오.

개요

책 판매에 대한 데이터를 구성하고 요약하는 작업을 수행하고 있습니다.

예제파일 : 프로젝트2.accdb　|　완성파일 : 프로젝트2(완성).accdb

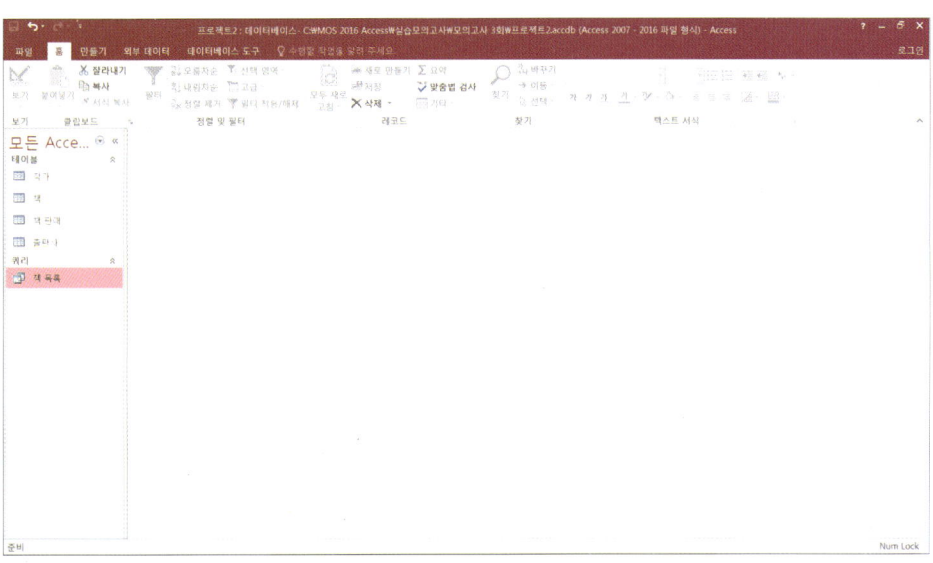

작업 1	"책 목록" 쿼리에서 "도시" 필드를 숨기시오. 쿼리를 저장하시오.
작업 2	"책 목록" 쿼리에 "나의 등급"과 "블로그 등급"의 합계를 구하는 "총 평가 등급"이라는 필드를 추가하시오. 쿼리를 저장하시오. 쿼리 실행은 선택 사항입니다.
작업 3	"책 판매" 테이블의 기록을 "저자" 필드를 기준으로 "나의 등급" 필드의 평균 값을 계산하는 단순 요약 쿼리를 만드시오. 쿼리의 제목을 "평균 평가 등급"으로 지정하시오. 쿼리 실행은 선택 사항입니다.
작업 4	"책" 테이블과 "출판사" 테이블을 사용하여 "작가이름", "책 제목", "출판사" 필드를 포함하는 쿼리를 만들고, 세 개 필드를 모두 오름차순으로 정렬하시오. 이 쿼리에서 "정렬된 목록"이라는 테이블을 만드시오. 쿼리의 이름을 "정렬된 책"으로 저장하시오. 쿼리를 실행하시오.

개요
상품 데이터베이스의 폼에 대한 데이터베이스를 수정하고 있습니다.

◉ 예제파일 : 프로젝트3.accdb | ◉ 완성파일 : 프로젝트3(완성).accdb

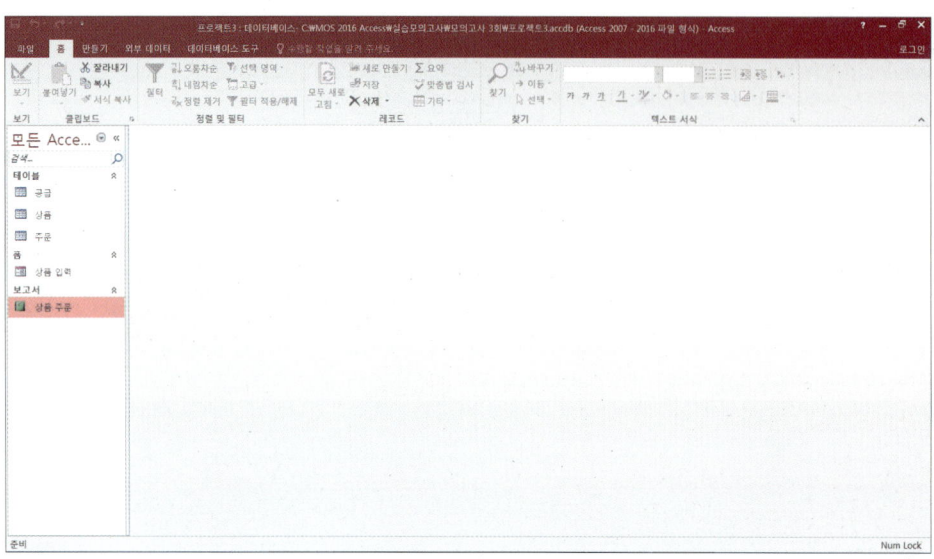

작업 1	"상품 입력" 폼의 배경 이미지를 갤러리의 상품 1로 변경하시오.
작업 2	"상품 입력" 폼의 모든 레이블 컨트롤에 오목 효과를 적용하시오.
작업 3	"주문" 테이블의 모든 필드를 사용하는 데이터시트 하위 폼을 "상품 입력" 폼에 추가하시오. 하위 양식의 이름을 "주문 양식"이라고 지정하시오. 모든 폼을 저장하시오.
작업 4	"상품 입력" 폼에서 인쇄되는 양식의 행 간격을 1.25cm로 설정하시오.

개요

대성무역에서는 Access를 사용하여 공급업체 및 수주 정보를 추적하는 데이터베이스를 만들고 있습니다.

● 예제파일 : 프로젝트4.accdb | ● 완성파일 : 프로젝트4(완성).accdb

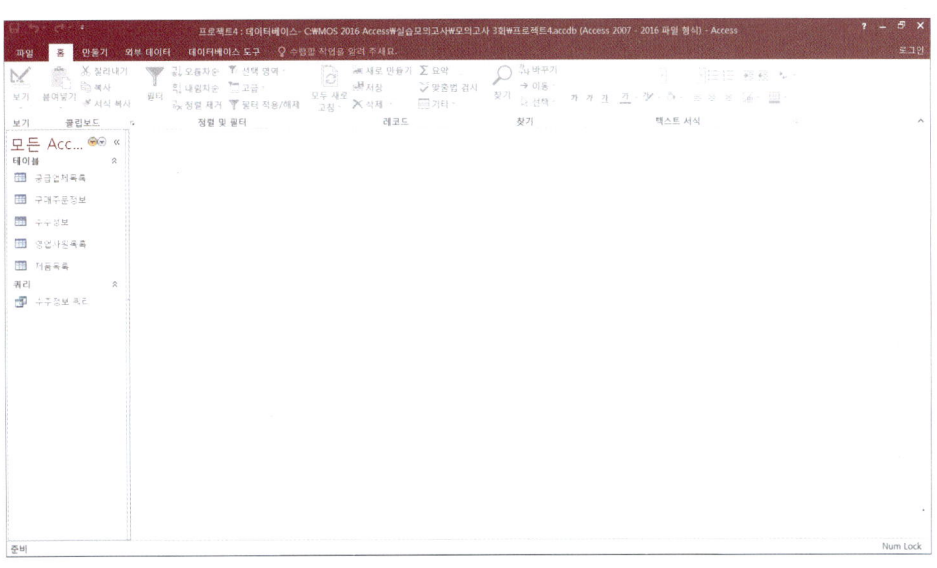

작업 1	"구매주문정보" 테이블의 "주문ID" 필드와 "수주정보" 테이블의 "주문ID" 필드 간에 일대일 관계를 만드시오. 이 관계는 "구매주문정보"에서는 모든 레코드를 포함하고, "수주정보"에서는 조인된 필드가 일치하는 레코드만 포함되도록 설정하시오. 기타 모든 설정은 기본값으로 유지하시오.
작업 2	"영업사원목록" 테이블에 "<u>판촉 사원</u>"이라는 설명을 추가하시오.
작업 3	마법사를 사용하여 매월 제품을 수주한 총 수주량을 보여주는 "<u>월 제품 총 수량</u>"이라는 쿼리를 만드시오. "수주 정보" 테이블의 각 제품 ID의 거래일 레코드를 단순 쿼리로 만든 뒤에 크로스탭 쿼리를 사용해서 월별 수주된 총 수주량을 표시하시오. 쿼리 실행은 선택 사항입니다.
작업 4	"공급업체목록" 테이블의 "공급업체이름", "담당자" 필드와 "구매주문정보" 테이블의 "공급업체ID", "발주ID", "수주일" 필드를 포함하는 "<u>주문 정보</u>"라는 폼을 만드시오. 하위 폼의 이름이 "<u>업체목록</u>"인 데이터시트 형식의 하위 폼을 만드시오.
작업 5	"소매업체"라는 이름의 숨겨진 테이블이 보여지도록 설정하시오.
작업 6	마법사를 사용하여 "구매주문정보", "공급업체목록" 및 "영업사원목록" 테이블을 기반으로 보고서를 만드시오. 이 보고서에는 "공급업체이름", "담당자", "영업사원", "수주일"이 "발주ID"를 기준으로 그룹화되도록 하시오. "수주일"을 기준으로 내림차순 정렬한 다음, "공급업체이름"을 기준으로 내림차순 정렬 하시오. 보고서의 제목은 "<u>수주 현황</u>"으로 지정하시오. 다른 모든 설정을 기본값으로 유지하시오.

개요
야구선수의 유니폼 목록 데이터베이스를 업데이트하는 중입니다.

● 예제파일 : 프로젝트5.accdb　|　● 완성파일 : 프로젝트5(완성).accdb, 2018년 선수명단.xlsx

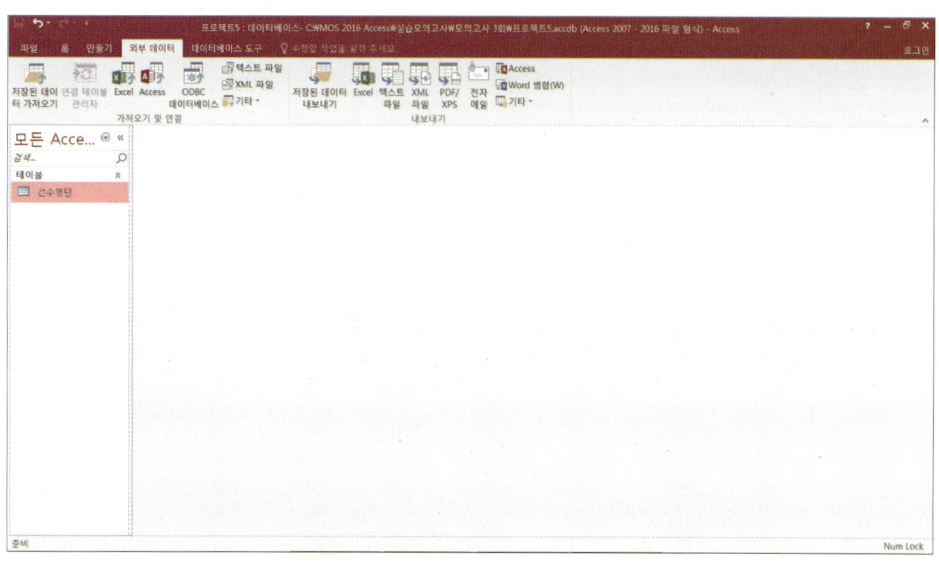

작업 1	"선수명단" 테이블에서 "고객번호" 필드를 기본 키로 설정하시오.
작업 2	문서 폴더에 있는 *선수.csv* 파일 데이터를 "선수명단" 테이블에 레코드로 추가하시오. 파일의 첫 번째 행에는 필드 이름이 포함되어 있습니다.
작업 3	"선수명단" 테이블의 "성" 필드의 크기를 70으로 변경하시오.
작업 4	"선수명단" 테이블을 문서 폴더에 "2018년 선수명단"이라는 이름의 Excel 통합 문서로 저장하시오. 서식 및 레이아웃 정보를 유지하시오.
작업 5	데이터베이스를 닫을 때 자동으로 압축되도록 "프로젝트5" 데이터베이스를 구성하시오. 이 데이터베이스는 닫지 마시오.

MOS 시험 체험하기

MOS 샘플테스트를 체험하기 위해 국제IT자격증 "YBMIT" 홈페이지(https://www.ybmit.com)에 방문합니다.

시험 전 MOS 시험 체험하기를 설치하여 시험장 환경과 비슷한 인터페이스를 체험하시길 바랍니다.

■ MOS > MOS 시험 체험하기

> MOS 시험을 체험해 보세요!
> [Excel, Powerpoint]
>
> MOS 체험 프로그램 실행하기

[사용 전 유의사항]

- MOS 시험 체험하기 프로그램 설치 및 실행 시 이용 가능합니다.
- MOS 2016 버전의 파워포인트, 엑셀, 엑셀익스퍼트만 사용 가능합니다.
- 체험 프로그램은 서버로 원격하여 진행되므로 다른 사람을 위해 3분 이상 이용을 자제해 주세요.
- MOS 시험을 체험해보는 서비스로 문제 풀이 및 결과를 제공하지 않습니다.
  (샘플 문제화면 및 샘플 결과화면만 제공합니다.)
- 설치 방법은 MOS 시험 체험하기 페이지의 사용 가이드를 참고하시기 바랍니다.

Part 03

문제 해설

Chapter 1

적응문제 및
모의고사 해설

적응문제 해설 — Chapter 1 데이터베이스 작성 및 관리

액세스는 테이블, 쿼리, 폼, 보고서 등에서 작업된 결과를 저장하고 진행해야 다음 작업에 이용할 수 있습니다. 이 부분은 엑셀, 워드, 파워포인트와는 다른 부분으로 입력, 수정, 삭제, 변경 등의 작업을 했다면 필히 저장해야 수정이 반영됩니다. 문제에 저장하라는 지문이 없지만 문제 해설에서 저장을 하는 이유입니다.

Section 01 데이터베이스 만들기 및 관리
완성파일 : 완성1-01.accdb | 19p

01
1. Windows에서 [시작] 단추를 클릭한 후 [Access 2016] 메뉴를 클릭합니다.
2. [새 데스크톱 데이터베이스]를 선택합니다.
3. 파일 이름에 '완성1-01.accdb'를 입력합니다.
4. [만들기] 탭을 클릭합니다.

02
1. [파일] 탭 - [정보] - [데이터베이스 암호 설정]을 클릭합니다.
2. [암호]에 '1234'를 입력합니다.
3. [확인]에 다시 '1234'를 입력합니다.
4. [확인] 단추를 클릭합니다.

Section 02 Access 환경 설정
완성파일 : 완성1-02.accdb, 2018년 4월 백업.accdb | 22p

01
1. [파일] 탭 - [다른 이름으로 저장]을 클릭한 후 [다른 이름으로 데이터베이스 저장]을 선택합니다.
2. [고급] 항목에서 [데이터베이스 백업]을 더블 클릭합니다.
3. [다른 이름으로 저장] 대화상자에서 저장 위치는 [문서] 폴더로 이동합니다.
4. [파일 이름]에 '2018년 4월 백업'을 입력하고 [저장] 단추를 클릭합니다.
5. [문서] 폴더에 백업 파일이 생성되고 Access에는 원본 데이터베이스가 그대로 열려 있습니다.

02
1. [파일] 탭 - [옵션]을 클릭합니다.
2. [Access 옵션] 대화상자에서 [현재 데이터베이스] 탭을 선택합니다.
3. [응용 프로그램 옵션]에서 '닫을 때 압축' 옵션을 선택합니다.
4. [확인] 단추를 클릭합니다.
5. "지정한 옵션을 적용하려면 현재 데이터베이스를 닫았다가 다시 열어야 한다"는 대화상자가 나타나면 [확인] 단추를 클릭합니다.

03
1. [파일] 탭 - [정보]를 클릭합니다.
2. [데이터베이스 압축 및 복구]를 클릭합니다.

Section 03 탐색 창 사용하기
완성파일 : 완성1-03.accdb | 26p

01
1. [탐색] 창에서 [급여] 테이블에서 마우스 오른쪽 단추를 눌러 [이름 바꾸기]를 클릭합니다.
2. '급여 내역'을 입력하고 Enter 키를 누릅니다.

02
1. [쿼리] 목록의 [급여 계산] 쿼리 위에서 마우스 오른쪽 단추를 눌러 [삭제]를 클릭합니다.
2. 삭제 확인 메시지 대화상자가 나타나면 [예] 단추를 클릭합니다.
3. 쿼리가 삭제됩니다.

03 ❶ [탐색] 창에서 마우스 오른쪽 단추를 눌러 [탐색 옵션]을 클릭합니다.
　　❷ [탐색 옵션] 대화상자에서 표시 옵션 부분의 '숨겨진 개체 표시'를 체크합니다.
　　❸ [확인] 단추를 클릭합니다.

Section 04 응용 프로그램 요소 적용

완성파일 : 완성1-04.accdb | 30p

01 ❶ [만들기] 탭 - [서식 파일] 그룹 - [응용 프로그램 요소] – [설명]을 선택합니다.
　　❷ [관계 만들기] 대화상자의 [간단한 관계 만들기] 단계에서 [첫 번째 옵션]의 목록 단추(▼)를 클릭해 '사원정보'를 선택합니다.
　　❸ [다음] 단추를 클릭합니다.
　　❹ [조회 열 선택] 단계에서는 ['사원정보'의 필드]의 목록 단추(▼)를 클릭해 '사원번호'를 선택합니다.
　　❺ [조회 열의 이름을 지정하십시오.]에 '승진자번호'를 입력합니다.
　　❻ [만들기] 단추를 클릭합니다.
　　❼ [탐색] 창에 [설명] 테이블이 생성됩니다.

적응문제 해설　Chapter 2　테이블 구축

Section 01 테이블 만들기

완성파일 : 완성2-01.accdb | 39p

01 ❶ [만들기] 탭 - [테이블] 그룹 - [테이블 디자인] 명령을 클릭합니다.
　　❷ 첫 행의 [필드 이름]에 '고객 번호'를 입력하고, [데이터 형식]의 목록 단추(▼)를 클릭해 '일련 번호'를 선택합니다.
　　❸ 다음 행의 [필드 이름]에 '시간'을 입력하고, [데이터 형식]의 목록 단추(▼)를 클릭해 '숫자'를 선택합니다.
　　❹ '고객 번호' 필드를 선택합니다.
　　❺ [테이블 도구] - [디자인] 탭 - [도구] 그룹 - [기본 키]를 클릭합니다.
　　❻ 빠른 실행 도구 모음의 [저장(🖫)]을 클릭합니다.
　　❼ [다른 이름으로 저장] 대화상자에서 '청구됨'을 입력하고 [확인] 단추를 클릭합니다.
　　❽ [테이블] 창의 [닫기(✕)] 단추를 클릭합니다.

02 ❶ [탐색] 창에서 [테이블] 목록의 '급여' 테이블 위에서 마우스 오른쪽 단추를 눌러 [디자인 보기]를 클릭합니다.
　　❷ '비고' 필드를 선택합니다.
　　❸ [데이터 형식]을 '긴 텍스트'로 변경합니다.
　　❹ 빠른 실행 도구 모음의 [저장(🖫)]을 클릭합니다.
　　❺ [테이블] 창의 [닫기(✕)] 단추를 클릭합니다.

03 ❶ [탐색] 창에서 [테이블] 목록의 [사원정보] 테이블 위에서 마우스 오른쪽 단추를 눌러 [디자인 보기]를 클릭합니다.
　　❷ '입사일' 필드를 선택합니다.
　　❸ [필드 속성] 형식에서 '간단한 날짜' 형식을 선택합니다.
　　❹ [필드 속성]에서 [기본값] 속성에 'DATE()'를 입력합니다.

04 ❶ 빠른 실행 도구 모음의 [저장(🖫)]을 클릭합니다.
　　❷ [테이블] 창의 [닫기(✕)] 단추를 클릭합니다.

Section 02 필드 추가 및 삭제

완성파일 : 완성2-02.accdb | 42p

01 ① [탐색] 창에서 [테이블] 목록의 '제품목록' 테이블 위에서 마우스 오른쪽 단추를 눌러 [디자인 보기]를 클릭합니다.
② '마지막' 필드를 선택하고 '비고'를 입력합니다.

02 ① '단종품' 필드를 선택하고 [테이블 도구] - [디자인] 탭 - [도구] 그룹 - [행 삭제] 명령을 선택합니다.
② 빠른 실행 도구 모음의 [저장(🔲)]을 클릭합니다.
③ [테이블] 창의 [닫기(⊠)] 단추를 클릭합니다.

Section 03 레코드 정렬 및 필터

완성파일 : 완성2-03.accdb | 51p

01 ① [탐색] 창에서 [테이블] 목록의 [회원목록] 테이블 위에서 마우스 오른쪽 단추를 눌러 [열기]를 클릭합니다.
② '성명' 필드를 선택하고 [홈] 탭 - [정렬 및 필터] 그룹 - [오름차순] 명령을 선택합니다.

02 ① [가입년수] 필드의 목록 단추(▼)를 클릭합니다.
② [숫자 필터] – [다음보다 큰 경우]를 선택합니다.
③ '5'를 입력합니다.
④ [확인] 단추를 클릭합니다.

03 [홈] 탭 - [정렬 및 필터] 그룹 - [필터 적용/해제] 명령을 선택합니다.

Section 04 관계 설정

완성파일 : 완성2-04.accdb | 59p

01 ① [데이터베이스 도구] 탭 - [관계] 그룹 - [관계]를 클릭합니다.
② [관계 도구] - [디자인] 탭 - [관계] 그룹 - [테이블 표시]를 클릭합니다.
③ [테이블 표시] 대화상자에서 '회비정보' 테이블을 선택합니다.
④ Ctrl 키를 누른 채 '회원목록' 테이블을 클릭해 동시에 선택합니다.
⑤ [추가] 단추를 클릭합니다.
⑥ [관계] 창에 두 개의 테이블이 표시되면 [닫기] 단추를 클릭합니다.
⑦ 기본 키이며 일(一)인 [회비정보] 테이블의 '회원등급코드' 필드 이름을 다(多)인 [회원정보] 테이블의 '회원등급코드' 필드 이름으로 드래그합니다.
⑧ [만들기] 단추를 클릭합니다.

02 ① 두 테이블 사이에 있는 관계선을 클릭합니다.
② [관계 도구] - [디자인] 탭 - [도구] 그룹 – [관계 편집] 명령을 클릭합니다.
③ [관계 편집] 대화상자에서 '항상 참조 무결성 유지'를 선택합니다.
④ [확인] 단추를 클릭합니다.
⑤ [관계] 창의 [닫기(⊠)] 단추를 클릭합니다.
⑥ 저장 확인 메시지 대화상자에서 [예] 단추를 클릭합니다.

Section 05 외부 데이터 가져오기

완성파일 : 완성2-05.accdb | 72p

01 ① [외부 데이터] 탭 - [가져오기 및 연결] 그룹 - [Excel]을 클릭합니다.
② [외부 데이터 가져오기] 대화상자에서 [찾아보기] 단추를 클릭합니다.
③ [파일 열기] 대화상자에서 '회비정보.xlsx' 통합 문서를 찾아 선택합니다.
④ [열기] 단추를 클릭합니다.
⑤ [외부 데이터 가져오기] 대화상자에서 '현재 데이터베이스의 새 테이블로 원본 데이터 가져오기'를 선택합니다.

⑥ [확인] 단추를 클릭합니다.
⑦ [스프레드시트 가져오기 마법사] 대화상자에서는 '워크시트 표시'가 선택되어 있습니다. [다음] 단추를 클릭합니다.
⑧ [스프레드시트 가져오기 마법사] 대화상자에서는 열 머리글이 기본적으로 선택되어 있습니다. [다음] 단추를 클릭합니다.
⑨ [스프레드시트 가져오기 마법사] 대화상자에서는 필드 정보가 표시되면 [다음] 단추를 클릭합니다.
⑩ '기본 키 선택'을 선택하면 '회원코드'가 기본 키 값으로 선택됩니다. [다음] 단추를 클릭합니다.
⑪ [스프레드시트 가져오기 마법사] 대화상자의 다음 단계에서 테이블 이름으로 '회비정보'를 입력하고 [마침] 단추를 클릭합니다.
⑫ [외부 데이터 가져오기] 대화상자의 가져오기 단계 저장 화면에서 [닫기] 단추를 클릭합니다.

02 ① [외부 데이터] 탭 - [가져오기 및 연결] 그룹 - [Access] 명령을 클릭합니다.
② [외부 데이터 가져오기] 대화상자에서 [찾아보기] 단추를 클릭합니다.
③ [파일 열기] 대화상자에서 '인사고과.accdb' 파일을 찾아 선택합니다.
④ [열기] 단추를 클릭합니다.
⑤ [외부 데이터 가져오기] 대화상자에서 '테이블, 쿼리, 폼, 보고서, 매크로 및 모듈을 현재 데이터베이스로 가져오기' 옵션을 선택합니다.
⑥ [확인] 단추를 클릭합니다.
⑦ [개체 가져오기] 대화상자에서 [테이블] 탭을 선택합니다.
⑧ '신입회원 명단'을 선택하고 [확인] 단추를 클릭합니다.
⑨ [외부 데이터 가져오기] 대화상자의 가져오기 단계 저장 화면에서 '가져오기 단계 저장'을 선택합니다.
⑩ [가져오기 저장] 단추를 클릭합니다.

적응문제 해설 — Chapter 3 쿼리 작성

Section 01 쿼리 만들기

완성파일 : 완성3-01.accdb | 86p

01 ① [만들기] 탭 - [쿼리] 그룹 - [쿼리 마법사] 명령을 클릭합니다.
② [새 쿼리] 대화상자에서 '단순 쿼리 마법사'를 선택하고 [확인] 단추를 클릭합니다.
③ [단순 쿼리 마법사] 대화상자에서 [테이블/쿼리]의 목록 단추(▼)를 클릭해 '테이블: 사원정보'를 선택합니다.
④ 사용 가능한 필드 목록에서 '성명' 필드를 선택하고 ▷ 단추를 클릭합니다.
⑤ 사용 가능한 필드 목록에서 '부서' 필드를 선택하고 ▷ 단추를 클릭합니다.
⑥ 사용 가능한 필드 목록에서 '직급' 필드를 선택하고 ▷ 단추를 클릭합니다.
⑦ [단순 쿼리 마법사] 대화상자에서 [테이블/쿼리] 목록 단추(▼)를 클릭해 '테이블: 기본급 정보'를 선택합니다.
⑧ 사용 가능한 필드 목록에서 '기본급' 필드를 선택하고 ▷ 단추를 클릭합니다.
⑨ 사용 가능한 필드 목록에서 '수당' 필드를 선택하고 ▷ 단추를 클릭합니다.
⑩ 필드가 추가되면 [다음] 단추를 클릭합니다.
⑪ '상세 쿼리나 요약 쿼리를 선택하십시오.'에서 '상세(각 레코드의 필드마다 표시)' 옵션을 선택합니다.
⑫ [단순 쿼리 마법사] 대화상자의 다음 단계에서는 [다음] 단추를 클릭합니다.
⑬ '쿼리에 어떤 제목을 지정하시겠습니까?'에서 '사원 목록'을 입력합니다.
⑭ [마침] 단추를 클릭합니다.

02 ① [만들기] 탭 - [쿼리] 그룹 - [쿼리 마법사] 명령을 선택합니다.
② [새 쿼리] 대화상자에서 '크로스탭 쿼리 마법사'를 선택하고 [확인] 단추를 클릭합니다.
③ [크로스탭 쿼리 마법사] 대화상자가 나타나면 [보기] 항목에서 '쿼리'를 선택하고, '쿼리: 사원목록'을 선택한 후 [다음] 단추를 클릭합니다.
④ 행 머리글로 사용할 '부서' 필드를 선택한 다음 ▶ 단추를 클릭하여 [선택한 필드] 항목에 추가합니다. [다음] 단추를 클릭합니다.
⑤ 열 머리글로 사용할 '직급' 필드를 선택하고 [다음] 단추를 클릭합니다.
⑥ 열과 행이 교차하는 곳에 계산할 '기본급' 필드를 선택한 다음 '총계' 함수를 선택하고 [다음] 단추를 클릭합니다.
⑦ 쿼리 이름을 '부서별 직급별 기본급 합계'로 입력하고 [마침] 단추를 클릭합니다.

03 ① [만들기] 탭 - [쿼리] 그룹 - [쿼리 디자인] 명령을 선택합니다.
② [테이블 표시] 대화상자에서 [사원정보] 테이블을 선택하고 Ctrl 키를 누른 채 [기본급정보] 테이블을 클릭해 동시에 선택하고 [추가] 단추를 클릭합니다. [쿼리] 창에 두 개의 테이블이 추가되면 [테이블 표시] 대화상자에서 [닫기] 단추를 클릭합니다.
③ [사원정보] 테이블에서 '사원코드' 필드 이름을 클릭해 선택하고 Shift 키를 누른 채 '직급' 필드를 클릭해 동시에 선택하여 선택한 필드 이름을 눈금의 첫 번째 열로 드래그합니다.
④ [기본급 정보] 테이블에서 '기본급' 필드 이름을 클릭해 선택한 다음 Ctrl 키를 누른 채 '수당' 필드를 클릭해 동시에 선택합니다. 선택한 필드 이름을 눈금의 '직급' 필드 오른쪽의 빈 열로 드래그합니다.
⑤ 눈금의 '부서' 필드의 [조건]에 '관리부'를 입력하고 Enter 키를 누릅니다.
⑥ 쿼리를 실행하기 위해 [쿼리 도구] - [디자인] 탭 - [결과] 그룹 - [실행]을 클릭합니다.
⑦ 쿼리 결과가 데이터시트 보기로 열리면 빠른 실행 도구 모음의 [저장(🔳)]을 클릭합니다.
⑧ [다름 이름으로 저장] 대화상자가 실행되면 쿼리 이름을 '관리부 명단'이라고 입력한 다음 [확인] 단추를 클릭합니다.

Section 02 쿼리 수정하기

완성파일 : 완성3-02.accdb | 93p

01 ① [탐색] 창의 [부장 명단] 쿼리에서 마우스 오른쪽 단추를 클릭해 [디자인 보기]를 선택합니다.
② 쿼리가 디자인 보기로 열리면 눈금에서 '직급' 필드를 선택하여 첫 번째 열로 드래그합니다.
③ [사원정보] 테이블에서 '주소' 필드를 눈금 마지막 열로 드래그합니다.
④ 쿼리 결과가 데이터시트 보기로 열리면 빠른 실행 도구 모음의 [저장(🔳)]을 클릭합니다.

02 ① [탐색] 창의 [부장 명단] 쿼리에서 마우스 오른쪽 단추를 클릭해 [디자인 보기]를 선택합니다.
② 눈금 필드에서 '직급'의 표시 영역에 체크를 해제합니다.

03 ① 눈금 필드에서 '성별' 필드를 선택합니다.
② [쿼리 도구] - [디자인] 탭 - [쿼리 설정] 그룹 - [열 삭제]를 선택합니다.
③ 쿼리를 실행하기 위해 [쿼리 도구] - [디자인] 탭 - [결과] 그룹 - [실행] 명령을 선택합니다.
④ 쿼리 결과가 데이터시트 보기로 열리면 빠른 실행 도구 모음의 [저장(🔳)]을 클릭합니다.

Section 03 계산식을 이용한 쿼리

완성파일 : 완성3-03.accdb | 98p

01 ① [탐색] 창의 [판매 내역] 쿼리에서 마우스 오른쪽 단추를 클릭해 [디자인 보기]를 선택합니다.
② 쿼리 디자인 보기로 전환되면 마지막 필드에 '판매금액:[제품단가]*[판매량]'의 계산식을 입력하고 Enter 키를 누릅니다.
③ [쿼리 도구] - [디자인] 탭 - [결과] 그룹- [실행] 명령을 클릭합니다.
④ 쿼리 결과가 데이터시트 보기로 열리면 빠른 실행 도구 모음의 [저장(🔳)]을 클릭합니다.

02 ❶ [탐색] 창의 [제품별 판매 수량합계] 쿼리에서 마우스 오른쪽 단추를 클릭해 [디자인 보기]를 선택합니다.
❷ [쿼리 도구] - [디자인] 탭 - [표시/숨기기] 그룹 - [요약]을 선택합니다.
❸ [요약] 항목이 추가되면 눈금에서 '제품이름' 필드의 [요약] 항목을 '묶는 방법'으로 선택하고, '판매량'의 [요약] 항목에서 '합계'를 선택합니다.
❹ [쿼리 도구] - [디자인] 탭 - [결과] 그룹- [실행] 단추를 클릭합니다.
❺ 쿼리 결과가 데이터시트 보기로 열리면 빠른 실행 도구 모음의 [저장(🖫)]을 클릭합니다.

적응문제 해설 — Chapter 4 양식 작성

Section 01 폼 만들기

완성파일 : 완성4-01.accdb | 113p

01 ❶ [만들기] 탭 - [폼] 그룹에서 [폼 마법사]를 클릭합니다.
❷ [폼 마법사] 대화상자에서 [테이블/쿼리]의 목록 단추(▼)를 클릭해 '테이블: 거래처목록'을 선택합니다.
❸ 사용 가능한 필드 목록에서 ≫를 클릭해 모든 필드를 선택하고 [다음] 단추를 클릭합니다.
❹ [폼 마법사]의 다음 단계에서 폼 형식을 그대로 두고 [다음] 단추를 클릭합니다.
❺ [폼 마법사]의 다음 단계에서 폼의 이름을 '거래처목록'으로 입력하고 [마침] 단추를 클릭합니다.
❻ [폼] 창의 [닫기(☒)] 단추를 클릭합니다.

02 ❶ [만들기] 탭 - [폼] 그룹 - [탐색] 명령을 클릭해 '가로 탭'을 선택합니다.
❷ [탐색] 폼이 레이아웃 보기로 나타납니다.
❸ [탐색] 창에서 [거래처목록] 폼을 [탐색] 폼의 [새로 추가] 탐색 단추로 드래그합니다.
❹ [거래처 목록] 폼이 첫 번째 탐색 단추에 추가됩니다.
❺ 계속해서 [납품현황] 폼을 [새로 추가] 탐색 단추로 드래그합니다.
❻ 빠른 실행 도구 모음의 [저장(🖫)]을 클릭합니다.
❼ [다른 이름으로 저장] 대화상자에서 '관리'라고 입력하고 [확인] 단추를 클릭합니다.
❽ [폼] 창의 [닫기(☒)] 단추를 클릭합니다.

03 ❶ [폼] 목록의 '제품 목록' 폼 위에서 마우스 오른쪽 단추를 눌러 [삭제]를 클릭합니다.
❷ 삭제 확인 메시지 대화상자가 나타나면 [예] 단추를 클릭합니다.

Section 02 폼 디자인 옵션 적용

완성파일 : 완성4-02.accdb | 128p

01 ❶ [탐색] 창의 [폼] 목록에서 [사원정보입력] 폼 위에서 마우스 오른쪽 단추를 눌러 [디자인 보기]를 클릭합니다.
❷ [폼 디자인 도구] - [디자인] 탭 - [테마] 그룹 - [추억] 테마를 선택합니다.

02 ❶ Ctrl + A 키를 눌러 모든 컨트롤을 선택합니다.
❷ [폼 디자인 도구] - [디자인] 탭 - [도구] 그룹 - [속성 시트]를 클릭합니다.
❸ [속성 시트] 작업 창에서 [형식] 탭 - [특수 효과]의 목록 단추(▼)를 클릭해 [오목]을 선택합니다.

03 ❶ [폼 디자인 도구] - [디자인] 탭 - [도구] 그룹 - [탭 순서]를 클릭합니다.
❷ 구역에서 [본문] 영역을 선택하고 [자동 순서] 단추를 클릭하고 [확인] 단추를 클릭합니다.
❸ 빠른 실행 도구 모음의 [저장(🖫)]을 클릭합니다.
❹ [폼] 창의 [닫기(☒)] 단추를 클릭합니다.

적응문제 해설 Chapter 5 보고서 작성

Section 01 보고서 만들기
완성파일 : 완성5-01.accdb | 136p

01
① [만들기] 탭 - [보고서] 그룹 - [보고서 마법사]를 클릭합니다.
② [보고서 마법사] 대화상자가 나타나면 [테이블/쿼리]의 목록 단추(▼)를 클릭해 '쿼리: 판매 내역'을 선택합니다.
③ [사용 가능한 필드]에서 보고서로 만들 모든 필드 단추(▶▶)를 클릭해 필드를 추가하고 [다음] 단추를 클릭합니다.
④ 그룹 수준을 지정하지 않으려면 [다음] 단추를 클릭합니다.
⑤ '레코드에 어떤 정렬 순서를 지정하시겠습니까?'에서 목록 단추(▼)를 클릭해 정렬할 기준 필드로 '판매일자'를 선택하고 [다음] 단추를 클릭합니다.
⑥ [모양]에서 '테이블 형식'을 선택하고 [용지 방향]에서 '세로'를 선택하여 지정한 후 [다음] 단추를 클릭합니다.
⑦ 보고서 제목 '판매 내역 인쇄'를 입력한 다음 '보고서 미리 보기'를 지정하고 [마침] 단추를 클릭합니다.

02
① [만들기] 탭 - [보고서] 그룹 - [새 보고서] 명령을 클릭합니다.
② [필드 목록] 작업 창에서 [모든 테이블 표시]를 클릭합니다.
③ 테이블 목록이 표시되면 [판매] 테이블의 ⊞를 클릭해 테이블을 확장한 다음 '제품코드' 필드를 보고서 레이아웃 화면으로 드래그합니다.
④ 계속해서 '제품이름'을 선택하고 Shift 키를 누른 채 '판매자코드'를 클릭해 동시에 선택한 다음, 보고서의 '제품코드' 필드 오른쪽으로 드래그합니다.
⑤ 보고서를 저장하기 위해 빠른 실행 도구 모음의 [저장(🖫)]을 클릭합니다.
⑥ [다른 이름으로 저장] 대화상자가 나타나면 '판매 보고'를 입력하고 [확인] 단추를 클릭합니다.

Section 02 보고서 페이지 설정하기
완성파일 : 완성5-02.accdb | 149p

01
① [탐색] 창의 '회원목록 보고서' 보고서에서 마우스 오른쪽 단추를 클릭한 다음 [디자인 보기]를 선택합니다.
② [보고서 디자인 도구] - [페이지 설정] 탭 - [페이지 크기] 그룹 - [여백] - [좁게]를 선택합니다.

02
① [보고서 디자인 도구] - [페이지 설정] 탭 - [페이지 크기] 그룹 - [여백 표시]의 체크를 해제합니다.
② [보고서 디자인 도구] - [페이지 설정] 탭 - [페이지 레이아웃] 그룹 - [가로]를 선택합니다.

03
① [보고서 디자인 도구] - [디자인] 탭 - [머리글/바닥글] 그룹 - [페이지 번호]를 선택합니다.
② [페이지 번호] 대화상자가 나타나면 형식에서 'N/M 페이지' 옵션을 선택합니다.
③ 위치에서 '페이지 아래쪽[바닥글]'을 선택하고 맞춤에서 목록 단추(▼)를 클릭해 '왼쪽'을 선택하고 [확인] 단추를 클릭합니다.
④ 보고서를 저장하기 위해 빠른 실행 도구 모음의 [저장(🖫)]을 클릭합니다.

모의고사 해설

01 실전 모의고사

액세스는 테이블, 쿼리, 폼, 보고서 등에서 작업된 결과를 저장하고 진행해야 다음 작업에 이용할 수 있습니다. 이 부분은 엑셀, 워드, 파워포인트와는 다른 부분으로 입력, 수정, 삭제, 변경 등의 작업을 했다면 필히 저장해야 수정이 반영됩니다. 문제에 저장하라는 지문이 없지만 문제 해설에서 저장을 하는 이유입니다.

프로젝트 01

완성파일 : 프로젝트1(완성).accdb, 2018년 제품목록.xlsx

작업 1   "제품목록의 사본"이라는 이름의 숨겨진 테이블이 보여지도록 설정합니다.

1. [탐색] 창에서 마우스 오른쪽 단추를 눌러 [탐색 옵션]을 클릭합니다.
2. [탐색 옵션] 대화상자에서 표시 옵션 부분의 '숨겨진 개체 표시'를 체크합니다.
3. [확인] 단추를 클릭합니다.

작업 2   "제품목록" 테이블의 "제품번호" 필드와 "이용일정" 테이블의 "제품번호" 필드 간에 일대다 관계를 만드시오. 이 관계는 "제품목록"에는 모든 레코드를 포함하고, "이용일정"에는 조인된 필드가 일치하는 레코드만 포함되도록 설정하시오. 기타 모든 값을 유지하시오.

1. [데이터베이스 도구] 탭 - [관계] 그룹 - [관계]를 클릭합니다.
2. [관계 도구] - [디자인] 탭 – [관계] 그룹 - [테이블 표시]를 클릭합니다.
3. [테이블 표시] 대화상자에서 '제품목록' 테이블을 클릭해 선택합니다.
4. Ctrl 키를 누른 채 '이용일정' 테이블을 클릭해 동시에 선택합니다.
5. [추가] 단추를 클릭합니다.
6. [관계] 창에 두 테이블이 표시되면 [테이블 표시] 대화상자의 [닫기] 단추를 클릭합니다.
7. 기본 키이며 일(一)인 [제품목록] 테이블의 '제품번호' 필드 이름을 다(多)인 [이용일정] 테이블의 '제품번호' 필드 이름으로 드래그합니다.
8. [관계 편집] 대화상자의 관계 종류가 '일대다 관계' 임을 확인하고 [조인 유형] 단추를 클릭합니다.
9. [조인 속성] 대화상자에서 [2: '제품목록'에서는 모든 레코드를 포함하고 '이용일정'에서는 조인된 필드가 일치하는 레코드만 포함]을 선택하고 [확인] 단추를 클릭합니다.
10. [관계 편집] 대화상자에서 [만들기] 단추를 클릭합니다.
11. 두 테이블을 연결하는 연결선이 표시됩니다.
12. [관계 도구] - [디자인] 탭 - [관계] 그룹 - [닫기] 명령을 클릭합니다.
13. 저장 확인 메시지 대화상자에서 [예] 단추를 클릭합니다.

작업 3   "제품목록" 테이블을 문서 폴더에 "2018년 제품목록"이라는 Excel 통합 문서로 저장하시오. 서식 및 레이아웃 정보를 유지하시오.

1. [탐색] 창에서 [제품목록] 테이블을 클릭하여 선택합니다.
2. [외부 데이터] 탭 - [내보내기] 그룹 - [Excel]을 클릭합니다.
3. [내보내기 Excel 스프레드시트] 대화상자에서 [찾아보기] 단추를 클릭합니다.
4. [파일 저장] 대화상자에서 [문서] 폴더를 선택하고 '2018년 제품 목록'을 입력하고 [저장] 단추를 클릭합니다.

⑤ '서식 및 레이아웃과 함께 내보내기'에 체크하고 [확인] 단추를 클릭합니다.
⑥ 내보내기 단계 저장 대화상자에서 [닫기] 단추를 클릭합니다.

> **작업 4**   "제품목록" 테이블에 "제품"이라는 설명을 추가하시오.

① [탐색] 창의 '제품목록' 테이블에서 마우스 오른쪽 단추 눌러 [테이블 속성]을 클릭합니다.
② [제품목록 속성] 대화상자에서 [설명]을 클릭하고 '제품'을 입력합니다.
③ [확인] 단추를 클릭합니다.

> **작업 5**   "제품목록" 테이블의 "제품이름" 필드와 "이용일정" 테이블에 "예정일", "수주량" 필드를 포함하는 "제품 검색"이라는 폼을 만드시오. 하위 폼 이름이 "이용일정" 폼인 데이터시트 형식의 하위 폼을 만드시오.

① [만들기] 탭 - [폼] 그룹에서 [폼 마법사]를 클릭합니다.
② [폼 마법사] 대화상자에서 [테이블/쿼리]의 목록 단추(▼)를 클릭해 '테이블: 제품목록'을 선택합니다.
③ '제품이름' 필드를 선택하고 ▶ 단추를 클릭합니다.
④ [폼 마법사] 대화상자에서 [테이블/쿼리]의 목록 단추(▼)를 클릭해 '테이블: 이용일정'을 선택합니다.
⑤ '예정일' 필드를 선택하고 ▶ 단추를 클릭합니다.
⑥ '수주량' 필드를 선택하고 ▶ 단추를 클릭합니다.
⑦ 필드를 추가하고 [다음] 단추를 클릭합니다.
⑧ [폼 마법사]의 다음 단계에서 '기준-제품목록'을 선택하고 [하위 폼이 있는 폼]을 선택하고 [다음] 단추를 클릭합니다.
⑨ [폼 마법사]의 다음 단계에서 폼 형식을 '데이터시트' 옵션으로 선택합니다.
⑩ [다음] 단추를 클릭합니다.
⑪ [폼 마법사]의 다음 단계에서 폼의 이름을 '제품 검색'으로 입력하고 하위 폼에 이름은 '이용일정'으로 입력합니다.
⑫ [마침] 단추를 클릭합니다.
⑬ [폼] 창의 [닫기(X)] 단추를 클릭합니다.

프로젝트 02

● 완성파일 : 프로젝트2(완성).accdb

> **작업 1**   "문제점" 테이블의 "간략 설명", "재현 단계", "할당 대상", "수정됨"이라는 필드를 사용하여 "수정 현황"이라는 쿼리를 만드시오. "수정됨"이라는 매개 변수를 사용하고 "예/아니요" 데이터 형식을 지정하시오. 쿼리를 저장하고 닫으시오.

① [만들기] 탭 - [쿼리] 그룹 - [쿼리 디자인]을 클릭합니다.
② 쿼리가 디자인 보기로 열리고 [테이블 표시] 대화상자의 [테이블] 탭에서 '문제점' 테이블을 더블 클릭합니다.
③ [테이블 표시] 대화상자에서 [닫기] 단추를 클릭합니다.
④ '문제점' 테이블에서 '간략 설명' 필드 이름을 더블 클릭해 눈금의 첫 번째 열에 추가합니다.
⑤ '문제점' 테이블에서 '재현 단계' 필드 이름을 더블 클릭해 눈금의 두 번째 열에 추가합니다.
⑥ '문제점' 테이블에서 '할당 대상' 필드 이름을 더블 클릭해 눈금의 세 번째 열에 추가합니다.
⑦ '문제점' 테이블에서 '수정됨' 필드 이름을 더블 클릭해 눈금의 네 번째 열에 추가합니다.
⑧ [쿼리 도구] - [디자인] 탭 - [표시/숨기기] 그룹 – [매개변수]를 선택합니다.

❾ [쿼리 매개 변수] 대화상자에서 '수정됨'을 입력하고 [데이터 형식]의 목록 단추(▼)를 눌러 '예/아니요' 형식을 선택하고 [확인] 단추를 클릭합니다.
❿ 빠른 실행 도구 모음의 [저장(🖫)]을 클릭합니다.
⓫ [다른 이름으로 저장] 대화상자에서 '수정 현황'을 입력합니다.
⓬ [확인] 단추를 클릭합니다.
⓭ [쿼리] 창의 [닫기(🗙)] 단추를 클릭합니다.

> **작업 2** "회원정보" 폼의 "성별" 필드 바로 아래에 "회비정보" 테이블의 "회원등급" 필드를 표시하도록 수정하시오. 변경 사항은 저장하시오.

❶ [탐색] 창의 [폼] 목록에서 [회원정보] 폼 위에서 마우스 오른쪽 단추를 눌러 [디자인 보기]를 클릭합니다.
❷ [폼 디자인 도구] - [디자인] 탭 - [도구] 그룹 - [기존 필드 추가]를 클릭합니다.
❸ [필드 목록] 작업 창에서 [모든 테이블 표시]를 클릭합니다.
❹ '회비정보' 테이블에서 '회원등급' 필드를 클릭하여 본문 영역 성별 아래쪽으로 드래그하여 추가합니다.
❺ 빠른 실행 도구 모음의 [저장(🖫)]을 클릭합니다.
❻ [폼] 창의 [닫기(🗙)] 단추를 클릭합니다.

> **작업 3** "회원정보" 폼의 레코드를 "성별" 필드를 대상으로 오름차순으로 정렬하시오.

❶ [탐색] 창의 [폼] 목록에서 [회원정보] 폼 위에서 마우스 오른쪽 단추를 눌러 [열기]를 클릭합니다.
❷ '성별' 필드를 클릭합니다.
❸ [홈] 탭 - [정렬 및 필터] 그룹 - [오름차순] 명령을 클릭합니다.
❹ [폼] 창의 [닫기(🗙)] 단추를 클릭합니다.

> **작업 4** "회원등급 보고서"의 레코드를 "회원등급" 필드를 기준으로 그룹화 하시오. 저장하고 닫으시오.

❶ [탐색] 창에서 [보고서] 목록의 [회원등급 보고서] 보고서 위에서 마우스 오른쪽 단추를 눌러 [디자인 보기]를 클릭합니다.
❷ [보고서 디자인 도구] - [디자인] 탭 - [그룹화 및 요약] 그룹 - [그룹화 및 정렬]을 클릭합니다.
❸ [보고서] 창 하단에 [그룹, 정렬 및 요약] 창에서 [그룹 추가] 단추를 클릭합니다.
❹ 필드 목록이 나타나면 '회원등급' 필드를 선택합니다.
❺ 빠른 실행 도구 모음의 [저장(🖫)]을 클릭합니다.
❻ [보고서] 창의 [닫기(🗙)] 단추를 클릭합니다.

> **작업 5** "회원등급" 쿼리를 삭제하시오.

❶ [쿼리] 목록의 [회원등급] 쿼리 위에서 마우스 오른쪽 단추를 눌러 [삭제]를 클릭합니다.
❷ 삭제 확인 메시지 대화상자가 나타나면 [예] 단추를 클릭합니다.

프로젝트 03

> 완성파일 : 프로젝트3(완성).accdb

작업 1 — 9월에 수강 신청한 학생만 표시하도록 "수강신청" 테이블을 필터링하시오.

❶ [탐색] 창의 [테이블] 목록에서 [수강신청] 테이블 위에서 마우스 오른쪽 단추를 눌러 [열기]를 클릭합니다.
❷ '수강신청일' 필드의 목록 단추(▼)를 클릭해 [날짜 필터] - [기간 내의 모든 날짜] - [9월] 메뉴를 클릭합니다.

작업 2 — "학생정보" 테이블의 "전화번호" 필드에 전화번호 입력 마스크를 적용하시오. 모든 기본 설정을 수락하시오.

❶ [탐색] 창의 [테이블] 목록에서 [학생정보] 테이블 위에서 마우스 오른쪽 단추를 눌러 [디자인 보기]를 클릭합니다.
❷ '전화번호' 필드를 선택합니다.
❸ [필드 속성]에서 [입력 마스크]의 작성기 단추(⋯)를 클릭합니다.
❹ [입력 마스크 마법사] 대화상자에서 '전화번호'를 선택하고 [다음] 단추를 클릭합니다.
❺ [입력 마스크 마법사] 대화상자에서 [다음] 단추를 클릭 - [다음] 단추 클릭 – [마침] 단추를 클릭합니다.
❻ 빠른 실행 도구 모음의 [저장(🖫)]을 클릭합니다.
❼ [테이블] 창의 [닫기(☒)] 단추를 클릭합니다.

작업 3 — "학생정보" 테이블에서 "학과" 필드를 포함하도록 "수강신청 상세정보" 쿼리를 수정하시오. 쿼리 실행은 선택 사항입니다.

❶ [탐색] 창의 [쿼리] 목록에서 [수강신청 상세정보] 쿼리 위에서 마우스 오른쪽 단추를 눌러 [디자인 보기]를 클릭합니다.
❷ [학생정보] 테이블에서 '학과' 필드를 더블 클릭해서 눈금 마지막에 추가합니다.
❸ 빠른 실행 도구 모음의 [저장(🖫)]을 클릭합니다.
❹ [쿼리] 창의 [닫기(☒)] 단추를 클릭합니다.

작업 4 — 활성 학생만 나타나도록 "수강현황" 쿼리의 조건을 추가하시오. 쿼리 실행은 선택 사항입니다.

❶ [탐색] 창의 [쿼리] 목록에서 [수강현황] 쿼리 위에서 마우스 오른쪽 단추를 눌러 [디자인 보기]를 클릭합니다.
❷ 눈금에서 '수강현황' 필드의 [조건]에 'yes'를 입력하고 Enter 키를 누릅니다.
❸ 빠른 실행 도구 모음의 [저장(🖫)]을 클릭합니다.
❹ [쿼리] 창의 [닫기(☒)] 단추를 클릭합니다.

작업 5 — "수강신청정보"라는 폼에 추억 테마를 적용하시오.

❶ [탐색] 창에서 [폼] 목록의 [수강신청정보] 폼 위에서 마우스 오른쪽 단추를 눌러 [디자인 보기]를 클릭합니다.
❷ [폼 디자인 도구] - [디자인] 탭 - [테마] 그룹 - [추억] 테마를 클릭하여 선택합니다.
❸ 빠른 실행 도구 모음의 [저장(🖫)]을 클릭합니다.
❹ [폼] 창의 [닫기(☒)] 단추를 클릭합니다.

프로젝트 04

> 완성파일 : 프로젝트4(완성).accdb

작업 1
"회원정보" 테이블의 "주민번호" 필드에 "주민등록번호"라는 캡션을 추가하시오.

❶ [탐색] 창에서 [테이블] 목록의 [회원정보] 테이블 위에서 마우스 오른쪽 단추를 눌러 [디자인 보기]를 클릭합니다.
❷ '주민번호' 필드를 선택합니다.
❸ [필드 속성]에서 캡션에 '주민등록번호'를 입력합니다.
❹ 빠른 실행 도구 모음의 [저장(🖫)]을 클릭합니다.
❺ [테이블] 창의 [닫기(☒)] 단추를 클릭합니다.

작업 2
"회원정보" 테이블의 레코드를 "성명"을 기준으로 가나다라 순으로 정렬한 다음, "직급" 필드를 오름차순으로 정렬하시오.

❶ [탐색] 창에서 [테이블] 목록의 [회원정보] 테이블 위에서 마우스 오른쪽 단추를 눌러 [열기]를 클릭합니다.
❷ '성명' 필드를 선택하고 [테이블 도구] - [홈] 탭 - [정렬 및 필터] 그룹 - [오름차순]을 선택합니다.
❸ '직급' 필드를 선택하고 [테이블 도구] - [홈] 탭 - [정렬 및 필터] 그룹 - [오름차순]을 선택합니다.

작업 3
"회원정보" 테이블의 요약 행을 추가하시오.

❶ [홈] 탭 - [레코드] 그룹 – [요약]을 클릭합니다.
❷ 빠른 실행 도구 모음의 [저장(🖫)]을 클릭합니다.
❸ [테이블] 창의 [닫기(☒)] 단추를 클릭합니다.

작업 4
데이터베이스를 닫을 때 자동으로 압축되도록 "프로젝트4" 데이터베이스를 구성하시오. 이 데이터베이스를 닫지 마시오.

❶ [파일] 탭 - [옵션]을 클릭합니다.
❷ [Access 옵션] 대화상자에서 [현재 데이터베이스] 탭을 선택합니다.
❸ [응용 프로그램 옵션]에서 '닫을 때 압축' 옵션을 선택합니다.
❹ [확인] 단추를 클릭합니다.
❺ 지정한 옵션을 적용하려면 현재 데이터베이스를 닫았다가 다시 열어야 한다는 메시지 대화상자가 나타나면 [확인] 단추를 클릭합니다.

작업 5
"회원정보 입력"이라는 폼을 사용하여 현재 데이터베이스에 폼을 표시하도록 옵션을 설정하시오. 이 데이터베이스를 닫지 마시오.

❶ [파일] 탭 - [옵션]을 클릭합니다.
❷ [Access 옵션] 대화상자에서 [현재 데이터베이스] 탭을 선택합니다.
❸ 폼 표시 목록 단추(▼)를 클릭해 '회원정보 입력' 폼을 선택합니다.
❹ [확인] 단추를 클릭합니다.

프로젝트 05

> 완성파일 : 프로젝트5(완성).accdb

작업 1 문서 폴더에 있는 *의료보험.xlsx* 통합 문서에 연결된 "보험료"라는 이름의 테이블을 만드시오.

① [외부 데이터] 탭 - [가져오기 및 연결] 그룹 - [Excel]을 클릭합니다.
② [외부 데이터 가져오기] 대화상자에서 [찾아보기] 단추를 클릭합니다.
③ [파일 열기] 대화상자에서 '의료보험.xlsx' 통합 문서를 찾아 선택합니다.
④ [열기] 단추를 클릭합니다.
⑤ [외부 데이터 가져오기] 대화상자에서 '연결 테이블을 만들어 데이터 원본에 연결'을 선택합니다.
⑥ [확인] 단추를 클릭합니다.
⑦ [스프레드시트 연결 마법사]에서는 열 머리글이 기본적으로 선택되어 있습니다. [다음] 단추를 클릭합니다.
⑧ [스프레드시트 연결 마법사]의 다음 단계에서 테이블 이름을 '보험료'를 입력하고 [마침] 단추를 클릭합니다.
⑨ [외부 데이터 가져오기] 대화상자의 가져오기 단계 저장 화면에서 [확인] 단추를 클릭합니다.

작업 2 "직원정보" 테이블의 "입사날짜" 및 "퇴사날짜" 필드 형식을 보통 날짜로 변경하시오.

① [탐색] 창에서 [테이블] 목록의 [직원정보] 테이블 위에서 마우스 오른쪽 단추를 눌러 [디자인 보기]를 클릭합니다.
② '입사 날짜' 필드를 선택합니다.
③ [필드 속성] – [형식]에 목록 단추(▼)를 클릭해 '보통 날짜' 형식을 선택합니다.
④ '퇴사 날짜' 필드를 선택합니다.
⑤ [필드 속성] – [형식]에 목록 단추(▼)를 클릭해 '보통 날짜' 형식을 선택합니다.
⑥ 빠른 실행 도구 모음의 [저장(🖫)]을 클릭합니다.
⑦ [테이블] 창의 [닫기(☒)] 단추를 클릭합니다.

작업 3 "직원 직위" 테이블에서 필드의 일부인 것을 포함하여 "영업부"라는 모든 단어를 <u>고객 전문가</u>로 바꾸시오. 변경 사항을 저장하고 테이블을 닫으시오.

① [탐색] 창에서 [테이블] 목록의 [직원 직위] 테이블 위에서 마우스 오른쪽 단추를 눌러 [열기]를 클릭합니다.
② '부서' 필드를 선택합니다.
③ [홈] 탭 - [찾기] 그룹 - [바꾸기]를 선택합니다.
④ [찾기 및 바꾸기] 대화상자에서 [찾을 내용]에 '영업부'를 입력합니다.
⑤ [찾기 및 바꾸기] 대화상자에서 [바꿀 내용]에 '고객 전문가'를 입력합니다.
⑥ [찾을 조건]에서 목록 단추(▼)를 클릭해 '필드의 일부'를 선택합니다.
⑦ [모두 바꾸기] 단추를 선택합니다.
⑧ "바꾸기를 실행하면 취소할 수 없습니다. 계속하시겠습니까?" 대화상자에서 [예] 단추를 클릭합니다.
⑨ [찾기 및 바꾸기] 대화상자의 [닫기] 단추를 클릭합니다.
⑩ 빠른 실행 도구 모음의 [저장(🖫)]을 클릭합니다.
⑪ [테이블] 창의 [닫기(☒)] 단추를 클릭합니다.

| 작업 4 | "직원정보" 테이블의 "퇴사날짜" 필드에 필드 값이 Null이거나 또는 오늘 날짜 이후인지를 확인하는 유효성 검사 규칙을 추가하시오. |

❶ [탐색] 창에서 [테이블] 목록의 [직원정보] 데이블 위에서 마우스 오른쪽 단추를 눌러 [디자인 보기]를 클릭합니다.
❷ '퇴사 날짜' 필드를 선택합니다.
❸ [필드 속성]에서 [유효성 검사 규칙]을 클릭하고 '<Date() And Is Not Null'를 입력하고 Enter 키를 누릅니다.
❹ 빠른 실행 도구 모음의 [저장(🖫)]을 클릭합니다.
❺ "데이터 통합 규칙이 바뀌었습니다. 기존 데이터는 새 규칙에 맞지 않습니다." 대화상자가 나타나면 [예] 단추를 클릭하고, 다음 대화상자에서도 [예] 단추를 클릭합니다.
❻ [테이블] 창의 [닫기(⊠)] 단추를 클릭합니다.

| 작업 5 | 기본 파일의 이름을 사용하여 데이터베이스를 문서 폴더에 백업하시오. 문서 폴더가 여러 개 표시되는 경우 어떤 폴더를 선택해도 괜찮습니다. |

❶ [파일] 탭 - [다른 이름으로 저장]을 클릭한 후 [다른 이름으로 데이터베이스 저장]을 선택합니다.
❷ [고급] 항목에서 [데이터베이스 백업]을 더블 클릭합니다.
❸ [다른 이름으로 저장] 대화상자에서 저장 위치는 [문서] 폴더로 이동합니다.
❹ [파일 이름]은 그대로 두고 [저장] 단추를 클릭합니다.
❺ '문서' 폴더에 백업 파일이 생성되고 Access에는 원본 데이터베이스가 그대로 열려 있습니다.

02 실전 모의고사

모의고사 해설

프로젝트 01

⊙ 완성파일 : 프로젝트1(완성).accdb

> **작업 1** "회비정보" 테이블과 "회원정보" 테이블의 관계에 참조 무결성이 유지되도록 설정하시오. 다른 모든 기본 설정을 기본값으로 유지하시오.

1. [데이터베이스 도구] 탭 - [관계] 그룹 - [관계]를 클릭합니다.
2. [관계 도구] - [디자인] 탭 - [관계] 그룹 - [테이블 표시]를 클릭합니다.
3. [테이블 표시] 대화상자에서 [회비정보] 테이블을 선택합니다.
4. Ctrl 키를 누른 채 [회원정보] 테이블을 클릭해 동시에 선택합니다.
5. [추가] 단추를 클릭합니다.
6. [관계] 창에 두 개의 테이블이 표시되면 [닫기] 단추를 클릭합니다.
7. 기본 키이며 일(一)인 [회비정보] 테이블의 '회원등급코드' 필드 이름을 다(多)인 [회원정보] 테이블의 '회원등급코드' 필드 이름으로 드래그합니다.
8. [관계 편집] 대화상자에서 '항상 참조 무결성 유지' 확인란을 선택합니다.
9. [만들기] 단추를 클릭합니다.
10. [관계] 창의 [닫기(⊠)] 단추를 클릭합니다.
11. 저장 확인 메시지 대화상자에서 [예] 단추를 클릭합니다.

> **작업 2** 왼쪽 가로 탭에는 "회원정보 입력" 폼을, 오른쪽 가로 탭에는 "회비정보" 폼을 표시하는 "회원 검색"이라는 탐색 폼을 만드시오.

1. [만들기] 탭 - [폼] 그룹 - [탐색] 명령을 클릭해 '가로 탭'을 선택합니다.
2. [탐색] 폼이 레이아웃 보기로 나타납니다.
3. [탐색] 창에서 '회원정보 입력' 폼을 탐색 폼의 [새로 추가] 탐색 단추로 드래그합니다.
4. [회원정보 입력] 폼이 첫 번째 탐색 단추에 추가됩니다.
5. 계속해서 [회비정보] 폼을 [새로 추가] 탐색 단추로 드래그합니다.
6. 빠른 실행 도구 모음의 [저장(🖫)]을 클릭합니다.
7. [다른 이름으로 저장] 대화상자에서 '회원 검색'을 입력하고 [확인] 단추를 클릭합니다.
8. [폼] 창의 [닫기(⊠)] 단추를 클릭합니다.

> **작업 3** 문서 폴더에 위치한 "신입회원관리" 데이터베이스에서 "추가회원" 테이블을 가져오시오. 가져오기 단계를 저장하시오.

1. [외부 데이터] 탭 - [가져오기 및 연결] 그룹 - [Access]를 클릭합니다.
2. [외부 데이터 가져오기] 대화상자에서 [찾아보기] 단추를 클릭합니다.
3. [파일 열기] 대화상자에서 '신입회원관리.accdb' 데이터베이스 파일을 찾아 선택합니다.
4. [열기] 단추를 클릭합니다.

❺ [외부 데이터 가져오기] 대화상자에서 '테이블, 쿼리, 폼, 보고서, 매크로 및 모듈을 현재 데이터베이스로 가져오기' 옵션이 선택되어 있는지 확인합니다.
❻ [확인] 단추를 클릭합니다.
❼ [개체 가져오기] 대화상자의 [테이블] 탭에서 '추가회원' 테이블을 선택합니다.
❽ [확인] 단추를 클릭합니다.
❾ [외부 데이터 가져오기] 대화상자의 가져오기 단계 저장 화면에서 [닫기] 단추를 클릭합니다.

> **작업 4** "회원정보" 테이블에서 "주민번호" 필드를 숨기시오.

❶ [탐색] 창에서 [테이블] 목록의 [회원정보] 테이블 위에서 마우스 오른쪽 단추를 눌러 [열기]를 클릭합니다.
❷ '주민번호' 필드 위에서 마우스 오른쪽 단추를 눌러 [필드 숨기기]를 클릭합니다.
❸ 빠른 실행 도구 모음의 [저장(🖫)]을 클릭합니다.
❹ [테이블] 창의 [닫기(☒)] 단추를 클릭합니다.

프로젝트 02

◉ 완성파일 : 프로젝트2(완성).accdb

> **작업 1** "상품 주문 내역" 쿼리에 "무게" 필드의 값을 소수점 한 자리까지 표시하도록 수정하시오. 쿼리 실행은 선택 사항입니다.

❶ [탐색] 창의 [쿼리] 그룹에서 [상품 주문 내역] 쿼리 위에서 마우스 오른쪽 단추를 눌러 [디자인 보기]를 클릭합니다.
❷ 눈금에서 '무게' 필드를 선택합니다.
❸ [쿼리 도구] - [디자인] 탭 – [표시/숨기기] 그룹 - [속성 시트]를 클릭합니다.
❹ [속성 시트] 작업 창에서 [소수 자릿수]의 목록 단추(▼)를 클릭해 '1'을 선택합니다.
❺ 빠른 실행 도구 모음의 [저장(🖫)]을 클릭합니다.
❻ [쿼리] 창의 [닫기(☒)] 단추를 클릭합니다.

> **작업 2** 평균 매출이 300개가 넘는 상품만 보여지도록 "매출 쿼리"를 수정하시오. 쿼리 실행은 선택 사항입니다.

❶ [탐색] 창의 [쿼리] 그룹에서 [매출 쿼리] 쿼리 위에서 마우스 오른쪽 단추를 눌러 [디자인 보기]를 클릭합니다.
❷ 눈금에서 '평균매출: 수량' 필드의 [조건]에 '>300'을 입력하고 Enter 키를 누릅니다.
❸ 빠른 실행 도구 모음의 [저장(🖫)]을 클릭합니다.
❹ [쿼리] 창의 [닫기(☒)] 단추를 클릭합니다.

> **작업 3** "지점별 매출" 보고서의 "가격" 이름 오른쪽에 "상품" 테이블의 "무게" 필드 및 레이블을 추가하시오.

❶ [탐색] 창의 [보고서] 목록에서 [지점별 매출] 보고서 위에서 마우스 오른쪽 단추를 눌러 [디자인 보기]를 클릭합니다.
❷ [보고서 디자인 도구] - [디자인] 탭 - [도구] 그룹 - [기존 필드 추가]를 선택합니다.
❸ [필드 목록] 작업 창에서 [모든 테이블 표시]를 클릭합니다.
❹ [상품] 테이블에서 '무게' 필드를 본문 영역 '가격' 오른쪽으로 드래그하여 추가합니다.

> **작업 4** "지점별 매출" 보고서의 "가격" 필드 아래쪽에 각 매장에서 판매로 얻은 총금액을 보여주는 필드를 추가하시오. 이 필드의 레이블은 "총 매출"로 지정하고 값은 "가격*수량"으로 계산하시오. 이 필드의 형식을 통화로 지정할 필요는 없습니다.

❶ [보고서 디자인 도구] - [디자인] 탭 - [컨트롤] 그룹에서 [텍스트 상자]를 선택합니다.
❷ 본문 영역 '가격' 아래쪽에 클릭하여 추가합니다.
❸ 레이블에 '총 매출'을 입력합니다.
❹ 언바운드 상자에는 '=[가격]*[수량]'을 입력하고 Enter 키를 누릅니다.

> **작업 5** "지점별 매출" 보고서에 있는 모든 레이블 컨트롤의 글꼴을 굵게, 색깔은 파랑색으로 적용하시오.

❶ Ctrl + A 키를 눌러 모든 컨트롤을 선택합니다.
❷ [보고서 디자인 도구] - [서식] 탭 - [글꼴] 그룹 - [굵게] 명령을 클릭합니다.
❸ [보고서 디자인 도구] - [서식] 탭 - [글꼴] 그룹 - [글꼴 색]의 목록 단추(▼)를 클릭해 [표준 색]에서 '파랑'을 선택합니다.
❹ 빠른 실행 도구 모음의 [저장(🖫)]을 클릭합니다.
❺ [보고서] 창의 [닫기(☒)] 단추를 클릭합니다.

프로젝트 03

◉ 완성파일 : 프로젝트3(완성).accdb

> **작업 1** 현재 데이터베이스를 닫을 때 자동으로 압축되도록 설정하시오. 이 데이터베이스를 닫지 마시오.

❶ [파일] 탭 - [옵션]을 클릭합니다.
❷ [Access 옵션] 대화상자에서 [현재 데이터베이스] 탭을 선택합니다.
❸ [응용 프로그램 옵션]에서 '닫을 때 압축' 옵션을 선택합니다.
❹ [확인] 단추를 클릭합니다.
❺ "지정한 옵션을 적용하려면 현재 데이터베이스를 닫았다가 다시 열어야 합니다."라는 대화상자가 나타나면 [확인] 단추를 클릭합니다.

> **작업 2** "상품" 테이블의 레코드를 "추가 상품" 테이블에 추가하는 "조사 상품"이라는 쿼리를 만드시오. "ID" 필드는 포함하지 마시오. 쿼리 실행은 선택 사항입니다.

❶ [만들기] 탭 - [쿼리] 그룹 - [쿼리 디자인]을 클릭합니다.
❷ 쿼리가 디자인 보기로 열리고 [테이블 표시] 대화상자의 [테이블] 탭에서 '상품' 테이블을 더블 클릭합니다.
❸ [테이블 표시] 대화상자에서 [닫기] 단추를 클릭합니다.
❹ '상품' 테이블에서 '상품' 필드 이름을 더블 클릭해 눈금의 첫 번째 열에 추가합니다.
❺ '상품' 테이블에서 '무게' 필드 이름을 더블 클릭해 눈금의 두 번째 열에 추가합니다.
❻ '상품' 테이블에서 '가격' 필드 이름을 더블 클릭해 눈금의 세 번째 열에 추가합니다.
❼ [쿼리 도구] - [디자인] 탭 - [쿼리 유형] 그룹 – [추가]를 선택합니다.
❽ [추가] 대화상자에서 [테이블 이름]의 목록 단추(▼)를 클릭해 '추가 상품' 테이블을 선택하고 [확인] 단추를 선택합니다.
❾ 빠른 실행 도구 모음의 [저장(🖫)]을 클릭합니다.
❿ [다른 이름으로 저장] 대화상자에서 '조사 상품'을 입력합니다.

⑪ [확인] 단추를 클릭합니다.
⑫ [쿼리] 창의 [닫기(☒)]를 클릭합니다.

> **작업 3** "조사 상품"이라는 폼의 "상품" 필드의 컨트롤 팁 텍스트를 추가하시오. 컨트롤 팁에는 "취득 년도 또는 마지막으로 수정한 연도를 입력하십시오"라는 표시가 되도록 하시오.

① [탐색] 창의 [폼] 목록에서 [조사 상품] 폼 위에서 마우스 오른쪽 단추를 눌러 [디자인 보기]를 클릭합니다.
② '상품' 컨트롤을 선택합니다.
③ [폼 디자인 도구] - [디자인] 탭 - [도구] 그룹 - [속성 시트]를 선택합니다.
④ [속성 시트] 작업 창에서 [기타] 탭 - 컨트롤 팁 텍스트에 '취득년도 또는 마지막으로 수정한 연도를 입력하십시오.'를 입력합니다.

> **작업 4** "조사 상품"이라는 폼에 추억 테마를 적용하시오.

① [폼 디자인 도구] - [디자인] 탭 - [테마] 그룹 - [추억] 테마를 클릭하여 선택합니다.
② 빠른 실행 도구 모음의 [저장(🖫)]을 클릭합니다.
③ [폼] 창의 [닫기(☒)] 단추를 클릭합니다.

프로젝트 04

> 완성파일 : 프로젝트4(완성).accdb

> **작업 1** "작품" 테이블에서 "전시 번호" 필드를 기본 키로 설정하시오.

① [탐색] 창에서 [테이블] 목록의 [작품] 테이블 위에서 마우스 오른쪽 단추를 눌러 [디자인 보기]를 클릭합니다.
② '전시 번호' 필드를 선택합니다.
③ [테이블 도구] - [디자인] 탭 - [도구] 그룹 - [기본 키]를 선택합니다.
④ 빠른 실행 도구 모음의 [저장(🖫)]을 클릭합니다.
⑤ [테이블] 창의 [닫기(☒)] 단추를 클릭합니다.

> **작업 2** 문서 폴더에 있는 *신작.xlsx* 파일의 데이터를 "작품" 테이블에 레코드로 추가하시오. 파일의 첫 번째 행에는 필드 이름이 포함되어 있습니다.

① [외부 데이터] 탭 - [가져오기 및 연결] 그룹 - [Excel]을 클릭합니다.
② [외부 데이터 가져오기] 대화상자에서 [찾아보기] 단추를 클릭합니다.
③ [파일 열기] 대화상자에서 '신작.xlsx' 통합 문서를 찾아 선택합니다.
④ [열기] 단추를 클릭합니다.
⑤ [외부 데이터 가져오기] 대화상자에서 '다음 테이블에 레코드 복사본 추가'를 선택하고 목록에서 '작품' 테이블을 선택합니다.
⑥ [확인] 단추를 클릭합니다.
⑦ [스프레드시트 가져오기 마법사] 대화상자에서는 열 머리글이 기본적으로 선택되어 있습니다. [다음] 단추를 클릭합니다.
⑧ [스프레드시트 가져오기 마법사] 대화상자의 다음 단계에서 테이블 이름을 그대로 두고 [마침] 단추를 클릭합니다.
⑨ [외부 데이터 가져오기] 대화상자의 가져오기 단계 저장 화면에서 [닫기] 단추를 클릭합니다.

| 작업 3 | 설명이라는 템플릿을 기반으로 "설명"이라는 테이블을 만드시오. 하나의 "작품"에 여러 설명을 연결하시오. "설명" 테이블에는 "전시 번호" 필드를 기반으로 "작품 번호"라는 조회 열이 있어야 합니다. |

❶ [만들기] 탭 - [서식 파일] 그룹 - [응용 프로그램 요소] – [설명]을 선택합니다.
❷ [관계 만들기] 대화상자의 [간단한 관계 만들기] 단계에서 첫 번째 옵션의 목록 단추(▼)를 클릭해 '작품'을 선택합니다.
❸ [다음] 단추를 클릭합니다.
❹ [조회 열 선택] 단계에서는 ['작품'의 필드]의 목록 단추(▼)를 클릭해 '전시 번호'를 선택합니다.
❺ [조회 열의 이름을 지정하십시오.]에 '작품 번호'를 입력합니다.
❻ [만들기] 단추를 클릭합니다.
❼ [탐색] 창에 [설명] 테이블이 생성됩니다.

| 작업 4 | "작가" 테이블의 "아티스트 성" 필드의 크기를 70으로 변경하시오. |

❶ [탐색] 창에서 [테이블] 목록의 '작가' 테이블 위에서 마우스 오른쪽 단추를 눌러 [디자인 보기]를 클릭합니다.
❷ '아티스트 성' 필드를 선택합니다.
❸ [필드 속성]에서 필드 크기에 '70'을 입력합니다.
❹ 빠른 실행 도구 모음의 [저장(🖫)]을 클릭합니다.
❺ [테이블] 창의 [닫기(✕)] 단추를 클릭합니다.

| 작업 5 | 새로운 레코드를 입력할 때에 "대여 중" 필드의 기본값이 "No"가 되도록 "작품" 테이블을 업데이트 하시오. |

❶ [탐색] 창에서 [테이블] 목록의 [작품] 테이블 위에서 마우스 오른쪽 단추를 눌러 [디자인 보기]를 클릭합니다.
❷ '대여 중' 필드를 선택합니다.
❸ [필드 속성]에서 [기본값] 속성에 'No'를 입력합니다.
❹ 빠른 실행 도구 모음의 [저장(🖫)]을 클릭합니다.
❺ [테이블] 창의 [닫기(✕)] 단추를 클릭합니다.

프로젝트 05

완성파일 : 프로젝트5(완성).accdb

| 작업 1 | 데이터 형식이 일련 번호인 "고객 번호" 필드와 데이터 형식이 숫자인 "시간" 필드를 입력하여 "청구됨"이라는 새 테이블을 만드시오. "고객 번호"를 기본 키로 설정하시오. 테이블을 저장하시오. |

❶ [만들기] 탭 - [테이블] 그룹 - [테이블 디자인] 명령을 클릭합니다.
❷ 첫 행의 [필드 이름]에 '고객 번호'를 입력하고, [데이터 형식]의 목록 단추(▼)를 클릭해 '일련 번호'를 선택합니다.
❸ 다음 행의 [필드 이름]에 '시간'을 입력하고, [데이터 형식]의 목록 단추(▼)를 클릭해 '숫자'를 선택합니다.
❹ '고객 번호' 필드를 선택합니다.
❺ [테이블 도구] - [디자인] 탭 - [도구] 그룹 - [기본 키]를 클릭합니다.
❻ 빠른 실행 도구 모음의 [저장(🖫)]을 클릭합니다.
❼ [다른 이름으로 저장] 대화상자에서 '청구됨'을 입력하고 [확인] 단추를 클릭합니다.
❽ [테이블] 창의 [닫기(✕)] 단추를 클릭합니다.

작업 2	"회원별 회비 내역" 쿼리를 수정하여 "성별" 필드를 기준으로 내림차순, "성명" 필드를 기준으로 오름차순 정렬하시오. 변경 사항을 저장하시오. 쿼리 실행은 선택 사항입니다.

❶ [탐색] 창의 [쿼리] 그룹에서 [회원별 회비 내역] 쿼리 위에서 마우스 오른쪽 단추를 눌러 [디자인 보기]를 클릭합니다.
❷ 눈금에서 '성별' 필드를 선택합니다.
❸ 눈금에서 정렬 목록을 눌러 '내림차순'을 선택합니다.
❹ 눈금에서 '성명' 필드를 선택합니다.
❺ 눈금에서 정렬 목록을 눌러 '오름차순'을 선택합니다.
❻ 빠른 실행 도구 모음의 [저장(🖫)]을 클릭합니다.
❼ [쿼리] 창의 [닫기(☒)] 단추를 클릭합니다.

작업 3	"회원정보" 테이블의 "성명" 및 "직급" 필드와 "회비정보" 테이블의 "회원등급" 및 "연회비" 필드를 표시하는 "<u>회원 정보</u>"라는 쿼리를 만드시오. 쿼리 실행은 선택 사항입니다.

❶ [만들기] 탭 - [쿼리] 그룹 - [쿼리 디자인]을 클릭합니다.
❷ 쿼리가 디자인 보기로 열리고 [테이블 표시] 대화상자의 [테이블] 탭에서 '회원정보' 테이블을 클릭합니다.
❸ Ctrl 키를 누른 채 '회비정보' 테이블을 클릭해 동시에 선택합니다.
❹ [추가] 단추를 클릭합니다.
❺ [테이블 표시] 대화상자에서 [닫기] 단추를 클릭합니다.
❻ '회원정보' 테이블에서 '성명' 필드 이름을 더블 클릭해 눈금의 첫 번째 열에 추가합니다.
❼ '회원정보' 테이블에서 '직급' 필드 이름을 더블 클릭해 눈금의 두 번째 열에 추가합니다.
❽ '회비정보' 테이블에서 '회원등급' 필드 이름을 더블 클릭해 눈금의 세 번째 열에 추가합니다.
❾ '회비정보' 테이블에서 '연회비' 필드 이름을 더블 클릭해 눈금의 네 번째 열에 추가합니다.
❿ 빠른 실행 도구 모음의 [저장(🖫)]을 클릭합니다.
⓫ [다른 이름으로 저장] 대화상자에서 '회원 정보'를 입력하고 [확인] 단추를 클릭합니다.
⓬ [쿼리] 창의 [닫기(☒)] 단추를 클릭합니다.

작업 4	기본 파일 이름으로 사용하여 "<u>프로젝트5</u>" 데이터베이스를 백업하시오.

❶ [파일] 탭 - [다른 이름으로 저장]을 클릭한 후 [다른 이름으로 데이터베이스 저장]을 선택합니다.
❷ [고급] 항목에서 [데이터베이스 백업]을 더블 클릭합니다.
❸ [다른 이름으로 저장] 대화상자에서 저장 위치는 [문서] 폴더로 이동합니다.
❹ [파일 이름]은 그대로 두고 [저장] 단추를 클릭합니다.
❺ '문서' 폴더에 백업 파일이 생성됩니다. Access에는 원본 데이터베이스가 그대로 열려 있습니다.

모의고사 해설

03 실전 모의고사

프로젝트 01

> 완성파일 : 프로젝트1(완성).accdb

작업 1   "환자 목록" 보고서에서 "환자 ID" 레이블의 컨트롤이 잘못된 데이터 원본에 연결되었습니다. 데이터 원본을 "환자 테이블"의 "환자 ID" 필드로 변경하시오.

1. [탐색] 창의 [보고서] 목록에서 [환자 목록] 보고서 위에서 마우스 오른쪽 단추를 눌러 [디자인 보기]를 클릭합니다.
2. 본문 영역에서 '의사ID' 컨트롤을 선택합니다.
3. [보고서 디자인 도구] - [디자인] 탭 - [도구] 그룹 - [속성 시트]를 선택합니다.
4. [속성 시트] 작업 창에서 [데이터] 탭 - [컨트롤 원본]의 목록 단추(▼)를 클릭해 '환자ID'를 선택합니다.

작업 2   "환자 목록" 보고서에서 "이름"이라는 레이블의 캡션을 "마지막 환자"로 변경하시오.

1. [페이지 머리글] 영역에서 '이름' 레이블을 선택합니다.
2. [보고서 디자인 도구] - [디자인] 탭 - [도구] 그룹 - [속성 시트] 명령을 선택합니다.
3. [속성 시트] 작업 창에서 [형식] 탭 – [캡션]에 '마지막 환자'를 입력합니다.

작업 3   "환자 목록" 보고서에서 "본문" 섹션의 모든 컨트롤의 여백을 보통으로 변경하시오.

1. 본문 영역에서 마우스 드래그로 모든 컨트롤을 선택합니다.
2. [보고서 디자인 도구] - [정렬] 탭 - [위치] 그룹 - [여백 조정] - [보통]을 선택합니다.

작업 4   "환자 목록" 보고서에서 "마지막 의사" 형식으로 의사의 이름을 표시하도록 "첫 번째 의사" 필드를 "마지막 의사" 필드로 변경하시오.

1. [마지막 의사 머리글] 영역에서 '첫 번째 의사' 컨트롤을 선택합니다.
2. [보고서 디자인 도구] - [디자인] 탭 - [도구] 그룹 - [속성 시트] 명령을 선택합니다.
3. [속성 시트] 작업 창에서 [데이터] 탭 – [컨트롤 원본]에서 '마지막 의사'를 선택합니다.

작업 5   "환자 목록" 보고서에서 인쇄되는 양식의 행 간격을 1.27cm로 설정하시오. 보고서를 저장한 후 닫으시오.

1. [보고서 디자인 도구] - [페이지 설정] 탭 - [페이지 레이아웃] 그룹 - [열]을 선택합니다.
2. [페이지 설정] 대화상자에서 행 간격에 '1.27cm'를 입력하고 [확인] 단추를 클릭합니다.
3. 빠른 실행 도구 모음의 [저장(🖫)]을 클릭합니다.
4. [보고서] 창의 [닫기(☒)] 단추를 클릭합니다.

프로젝트 02

> 완성파일 : 프로젝트2(완성).accdb

작업 1 "책 목록" 쿼리에서 "도시" 필드를 숨기시오. 쿼리를 저장하시오.

1. [탐색] 창의 [쿼리] 그룹에서 [책 목록] 쿼리 위에서 마우스 오른쪽 단추를 눌러 [열기]를 클릭합니다.
2. '도시' 필드 위에서 마우스 오른쪽 단추를 눌러 [필드 숨기기]를 클릭합니다.
3. 빠른 실행 도구 모음의 [저장(🖫)]을 클릭합니다.
4. [쿼리] 창의 [닫기(✕)] 단추를 클릭합니다.

작업 2 "책 목록" 쿼리에 "나의 등급"과 "블로그 등급"의 합계를 구하는 "총 평가 등급"이라는 필드를 추가하시오. 쿼리를 저장하시오. 쿼리 실행은 선택 사항입니다.

1. [탐색] 창의 [쿼리] 그룹에서 [책 목록] 쿼리 위에서 마우스 오른쪽 단추를 눌러 [디자인 보기]를 클릭합니다.
2. 마지막 눈금 필드를 선택합니다.
3. '총 평가 등급:[나의 등급]+[블로그 등급]'을 입력하고 Enter 키를 누릅니다.
4. 빠른 실행 도구 모음의 [저장(🖫)]을 클릭합니다.
5. [쿼리] 창의 [닫기(✕)] 단추를 클릭합니다.

작업 3 "책 판매" 테이블의 기록을 "저자" 필드를 기준으로 "나의 등급" 필드의 평균 값을 계산하는 단순 요약 쿼리를 만드시오. 쿼리의 제목을 "평균 평가 등급"으로 지정하시오. 쿼리 실행은 선택 사항입니다.

1. [만들기] 탭 - [쿼리] 그룹 - [쿼리 마법사]를 클릭합니다.
2. [새 쿼리] 대화상자에서 '단순 쿼리 마법사'를 선택합니다.
3. [확인] 단추를 클릭합니다.
4. [단순 쿼리 마법사] 대화상자에서 [테이블/쿼리]의 목록 단추(▼)를 눌러 '테이블: 책 판매'를 선택합니다.
5. '저자' 필드를 선택하고 ▶ 단추를 클릭합니다.
6. '나의 등급' 필드를 선택하고 ▶ 단추를 클릭합니다.
7. 모든 필드가 추가되면 [다음] 단추를 클릭합니다.
8. '상세 쿼리나 요약 쿼리를 선택하십시오.'에서 [요약]을 선택합니다.
9. [요약 옵션] 단추를 클릭합니다.
10. [요약 옵션] 대화상자에 '나의 등급'에서 [평균]을 선택하고, [확인] 단추를 클릭합니다.
11. 요약이 선택되면 [다음] 단추를 클릭합니다.
12. 쿼리 제목으로 '평균 평가 등급'을 입력하고 [마침] 단추를 클릭합니다.
13. [쿼리] 창의 [닫기(✕)] 단추를 클릭합니다.

작업 4 "책" 테이블과 "출판사" 테이블을 사용하여 "작가이름", "책 제목", "출판사" 필드를 포함하는 쿼리를 만들고, 세 개 필드를 모두 오름차순으로 정렬하시오. 이 쿼리에서 "정렬된 목록"이라는 테이블을 만드시오. 쿼리의 이름을 "정렬된 책"으로 저장하시오. 쿼리를 실행하시오.

1. [만들기] 탭 - [쿼리] 그룹 - [쿼리 디자인]을 클릭합니다.
2. 쿼리가 디자인 보기로 열리고 [테이블 표시] 대화상자의 [테이블] 탭에서 '책' 테이블을 클릭합니다.
3. Ctrl 키를 누른 채 '출판사' 테이블을 클릭해 동시에 선택합니다.

④ [추가] 단추를 클릭합니다.
⑤ [테이블 표시] 대화상자에서 [닫기] 단추를 클릭합니다.
⑥ '책' 테이블에서 '작가이름' 필드 이름을 더블 클릭해 눈금의 첫 번째 열에 추가합니다.
⑦ '책' 테이블에서 '책 제목' 필드 이름을 더블 클릭해 눈금의 두 번째 열에 추가합니다.
⑧ '출판사' 테이블에서 '출판사' 필드 이름을 더블 클릭해 눈금의 세 번째 열에 추가합니다.
⑨ 눈금 정렬에서 세 개의 필드 모두 '오름차순' 정렬을 선택합니다.
⑩ [쿼리 도구] - [디자인] 탭 - [쿼리 유형] 그룹 - [테이블 만들기]를 선택합니다.
⑪ [테이블 만들기] 대화상자에서 테이블 이름에 '정렬된 목록'이라고 입력하고, [확인] 단추를 클릭합니다.
⑫ 빠른 실행 도구 모음의 [저장(🗒)]을 클릭합니다.
⑬ [다른 이름 저장] 대화상자에서 '정렬된 책'을 입력하고, [확인] 단추를 클릭합니다.
⑭ [쿼리 도구] - [디자인] 탭 - [결과] 그룹 - [실행] 명령을 클릭합니다.
⑮ "11행을 붙여 넣습니다."라는 대화상자에서 [예] 단추를 클릭합니다.

프로젝트 03

완성파일 : 프로젝트3(완성).accdb

작업 1 "상품 입력" 폼의 배경 이미지를 갤러리의 상품 1로 변경하시오.

① [탐색] 창에서 [폼] 그룹의 [상품 입력] 폼 위에서 마우스 오른쪽 단추를 눌러 [디자인 보기]를 클릭합니다.
② [폼 디자인 도구] - [서식] 탭 - [배경] 그룹 - [배경 이미지]의 목록 단추(▼)를 눌러 [상품 1]을 선택합니다.

작업 2 "상품 입력" 폼의 모든 레이블 컨트롤에 오목 효과를 적용하시오.

① Ctrl + A 키를 눌러 모든 컨트롤을 선택합니다.
② [폼 디자인 도구] - [디자인] 탭 - [도구] 그룹 - [속성 시트]를 클릭합니다.
③ [속성 시트] 작업 창에서 [형식] 탭 - [특수 효과]의 목록 단추(▼)를 눌러 [오목]을 선택합니다.

작업 3 "주문" 테이블의 모든 필드를 사용하는 데이터시트 하위 폼을 "상품 입력" 폼에 추가하시오. 하위 양식의 이름을 "주문 양식"이라고 지정하시오. 모든 폼을 저장하시오.

① [폼 디자인 도구] - [디자인] 탭 - [컨트롤] 그룹 – [자세히(▼)] 단추를 눌러 – [하위 폼/하위 보고서(▥)]를 선택합니다.
② 본문 영역 중 빈 곳을 클릭합니다.
③ [하위 폼 마법사] 대화상자에서 '기존 테이블 및 쿼리 사용' 옵션을 선택하고, [다음] 단추를 클릭합니다.
④ [테이블/쿼리]의 목록 단추(▼)를 눌러 '테이블: 주문'을 선택합니다.
⑤ ≫ 단추를 눌러 모든 필드를 추가하고 [다음] 단추를 클릭합니다.
⑥ "기본 폼을 이 하위 폼으로 연결하는 필드를 직접 지정하시겠습니까? 아니면 아래 목록에서 선택하시겠습니까?"에서 '목록에서 선택' 옵션을 선택하고 [다음] 단추를 클릭합니다.
⑦ [하위 폼이나 하위 보고서 이름을 입력하십시오.]에 '주문 양식'을 입력합니다.
⑧ [마침] 단추를 클릭합니다.
⑨ 빠른 실행 도구 모음의 [저장(🗒)]을 클릭합니다.
⑩ [폼] 창의 [닫기(✕)] 단추를 클릭합니다.

작업 4 "상품 입력" 폼에서 인쇄되는 양식의 행 간격을 1.25cm로 설정하시오.

① [파일] 탭 - [인쇄] - [인쇄 미리 보기]를 클릭합니다.

❷ [인쇄 미리 보기] 탭 - [페이지 레이아웃] 그룹 - [열]을 클릭합니다.
❸ 행 간격에 '1.25cm'를 입력합니다.
❹ [확인] 단추를 클릭합니다.
❺ [인쇄 미리 보기] 탭 - [미리 보기 닫기] 그룹 - [인쇄 미리 보기 닫기]를 클릭합니다.
❻ 빠른 실행 도구 모음의 [저장(🔳)]을 클릭합니다.
❼ [폼] 창의 [닫기(☒)] 단추를 클릭합니다.

프로젝트 04

> 완성파일 : 프로젝트4(완성).accdb

작업 1 "구매주문정보" 테이블의 "주문ID" 필드와 "수주 정보" 테이블의 "주문ID" 필드 간에 일대일 관계를 만드시오. 이 관계는 "구매주문정보"에서는 모든 레코드를 포함하고, "수주 정보"에서는 조인된 필드가 일치하는 레코드만 포함되도록 설정하시오. 기타 모든 설정은 기본값으로 유지하시오.

❶ [데이터베이스 도구] 탭 - [관계] 그룹 - [관계]를 클릭합니다.
❷ [관계 도구] - [디자인] 탭 – [관계] 그룹 - [테이블 표시]를 클릭합니다.
❸ [테이블 표시] 대화상자에서 '구매주문정보' 테이블과 '수주정보' 테이블을 클릭해 선택합니다.
❹ [추가] 단추를 클릭합니다.
❺ [관계] 창에 두 테이블이 표시되면 [테이블 표시] 대화상자의 [닫기] 단추를 클릭합니다.
❻ 기본 키이며 일(一)인 '구매주문정보' 테이블의 '주문ID' 필드 명을 다(多)인 '수주 정보' 테이블의 '주문ID' 필드 이름으로 드래그합니다.
❼ [관계 편집] 대화상자의 관계 종류가 '일대다 관계'임을 확인하고 [조인 유형] 단추를 클릭합니다.
❽ [조인 속성] 대화상자에서 [2: '구매주문정보'에서는 모든 레코드를 포함하고 '수주정보'에서는 조인된 필드가 일치하는 레코드만 포함] 옵션을 선택하고 [확인] 단추를 클릭합니다.
❾ [관계 편집] 대화상자에서 [만들기] 단추를 클릭합니다.
❿ 두 테이블을 연결하는 연결선이 표시됩니다.
⓫ [관계] 창의 [닫기(☒)] 단추를 클릭합니다.
⓬ 저장 확인 메시지 대화상자에서 [예] 단추를 클릭합니다.

작업 2 "영업사원목록" 테이블에 "판촉 사원"이라는 설명을 추가하시오.

❶ [탐색] 창에서 [영업사원목록] 테이블에서 마우스 오른쪽 단추를 눌러 [테이블 속성]을 클릭합니다.
❷ [영업사원목록 속성] 대화상자에서 [설명]을 클릭하고 '판촉 사원'을 입력한 후 [확인] 단추를 클릭합니다.

작업 3 마법사를 사용하여 매월 제품을 수주한 총 수주량을 보여주는 "월 제품 총 수량"이라는 쿼리를 만드시오. "수주정보" 테이블의 각 제품 ID의 거래일 레코드를 단순 쿼리로 만든 뒤에 크로스탭 쿼리를 사용해서 월별 수주된 총 수주량을 표시하시오. 쿼리 실행은 선택 사항입니다.

❶ [만들기] 탭 - [쿼리] 그룹 - [쿼리 마법사]를 클릭합니다.
❷ [새 쿼리] 대화상자에서 '단순 쿼리 마법사'를 선택하고 [확인] 단추를 클릭합니다.
❸ [단순 쿼리 마법사] 대화상자에서 [테이블/쿼리]의 목록 단추(▼)를 눌러 '테이블: 수주정보'를 선택합니다.
❹ 사용 가능한 필드 목록에서 '제품ID' 필드를 선택하고 ▶ 단추를 클릭합니다.
❺ 사용 가능한 필드 목록에서 '거래일' 필드를 선택하고 ▶ 단추를 클릭합니다.
❻ 사용 가능한 필드 목록에서 '수주량' 필드를 선택하고 ▶ 단추를 클릭합니다.

❼ 필드가 추가되면 [다음] 단추를 클릭합니다.
❽ [상세 쿼리나 요약 쿼리를 선택하십시오.]에서 '요약'을 선택합니다.
❾ [요약 옵션…] 단추를 클릭합니다.
❿ '어떤 요약 값을 계산하시겠습니까?'에서 '합계'를 선택하고 [확인] 단추를 클릭합니다.
⓫ [단순 쿼리 마법사] 대화상자의 다음 단계에서는 [다음] 단추를 클릭합니다.
⓬ '쿼리에서 날짜를 그룹화할 기준을 선택하십시오.'에서 '월' 옵션을 선택하고, [다음] 단추를 클릭합니다.
⓭ [단순 쿼리 마법사] 대화상자의 다음 단계에서는 쿼리 이름으로 '월 제품 총 수량'을 입력합니다.
⓮ 쿼리 조건을 편집하기 위해 '쿼리 디자인 수정' 옵션을 선택하고 [마침] 단추를 클릭합니다.
⓯ 선택 쿼리가 디자인 보기로 열립니다.
⓰ [쿼리 도구] - [디자인] 탭 - [쿼리 유형] 그룹 - [크로스탭]을 선택합니다.
⓱ 눈금에서 '제품ID' 필드 크로스탭에서 '행 머리글'을 선택합니다.
⓲ 눈금에서 '월별 거래일' 필드 크로스탭에서 '열 머리글'을 선택합니다.
⓳ 눈금에서 '수주량의 합계' 필드 크로스 탭에서 '값'을 선택합니다.
⓴ 빠른 실행 도구 모음의 [저장(🖫)]을 클릭합니다.
㉑ [쿼리] 창의 [닫기(⊠)] 단추를 클릭합니다.

> 작업 4 : "공급업체 목록" 테이블의 "공급업체 이름", "담당자" 필드와 "구매 주문 정보" 테이블의 "공급 업체 ID", "발주 ID", "수주일" 필드를 포함하는 <u>주문 정보</u>라는 폼을 만드시오. 하위 폼의 이름이 "<u>업체 목록</u>"인 데이터시트 형식의 하위 폼을 만드시오.

❶ [만들기] 탭 - [폼] 그룹에서 [폼 마법사]를 클릭합니다.
❷ [폼 마법사] 대화상자에서 [테이블/쿼리]의 목록 단추(▼)를 눌러 '테이블: 공급업체 목록'을 선택합니다.
❸ '공급업체이름' 필드를 선택하고 ▷ 단추를 클릭합니다.
❹ '담당자' 필드를 선택하고 ▷ 단추를 클릭합니다.
❺ [폼 마법사] 대화상자에서 [테이블/쿼리]의 목록 단추(▼)를 눌러 '테이블: 구매주문정보'를 선택합니다.
❻ '공급업체ID' 필드를 선택하고 ▷ 단추를 클릭합니다.
❼ '발주ID' 필드를 선택하고 ▷ 단추를 클릭합니다.
❽ '수주일' 필드를 선택하고 ▷ 단추를 클릭합니다.
❾ 필드를 추가하고 [다음] 단추를 클릭합니다.
❿ [폼 마법사]의 다음 단계에서 '기준-공급업체목록'을 선택하고 '하위 폼이 있는 폼' 옵션을 선택하고 [다음] 단추를 클릭합니다.
⓫ [폼 마법사]의 다음 단계에서 폼 형식을 '데이터시트' 옵션으로 선택합니다.
⓬ [다음] 단추를 클릭합니다.
⓭ [폼 마법사]의 다음 단계에서 폼의 이름을 '주문 정보'로 입력하고 하위 폼의 이름은 '업체 목록'으로 입력합니다.
⓮ [마침] 단추를 클릭합니다.
⓯ [폼] 창의 [닫기(⊠)] 단추를 클릭합니다.

> 작업 5 : "소매업체"라는 이름의 숨겨진 테이블이 보여지도록 설정하시오.

❶ [탐색] 창에서 마우스 오른쪽 단추를 눌러 [탐색 옵션]을 클릭합니다.
❷ [탐색 옵션] 대화상자에서 표시 옵션 부분의 '숨겨진 개체 표시'를 체크합니다.
❸ [확인] 단추를 클릭합니다.

| 작업 6 | 마법사를 사용하여 "구매 주문 정보", "공급 업체 목록" 및 "영업사원 목록" 테이블을 기반으로 보고서를 만드시오. 이 보고서에는 "공급 업체 이름", "담당자", "영업사원", "수주일"이 "발주 ID"를 기준으로 그룹화되도록 하시오. "수주일"을 기준으로 내림차순 정렬한 다음, "공급 업체 이름"을 기준으로 내림차순 정렬하시오. 보고서의 제목은 <u>수주 현황</u>으로 지정하시오. 다른 모든 설정을 기본값으로 유지하시오. |

❶ [만들기] 탭 - [보고서] 그룹 - [보고서 마법사]를 클릭합니다.
❷ [보고서 마법사] 대화상자에서 [테이블/쿼리]의 목록 단추(▼)를 눌러 보고서를 만들 쿼리인 '테이블: 구매주문정보'를 선택합니다.
❸ 사용 가능한 필드 목록에서 '수주일' 필드를 선택하고 > 단추를 클릭합니다.
❹ 사용 가능한 필드 목록에서 '발주ID' 필드를 선택하고 > 단추를 클릭합니다.
❺ [보고서 마법사] 대화상자에서 [테이블/쿼리]의 목록 난수(▼)를 눌러 보고서를 만들 쿼리인 '테이블: 공급업체목록'을 선택합니다.
❻ 사용 가능한 필드 목록에서 '공급업체이름' 필드를 선택하고 > 단추를 클릭합니다.
❼ 사용 가능한 필드 목록에서 '담당자' 필드를 선택하고 > 단추를 클릭합니다.
❽ [보고서 마법사] 대화상자에서 [테이블/쿼리]의 목록 단추(▼)를 눌러 보고서를 만들 쿼리인 '테이블: 영업사원목록'을 선택합니다.
❾ 사용 가능한 필드 목록에서 '영업사원' 필드를 선택하고 > 단추를 클릭합니다.
❿ [선택한 필드] 목록에 모든 필드가 추가되면 [다음] 단추를 클릭합니다.
⓫ [보고서 마법사] 대화상자의 다음 데이터 표시 단계에서 그대로 두고 [다음] 단추를 클릭합니다.
⓬ [보고서 마법사] 대화상자의 다음 그룹 수준 지정 단계에서 '발주ID'를 선택하고 > 단추를 클릭합니다.
⓭ 그룹 필드 지정이 끝나면 [다음] 단추를 클릭합니다.
⓮ [보고서 마법사] 대화상자의 다음 정렬 단계에서 1 수준의 목록 단추(▼)를 눌러 '수주일'을 선택하고 [오름차순] 단추를 눌러 '내림차순'으로 변경합니다.
⓯ [보고서 마법사] 대화상자의 다음 정렬 단계에서 2 수준의 목록 단추(▼)를 눌러 '공급업체이름'을 선택하고 [오름차순] 단추를 눌러 '내림차순'으로 변경합니다.
⓰ 정렬 지정이 끝나면 [다음] 단추를 클릭합니다.
⓱ [보고서 마법사] 대화상자의 다음 모양 및 용지 방향 옵션 단계에서 그대로 두고 [다음] 단추를 클릭합니다.
⓲ [보고서 마법사] 대화상자의 다음 단계에서는 새 보고서의 이름을 '수주 현황'으로 입력하고 [마침] 단추를 클릭합니다.
⓳ [보고서] 창의 [닫기(☒)] 단추를 클릭합니다.

프로젝트 05

● 완성파일 : 프로젝트5(완성).accdb, 2018년 선수명단.xlsx

| 작업 1 | "선수명단" 테이블에서 "고객번호" 필드를 기본 키로 설정하시오. |

❶ [탐색] 창에서 [테이블] 목록의 [선수명단] 테이블 위에서 마우스 오른쪽 단추를 눌러 [디자인 보기]를 클릭합니다.
❷ '고객번호' 필드를 선택합니다.
❸ [테이블 도구] - [디자인] 탭 - [도구] 그룹 - [기본 키]를 클릭합니다.
❹ 빠른 실행 도구 모음의 [저장(🖫)]을 클릭합니다.
❺ [테이블] 창의 [닫기(☒)] 단추를 클릭합니다.

| 작업 | 2 | 문서 폴더에 있는 *선수.csv* 파일 데이터를 "선수명단" 테이블에 레코드로 추가하시오. 파일의 첫 번째 행에는 필드 이름이 포함되어 있습니다. |

❶ [외부 데이터] 탭 - [가져오기 및 연결] 그룹 - [텍스트 파일]을 클릭합니다.
❷ [외부 데이터 가져오기] 대화상자에서 [찾아보기] 단추를 클릭합니다.
❸ [파일 열기] 대화상자에서 '선수.csv' 문서를 찾아 선택합니다.
❹ [열기] 단추를 클릭합니다.
❺ [외부 데이터 가져오기] 대화상자에서 '다음 테이블에 레코드 복사본 추가'를 선택하고 목록에서 '선수명단' 테이블을 선택합니다.
❻ [확인] 단추를 클릭합니다.
❼ [텍스트 가져오기 마법사] 대화상자에서는 '구분(D)-각 필드를 구분하는 쉼표나 탭 등의 문자를 사용' 옵션이 선택되어 있습니다. [다음] 단추를 클릭합니다.
❽ [텍스트 가져오기 마법사] 대화상자에서 필드를 나눌 기본 기호 선택에 '쉼표'가 선택된 것을 확인하고 [다음] 단추를 클릭합니다.
❾ [텍스트 가져오기 마법사] 대화상자의 다음 단계에서 테이블 이름을 그대로 두고 [마침] 단추를 클릭합니다.
❿ [외부 데이터 가져오기] 대화상자의 가져오기 단계 저장 화면에서 [닫기] 단추를 클릭합니다.

| 작업 | 3 | "선수명단" 테이블의 "성" 필드의 크기를 70으로 변경하시오. |

❶ [탐색] 창에서 [테이블] 목록의 '선수명단' 테이블 위에서 마우스 오른쪽 단추를 눌러 [디자인 보기]를 클릭합니다.
❷ '성' 필드를 선택합니다.
❸ [필드 속성]에서 필드 크기에 '70'을 입력합니다.
❹ [테이블] 창의 [닫기(☒)] 단추를 클릭합니다.
❺ "테이블 선수명단의 디자인에서 변경한 내용을 저장하시겠습니까?" 대화상자에서 [예] 단추를 클릭합니다.
❻ "데이터의 일부가 손실될 수 있습니다." 대화상자에서 [예]를 클릭합니다.

| 작업 | 4 | "선수명단" 테이블을 문서 폴더에 "2018년 선수명단"이라는 이름의 Excel 통합 문서로 저장하시오. 서식 및 레이아웃 정보를 유지하시오. |

❶ [탐색] 창에서 '선수명단' 테이블을 클릭하여 선택합니다.
❷ [외부 데이터] 탭 - [내보내기] 그룹 - [Excel]을 클릭합니다.
❸ [내보내기 Excel 스프레드시트] 대화상자에서 [찾아보기] 단추를 클릭합니다.
❹ [파일 저장] 대화상자에서 [문서] 폴더를 선택하고 '2018년 선수명단'을 입력하고 [저장] 단추를 클릭합니다.
❺ '서식 및 레이아웃과 함께 내보내기'에 체크하고 [확인] 단추를 클릭합니다.
❻ 내보내기 단계 저장 대화상자에서 [닫기] 단추를 클릭합니다.

| 작업 | 5 | 데이터베이스를 닫을 때 자동으로 압축되도록 "프로젝트5" 데이터베이스를 구성하시오. 이 데이터베이스는 닫지 마시오. |

❶ [파일] 탭 - [옵션] 명령을 클릭합니다.
❷ [Access 옵션] 대화상자에서 [현재 데이터베이스] 탭을 선택합니다.
❸ [응용 프로그램 옵션]에서 '닫을 때 압축' 옵션을 선택합니다.
❹ [확인] 단추를 클릭합니다.
❺ "지정한 옵션을 적용하려면 현재 데이터베이스를 닫았다가 다시 열어야 한다"는 메시지 대화상자가 나타나면 [확인] 단추를 클릭합니다.

· MEMO ·

· MEMO ·

· MEMO ·